MARIA WIESNER

JIL SANDER

EINE ANNÄHERUNG

HarperCollins

2. Auflage 2023
Originalausgabe
© 2023 by HarperCollins in der
Verlagsgruppe HarperCollins Deutschland GmbH, Hamburg
Gesetzt aus der Proforma
von GGP Media GmbH, Pößneck
Druck und Bindung von GGP Media GmbH, Pößneck
Printed in Germany
ISBN 978-3-365-00461-6
www.harpercollins.de

INHALT

»Schönheit ist ein Versprechen, dass es jenseits der Mittelmäßigkeit etwas gibt, wo Ruhe herrscht. Schönheit besänftigt die Nerven, Schönheit ist keine gute Absicht, sondern eine Tatsache.«

– aus dem Film »In einem Land, das es nicht mehr gibt« von Aelrun Goette

DIE TÜR INS PRIVATE IMMER NUR EINEN SPALT ÖFFNEN

Jil Sander steht nicht gern vor großem Publikum. Wer sie in Frankfurt 2017 bei der Eröffnung ihrer Ausstellung »Präsens« im Museum Angewandte Kunst sah, wie sie vor die anwesenden Presseleute und Fotografen trat, konnte das ahnen. Sander erschien in Frankfurt in ihrer bewundernswert stilsicheren Uniform: in schmalen schwarzen Hosen und einem marineblauen Pullover aus dickem Strick, der ihren Oberkörper wie ein Schutzschild umgab, eine Farb- und Materialkombination, die man von vielen ihrer Presseauftritte in den vergangenen Jahren her kennt. Ihre Augen hatte die Designerin hinter einer dunklen Brille versteckt.

Für die Pressefotos an der Seite von Ausstellungskurator Matthias Wagner K war ein genaues Zeitfenster abgesteckt. Und obwohl die Fotografen sie wie einen Filmstar belagerten, beließ sie es bei kurzem Winken und Nicken. Die Eröffnung ihrer Ausstellung hatte den Sinn, sie als Ausnahmemodemacherin, als Designerin und als Künstlerin zu würdigen, nicht als Medienstar. Jil Sander nahm die Aufmerksamkeit der Öffentlichkeit hin, als gehöre sie zu den Pflichten ihres Daseins, nicht zur Kür, in der man schwelgt. Im Rampenlicht zu stehen, das mochte sie nie. Auch bei ihren Modenschauen auf der Mailänder Fashion Week spähte sie immer nur wie zur Vergewisserung am Ende ins Publikum. Wo andere, vor allem männliche, Designer sich gern groß feiern ließen, den ganzen Laufsteg entlangliefen und Promis mit Handschlag begrüßten, winkte Sander kurz und verschwand wieder im Backstage-Bereich, weil es ihr um etwas anderes geht als den Rummel.

In Frankfurt stand sie irgendwann in den Ausstellungsräumen vor der Kamera des ZDF und beantwortete die Fragen der Reporter. Dabei ließ sie kurz durchblicken, wie unangenehm ihr solche Aufmerksamkeit ist: »Mode kann stark machen und hilft in Situationen, in denen man sich vielleicht unwohl fühlt«, sagte Sander den Fernsehreportern, »wie zum Beispiel jetzt, wenn man ein Interview machen muss.«[1] Dabei lachte sie schüchtern, fast entschuldigend.

Zu entschuldigen gibt es aber eigentlich gar nichts, denn Sander kann auf eine Karriere und ein Werk zurückblicken, die in dieser Form in Deutschland einmalig sind. Sie hat mit vierundzwanzig Jahren beschlossen, ihre eigene Boutique zu eröffnen. Sie hat in einer Zeit, als in der Bundesrepublik Frauen nur mit Erlaubnis ihrer Ehemänner ein Konto eröffnen und arbeiten gehen durften, Mode für jene aufstrebenden jungen Frauen entworfen, die mehr wollten, die sich nicht mit den biederen Rollenbildern, die die Fünfziger- und Sechzigerjahre für sie bereithielten, zufriedengeben mochten. Sie hat, als Düfte noch exklusiv aus Frankreich kamen, ihre Marke in Kooperation mit Lancaster um ein Beautysegment erweitert, das in den Achtziger- und Neunzigerjahren aus keinem Badezimmer wegzudenken war (bis heute gilt der Flakon des Parfüms Jil Sander Sun als ikonische Flasche im Stil neuer Sachlichkeit – und ich traf bei meinen Recherchen fast keine Person, die ihn nicht zu irgendeinem Zeitpunkt in ihrem Badezimmer stehen hatte). Vor allem aber hat sie eine Mode entworfen, deren Grundlinien und -ideen sie über Jahrzehnte in immer neuen überraschenden und zugleich stimmigen Variationen treu blieb: klare Schnitte, höchste Qualität der Materialien und Verarbeitung und ein Design, das so zeitlos ist, dass man dreißig bis vierzig Jahre alte Kleider aus dieser Werkfülle noch heute tragen kann, ohne darin unzeitgemäß auszusehen. Auch das ist den meisten Interviewpartnern, die in diesem Buch zu Wort kommen, gemein: Sie alle haben noch mindestens ein original Jil-Sander-Lieblingsstück im Schrank hängen, das sie regelmäßig tragen und niemals hergeben würden.

Ein Anhaltspunkt, ein möglicher Schlüssel dieser Erfolgsgeschichte lässt sich in der eingangs erwähnten Schüchternheit finden. Denn sie ist nicht die einzige Designerin, die sich lieber durch Taten als durch repräsentatives Winken zeigt. Ähnlich wie Sander winkten auch ihre Konkurrentinnen von der italienischen Modeminimalistin Miuccia Prada bis zur deutschen Designerin Gabriele Strehle am Ende ihrer Fashion Shows nur kurz ins Publikum. Ist es eine typische weibliche Eigenschaft, sich nicht in den Mittelpunkt zu stellen? Lieber das Werk sprechen zu lassen? Die Lorbeeren bevorzugt in Lobesform der Käuferinnen zu ernten, als im Applaus der Presse zu baden?

Typisch für Sander ist, dass sie bei ihren Geschäftsideen und im Umgang mit ihren Mitarbeitern und Teams keineswegs über Gebühr zurückhaltend oder durchsetzungsschwach war, das erzählen jedenfalls Menschen, die mit ihr im Laufe von mehr als fünfzig Jahren im Modebusiness zusammengearbeitet haben, immer wieder. Im Atelier war sie selbstbewusst, im Umgang mit Schneidern, Stoffhändlern, Designern voller Energie. Sie konnte Menschen mit ihren Ideen mitreißen, forderte ein Höchstmaß an Können und lebte diese Perfektion selbst. Die Mitarbeiter, die sie mit ihren Ideen mitunter regelrecht herausforderte, schätzten diese Energie, die gewiss auch ihre anstrengenden Momente hatte, so sehr, dass sie auch nach Jahren immer wieder mit ihr zusammenarbeiteten.

Joe McKenna, der für Sander in den Neunzigerjahren als Stylist gearbeitet hatte und unter anderem berühmte Kampagnenbilder mit dem Fotografen David Sims gestaltete, kam 2020 noch einmal zu ihr zurück, als die Designerin gerade ihre zweite Kooperation mit dem japanischen Fast-Fashion-Konzern Uniqlo realisierte. Er war auch hier für das Styling der Werbekampagne verantwortlich und stellte nach einigen Anproben, die Sander an den Models persönlich vornahm, fest: »Das ist noch immer die gleiche Exaktheit, die gleiche Disziplin.«[2]

So beschreiben es auch ehemalige Mitarbeiter, die die Marke Sander zu ihrer Glanzzeit in den Neunzigerjahren begleiteten. Noch heute schwärmen sie von der beflügelnden Euphorie, die damals herrschte, von der Anziehungskraft dieser Person, die die Umsetzung ihrer Ideen mit angemessen unermüdlichem Perfektionismus verfolgte. Immer wieder fallen in Interviews, die für dieses Buch geführt wurden, die Worte, man sei so vertraut miteinander umgegangen wie »in einer Familie«. Im Umgang mit ihren Models sei sie nett, fast schon mütterlich gewesen. Die jungen Models, die sie in ihren Kleidern auf den Laufsteg schickte, verkörperten das Image, das Sander mit ihren Entwürfen den Frauen mitgeben wollte: stolz, mit gestärktem Rückgrat, auf dem Weg in eine bessere Zukunft, in der niemand ihnen ihren Platz streitig machen könnte.

»Pure« sei ihr Design, so betonte sie immer wieder, geradlinig, rein, nach einem höchsten Maß an Schönheit strebend. Dabei hatte sie ihre ersten Inspirationen aus einer ganz anderen Moderichtung erhalten. In den frühen Siebzigerjahren war sie oft in London und fasziniert von den Punks, die hier das Modephänomen der Stunde waren, bevor sie zur Inspiration einer weltweiten Jugendbewegung wurden. Im Januar 2023 zog Jil Sander selbst eine erstaunliche Modeparallele. In ihrem Nachruf auf die britische Designerin Vivienne Westwood, die Königin der Punk-Mode, schrieb sie: »Im Modedesign war sie das Gegenprojekt zu meiner Aussage, aber in der Motivation habe ich mich ihr verwandt gefühlt.«[3] Beide hätten zu Beginn ihrer Karriere in den Siebzigerjahren nach Authentizität gesucht. »Ich habe nur eine andere Richtung eingeschlagen und bin dafür eingetreten, dass Frauen als sie selbst wahrgenommen werden, nicht als rückständigen Traditionen verhaftetes Phantasma.«[4] Welche Hindernisse eine Frau dabei vor fünfzig Jahren zu überwinden hatte, betont Sander noch einmal, das könne man sich heute gar nicht mehr vorstellen. Auch um diese Hindernisse soll es in diesem Buch gehen, denn der Blick auf die Person Jil Sander und ihren Lebensweg kann nicht ohne den Blick auf die gesellschaftlichen Umstände erfolgen, in denen und gegen die sie sich durchsetzen musste.

2023 wird Jil Sander achtzig Jahre alt. Ans Aufhören denkt sie bis heute nicht. Wie stark ihr Name mit ihrem Design verbunden ist, was für eine unzerstörbare Attraktivität diese Vision von klaren Linien und zeitloser Schönheit noch immer hat, zeigte zuletzt die erwähnte Kollaboration mit dem japanischen Fast-Fashion-Konzern Uniqlo. Die Kunden rissen sich um die schöne Ware – im wahrsten Sinne des Wortes. Im Jahr 2020 blieb im Uniqlo-Geschäft in Tokio nicht eine

Schaufensterpuppe heil, weil sich japanische Modefans die Entwürfe der deutschen Designerin sichern wollten. Kaschmirpullover lösten Chaos aus. Was genau macht dieses Design aus? In welcher Tradition steht es? Und warum gilt es noch heute als zeitlos? Auch diesen Fragen will das Buch nachgehen.

Jil Sander bei der Eröffnung ihrer Werkschau »Jil Sander. Präsens« im Museum Angewandte Kunst in Frankfurt am 2. November 2017.

Und da Sander es stets abgelehnt hat, groß vor die Öffentlichkeit zu treten, soll es auch darum gehen, diesen Teil ihrer Person zu respektieren und sich auf die Dinge zu konzentrieren, die sie mit dem Publikum geteilt hat. Jil Sander ist wahrscheinlich die letzte klassische Unternehmerpersönlichkeit der Kulturwelt im weitesten Wortsinn, die Öffentliches und Privates streng voneinander getrennt hat. Mode ist eine Kunst, aber von Kunstschaffenden erwartet man heute, dass sie für ihr Werk auch an der Klatsch-, Tratsch- und Menschelei-Front werben. Jil Sander hat das keinen Augenblick lang getan. Über ihr Leben, ihre Familie, ihre Hobbys sprach sie fast nie, und wenn, dann nur in kurzen, knappen Antworten. Es gab eine Seite ihres Lebens, die nur ihr gehörte. Auch und gerade wenn es in Zeiten, in denen Prominente auf Instagram intimste Einblicke in ihre Schlafzimmer gewähren und von einem eigenen PR-Team TikTok-Accounts führen lassen, unvorstellbar scheint, gilt es umso mehr, dies zu respektieren.

Von der Privatperson Sander, ihren Vorlieben und Hobbys, weiß man nur, was sie in Interviews über Jahrzehnte hat fallen lassen: Im Juli 1995 sagte sie der *International Herald Tribune*, sie lese gerade »Of Love and other Demons« (»Von Liebe und anderen Dämonen«) von Gabriel García Márquez.[5] Im Juli 1981 sagte sie dem *Frankfurter Allgemeinen Magazin*, ihre Lieblingslyrikerin sei Else Lasker-Schüler, ihre Heldin der Geschichte sei Jeanne d'Arc und sie verabscheue nichts so sehr wie Langeweile.[6] Und aus einer Homestory der *Vogue* aus dem Jahr 1998 wissen wir, dass sie ihre Villa an der Alster vom italienischen Star-Architekten Renzo Mongiardino völlig im Gegensatz zu ihrer Kleiderphilosophie einrichten ließ: barocke Opulenz, schillernder Samt, goldbestickte Paisley-Stoffe – und dazwischen ihre Kunstsammlung mit Werken der modernen Künstler Cy Twombly und Jannis Kounellis.[7]

Jil Sander mochte also magischen Realismus aus Kolumbien, expressionistische Dichterinnen aus Deutschland, moderne und abstrakte Kunst aus Amerika und Griechenland – und hatte eine Vorliebe für starke Frauen, die sich ihr Leben nicht von den Vorgaben der Riten und Bräuche ihrer Zeit bestimmen ließen, sondern die Konventionen einfach ignorierten (indem sie zum Beispiel wie Jeanne d'Arc Männerkleidung anlegten), um das zu tun, woran sie glaubten. All diese Informationen öffnen die Tür ins Private nur einen kleinen Spalt, derlei gibt nur einen streng kuratierten Blick auf das Innenleben Jil Sanders frei.

So streng, wie sie diese Häppchen der Presse präsentierte, so streng hielt sie auch alles unter Verschluss, was ihrer Meinung nach aus dem Bereich der Firmeninterna nicht an die Öffentlichkeit gehörte. Nicht einmal, als sie 1999 ihr Unternehmen im Joint Venture mit Prada zusammenführte und es bereits fünf Monate später komplett verließ, sollten interne Aussagen darüber nach draußen dringen, was vorgefallen war, welche harten Worte man sich vielleicht zwischen den Firmenzentralen in Mailand und Hamburg an den Kopf geworfen hatte. Der Mantel des Schweigens liegt über dieser Episode, und es spricht für die Loyalität der ehemaligen Sander-Mitarbeiterschaft, dass bis heute niemand daraus das Schweigen gebrochen hat.

Die Recherchen zu diesem Buch stützen sich auf Gespräche mit ehemaligen Mitarbeitern und Weggefährtinnen, mit Modeexperten, Journalistinnen, Kritikerinnen, PR-Beraterinnen, Stylisten und Designerinnen und auf Besuche der Orte, an denen die wichtigsten Meilensteine der Geschichte Jil Sanders gelegt wurden: Paris, Hamburg, Mailand, Frankfurt.

Wo Sander selbst zu Wort kommt, habe ich sie aus Dokumenten offizieller Auftritte, Interviews und Porträts zitiert, die sie im Laufe der vergangenen Jahrzehnte der internationalen Presse ermöglicht hat. Wo die Quellenlage unsicher ist, versuche ich das deutlich zu machen.

Der englische Schriftsteller Julian Barnes erklärte in seinem Belle-Époque-Porträt »Der Mann im roten Rock«, die Wendung »We cannot know« (wir können es nicht wissen) gehöre zu einem der wichtigsten Instrumente der Biografie. Oder wie der amerikanische Komponist Lin-Manuel Miranda es in seinem Musical »Hamilton« über eine Schlüsselszene der amerikanischen Befreiungskriege formulierte: »Nobody's been in the room when it happened« – niemand war im Raum, als es geschah. Was uns die Lektüre großer Biografen lehrt, ist, dass man niemals alles wissen kann. Absolute Wahrheiten gibt es nicht. Deshalb wird auf den folgenden Seiten klar markiert, wo der Raum fürs Raten und die Fantasie beginnt – ein wichtiger Raum, wo es, wie hier, um Schönheit und Geheimnisse geht.

»MEINE PERSÖNLICHKEIT IST TIEF IN NORDDEUTSCHLAND VERWURZELT.«

WO ALLES BEGANN

Wer die Geschichte von Jil Sander erzählen will, muss in der norddeutschen Heide anfangen. Ästhetik, Stilempfinden und Bedürfnisse der meisten großen Kreativen sind geprägt von den Eindrücken der Kindheit. Für Sander hieß das: flaches Land, raues Wetter und ein weiter, unverstellter Blick auf das Meer. So wie die französische Designerin Gabrielle »Coco« Chanel sich zeit ihres Lebens an der strengen, asketischen Schlichtheit der Kleider orientierte, die die Nonnen im Waisenhaus trugen, in dem sie aufwuchs (und ihren Schmuck in den leuchtenden Farben der Kirchenfenster und Monstranzen gestaltete), so lässt sich Jil Sanders moderner, schlichter Stil nicht ohne die nüchterne Lebensart ihrer norddeutschen Heimat erklären. Doch schon bei der Suche nach dem Ort, an dem diese Heimat tatsächlich zu finden ist, beginnt eines der Rätsel, mit denen sich diese Frau im Laufe der Jahrzehnte umgeben hat.

GEBURTSORT

»Geboren in Wesselburen«, diese Angabe fand sich über Jahrzehnte in allen gängigen Lebensläufen Jil Sanders. Ich habe sie
bei meinen Recherchen etwa auf den Unterlagen für die Hochschule für Angewandte Kunst in Wien gesehen, gedruckt auf
Papier mit Sander-Logo, wo die Designerin Mitte der Achtzigerjahre eine Gastprofessur innehatte. Die Angabe kann damit
als »offiziell« gelten, steht sie doch sogar im umfangreichen
Begleitkatalog ihrer Ausstellung »Präsens«, die sie 2017 im
Frankfurter Museum Angewandte Kunst eröffnete: »Jil Sander,
mit bürgerlichem Namen Heidemarie Jiline Sander, wird am
27. November 1943 als mittleres von drei Geschwistern kriegs-
bedingt im schleswig-holsteinischen Wesselburen geboren.«[1]

2013 machte sich der Journalist Christian Meurer auf Spu-
rensuche und stellte fest, dass sich in der Stadt an der schleswig-holsteinischen Westküste zwar noch einige Frauen der
Kriegsgeneration an »so eine Blonde, Niedliche«[2] zu erinnern
meinten, diese Erinnerung jedoch im Zuge der Legendenbil-
dung überarbeitet und angepasst wurde. Denn: »Im fraglichen
Zeitraum von Dezember 1943 bis Mitte 1944 findet sich weder
im Taufregister Wesselburen-West noch Wesselburen-Ost eine
passende Angabe.«[3] Wo also liegt der tatsächliche Geburtsort?

Meurer erzählt es in seiner Recherche so[4]: Am 2. August 1943
kam Erna-Anna Sander schwanger im Örtchen Heide an. Ihr
Mann Walter war als Soldat an der Front, die Wohnung im
Hamburger Stadtteil Wandsbek dem Feuersturm der britisch-
amerikanischen Luftangriffe zum Opfer gefallen. Seit dem
24. Juli 1943 wütete die sogenannte Operation Gomorrha.
Britische und amerikanische Flieger warfen über Hamburg

Bomben ab. Wohnviertel brannten aus. Die Flucht in Schutz-
räume und Keller gehörte für die Anwohner plötzlich zum
Alltag. Erna-Anna Sander suchte also wie viele andere Hamburger vor den Angriffen Zuflucht auf dem Land.

Ihre Eltern stammten aus dem Städtchen Heide, hatten den
Ort mit seinen knapp 10.000 Einwohnern jedoch nach dem
Ersten Weltkrieg verlassen, um in der Großstadt Hamburg ihr
Glück zu suchen. Wo genau Erna, wie die meisten Quellen
ihren Namen verkürzen, ihren Mann Walter Sander kennenlernte, wissen wir nicht. Auf undatierten Hochzeitsfotos[5] ist
das Paar jedoch auf einer Wiese zu sehen, umgeben von rund
dreißig Verwandten, die alle mit aufs Bild drängen. Für die Braut-
und Bräutigameltern hat man Stühle herangerückt. Links sitzt
also Ernas Mutter, trägt ein langes, glänzendes Kleid, das ihr
bis zu den Knöcheln fällt, am Fuß einen dunklen Pump mit
extravaganter Schleife. Daneben ihr Mann im dunklen Drei-
teiler mit Krawatte und steifem weißen Kragen, die Hände in
kleinen Fäusten auf den Oberschenkeln abgelegt, im Gesicht
ein kleines, etwas steifes Lächeln. Auch Walters Eltern blicken
eher ernst in die Kamera, sein Vater durch runde Brillengläser,
die Hände auf einem Spazierstock gefaltet, der Mutter wischt
leichter Wind durchs Haar. Erna hat sich bei Walter unterge-
hakt, ihr Schleier formt eine kleine Krone über dem blonden
Haar. Im rechten Arm hält sie ein großes Blumengebinde aus
weißen Blüten. Keine Rosen, so viel lässt sich auf der grobkör-
nigen Aufnahme erkennen, auf der die Zeit einige Spuren und
Knicke hinterlassen hat. Die Blüten aus Ernas Brautstrauß
gehen fast kontrastlos in das Weiß des Hochzeitskleids über.
Die dichten Knospen mit den vielen kleinen zackigen Blüten-
blättern legen nahe, dass es sich um Nelken handeln könnte,
umgeben von einigen fiedrigen Stängeln Spargelgrün. Walter
trägt ein kleines weißes Schleierkrautsträußchen am spitzen

dunklen Revers. Blumen in dieser Farbe, in unschuldigstem Weiß, wird Jil Sander später lieben. Die ist selbstverständlich noch nicht auf dem Bild zu sehen, auch wenn vor den Füßen des Brautpaars vier blonde Mädchen in weißen Kleidern mit Blumenkränzen auf einer Decke Platz genommen haben. Trotz aller Festlichkeit lächeln Erna und Walter nicht.

Im Sommer 1943 hat der Krieg das Paar getrennt. Der gelernte Schlosser[6] Walter muss nach Osten, an der Front gegen die Sowjetunion als Soldat kämpfen. Und Erna flieht mit der gemeinsamen Tochter Ingrid vor den Fliegerbomben nach Heide. Dass sie in der Stadt noch Verwandte hatte, mag ein weiterer Grund für sie gewesen sein, wieder hierher zurückzukehren. Sie war nicht die einzige Hamburgerin, die an diesen Ort geflohen war. In Heide bringt man die vielen Kriegsflüchtlinge zunächst in einer Holzbaracke am Kleinbahnhof unter. Auf einer Aufnahme des Stadtarchivs aus dem Jahr 1957 ist das flache Gebäude noch zu sehen, die Karteikarte zeichnet es damals als »Abbruchobjekt« aus: Hinter einer staubigen Sandstraße blicken windschiefe, wetterverfärbte Holzbaracken in die Landschaft, die Wände aus groben Platten gezimmert, jeweils ein viergeteiltes Fenster pro Wohneinheit, kleine Schornsteine ragen aus den flachen Dächern. In der Hitze des trockenen Sommers 1943 muss die Sonne die kleinen Behausungen entsetzlich aufgeheizt haben.

Falls Erna Sander die ersten Tage hier wie die anderen aus Hamburg Geflohenen verbringen musste, so dauerte das zum Glück nicht lang. Bereits am 2. August meldet sie sich im Einwohnermeldeamt von Heide als »in der Harmoniestraße 14 in Heide zugezogen«[7] an. Während der trockene Sommer des Jahres 1943 zu Ende ging und einem frostigen Spätherbst wich, wurde Erna Sander klar, dass sie ihr Baby hier zur Welt bringen würde. Das Mädchen kam zu früh. Am 27. November fand sich Erna Sander also im Feldlazarett der Luftwaffe in Hedwigenkoog, rund 22 Kilometer von Heide entfernt, wieder.

Es war ein klarer Tag, den Blick über das Marschland – Hedwigenkoog war 1696 mit Deichen dem Meer abgetrotzt worden – verdüsterten ab dem Mittag einige Wolken, das Thermometer war gegen ein Uhr mittags auf acht Grad geklettert, um sofort wieder gen Gefrierpunkt zu fallen.[8] Nicht die besten Bedingungen für die Geburt eines Frühchens. Obendrein hatte das Lazarett keine geburtshilfliche Abteilung.[9] Erna gelang es dennoch, ihre Tochter gesund zur Welt zu bringen. Sie gab ihr zwei Namen, einen, der für ein Kind aus dem Norden wie gemacht war, und einen, der schon von Eleganz, Schönheit und Weltläufigkeit raunte: Heidemarie Jiline Sander.

Schon dieses enigmatische »Jiline« stößt die Tür zu der Möglichkeit auf, dass aus dem Mädchen mehr wird, als der für die meisten Kinder ihrer Generation vorgezeichnete Lebensweg zulassen würde. Jiline ist einzigartig, denn zu diesem Namen finden sich weder in Vornamensbüchern Bedeutungen, noch tauchte er im Zweiten Weltkrieg in Deutschland häufiger auf. Im Gegenteil: Während Heidemarie, oder kurz Heidi, einen der vorderen Plätze in deutschen Vornamenstatistiken des Jahres 1943 belegte, muss man feststellen: Von einer anderen Jiline als dieser hier fehlt jede Spur. Da Mütter gern an die Kraft der Namen glauben, die sie ihren Kindern geben, könnte man Erna Sander die Vorahnung unterstellen, dass ihre Tochter eine Persönlichkeit werden mochte, die alle anderen weit überstrahlen und einen nicht an Konventionen gebundenen, insofern also rebellischen Geist haben würde. Den brauchte sie später auch, denn die Konstitution des blonden Kindes war zart und zerbrechlich. In den frühen Jahren blieb sie lange anfällig für Krankheiten.[10]

GESCHWISTER

Über Jil Sanders Geschwister gibt es zahlreiche, einander mitunter widersprechende Angaben. Der Journalist Christian Meurer berichtet in einem Sander-Porträt in der *Frankfurter Allgemeinen Zeitung* von einer älteren Schwester, Ingrid, die Mutter Erna bereits auf der Flucht von Hamburg mit nach Heide gebracht hat. Ein jüngerer (Halb-)Bruder kam im März 1948 hinzu[11]. Der Soziologe Tilman Allert hingegen schreibt in einem Geburtstagsartikel über Jil Sander für das *Frankfurter Allgemeine Magazin* davon, dass Sander das älteste von drei Geschwistern gewesen sei.[12] Die britische Modejournalistin Suzy Menkes wiederum berichtet mehrdeutig von sowohl jüngeren wie älteren Geschwistern.[13]

Bis hierher ist nur klar: Heidemarie Jiline Sander war kein Einzelkind. In einem Gespräch mit der *Welt am Sonntag* 2015 sorgte die Designerin selbst ein für alle Mal für Klarheit. Über ihre Kindheit in Hamburg erzählte sie: »Meine fünf Jahre ältere Schwester wohnte nicht bei uns, sie war durch die Scheidung beim Vater geblieben, aber mit meinem viereinhalb Jahre jüngeren Bruder war ich sehr eng – das ist auch ein Leben lang so geblieben. Um uns herum waren damals Trümmer, abgebrochene Häuser, Wände. Aber wir hatten es eigentlich gut.«[14]

Der Fakt, dass Heidemarie Jiline Sander nicht als Einzelkind aufwuchs, ist wohl genauso wichtig wie der Umstand, dass sie ihre ersten Jahre in Dithmarschen verbrachte, zwischen Meer, Mooren und flachem Land, wo die Häuser sich in die Landschaft schmiegen und Schafe dem Wind trotzen. So idyllisch das klingen mag, darf man doch auch die Schattenseiten dieses Landstrichs nicht aus den Augen verlieren, das Herbe und wenig Einladende. Dithmarschen war bis zum Zweiten Weltkrieg noch überwiegend bäuerlich geprägt; wer hier lebte, konnte mit den Errungenschaften der Moderne, wie sie die Weimarer Eliten in den Dreißigerjahren in den Großstädten gefeiert hatten, nicht viel anfangen. Gegen Ende der Weimarer Republik stimmten 60 Prozent der Einwohner Dithmarschens für die Nationalsozialisten, der Landkreis zählte damit zu jenen mit der höchsten Zustimmung für die Nazis im Deutschen Reich. Seit 1927 wurde in Dithmarschen »seitens der Gauleitung gezielt der Aufbau von Ortsgruppen vorangetrieben und durch Versammlungen, Propaganda und Gewalttaten gegen den politischen Gegner der Parteiausbau befördert«[15], schreibt Frank Omland in seiner Untersuchung zur historischen Wahlforschung »Hitlers Wähler – Das Beispiel Dithmarschen«. Er führt zudem in einer weiteren Studie den Wahlerfolg der NSDAP vor allem auf die Einstellung der Bevölkerung, allen voran die große Zahl der Nichtwähler, zurück, die die Nationalsozialisten für sich zu mobilisieren verstanden: Die Wähler der Dorfgemeinschaften seien antimodernen, antiparlamentarischen und antidemokratischen Vorstellungen gegenüber aufgeschlossen gewesen und konnten nur durch Parteien angesprochen werden, die einen entsprechenden Kurs einschlugen, so Omland.[16] Die Bevölkerung darf also auch 1943 noch getrost als massiv konservativ bezeichnet werden. Eine junge Frau mit zwei Töchtern, die sich kurz nach der Geburt der zweiten Tochter scheiden lassen will, hatte es hier sicherlich nicht einfach.

Es ist also nicht verwunderlich, dass es Erna Sander auch nach Kriegsende nicht allzu lange in Dithmarschen hielt. Im Mai 1951 geht sie mit den Kindern zurück nach Hamburg. Die älteste Tochter Ingrid bleibt beim leiblichen Vater, Heidemarie Jiline bei der Mutter. Der 1948 geborene Heino ist bereits mit von der Partie.

Heidemarie Jiline ist siebeneinhalb Jahre alt, als die Sanders zunächst in Parzelle 63, Block II des Wandsbeker Gartenvereins Quartier aufschlagen.[17] Man wechselt noch einige Male die Wohnung, bis es 1954 in den Nordosten der Stadt geht. In Hamburg-Bramfeld ist ein Neubauviertel entstanden, »in einem Wohnblock in der Elbinger Kehre hat Jil Sander dann ihre Jugendjahre verlebt«.[18]

DER STIEFVATER, EINE PRÄGENDE FIGUR

Nicht nur die Großstadt ist für das Mädchen neu, auch die Familiensituation hat sich geändert. Noch bevor die Mutter die Kleinstadt Heide verließ, hatte sie sich von ihrem ersten Mann und Jil Sanders leiblichem Vater scheiden lassen. »Schuldig geschieden«, wie Sander später einmal betont, »das war damals sehr heikel.«[19]

Das Recht der Bundesrepublik Deutschland sah bis 1977 vor, dass wenn die (auf Lebensdauer angelegte) Ehe geschieden werden sollte, die »Schuldfrage« geklärt werden musste.[20] Das hieß: Der am Scheitern der Ehe schuldige Partner hatte mit erheblichen rechtlichen Nachteilen zu leben. Das betraf Unterhaltszahlungen ebenso wie die Frage nach der Verteilung des Sorgerechts. Dieses verblieb für die gemeinsamen Kinder zumeist komplett beim »nicht-schuldigen« Partner. Für Erna Sander war es also ein glücklicher Umstand, immerhin die jüngste Tochter aus der Ehe mit Werner »behalten« zu dürfen. Sander wird ihren leiblichen Vater niemals kennenlernen. Obwohl er bis in die Neunzigerjahre leben wird, hatte sie offenbar nie den Drang, ein Treffen mit ihm herbeizuführen.[21]

Der neue Lebensgefährte der Mutter heißt Erich Libuda und ist der Vater von Heino, Sanders viereinhalb Jahre jüngerem Stiefbruder. Der Stiefvater akzeptiert sie als seine Tochter, und sie wird ihn zeitlebens ihren Vater nennen.[22] Libuda ist Autohändler, spezialisiert auf Lastwagen. Die Liebe zum Automobil, das Auge für technisches Design und den mit diesem Fahrzeug verbundenen Gedanken von Freiheit wird Jil Sander hier mitnehmen. 1979 kauft sie sich zur Belohnung für den erfolgreichen Geschäftsabschluss mit dem Beautyunternehmen Lancaster einen dunkelgrünen Rolls-Royce Corniche[23] – an dem interessiere sie aber vor allem die »Feinfühligkeit des Designs«, schwärmt sie einmal vor Journalisten: »Dieses Innenleben, wie liebevoll es gemacht ist, oder diese Türgriffe, ich könnte Ihnen einen Vortrag über so einen Türgriff halten.«[24]

Doch bis dahin ist es noch ein langer Weg. Der bescheidene Luxus, den sich die Familie in den Fünfzigerjahren leisten kann, findet sich in kleineren Dingen. Libudas Autobetrieb hatte sein Quartier mitten in einem Hamburger Industriegebiet. Direkt gegenüber befand sich eine Schokoladenfirma. Manchmal brachte der Autohändler den Kindern Pfefferminzschokoladenbruch mit.[25]

Sander erinnert den Vater als einen begabten, aber auch strengen Mann »mit klaren Prinzipien und Disziplin, der keine Mittelmäßigkeit ertrug«.[26] Sie verehrt ihn, und seine Lebenseinstellung wird sie für ihre eigenen großen Pläne übernehmen.

»Der Stiefvater verfügt mit seinem Beruf in der Zeit des Aufbaus und der erst allmählich wieder erwachenden Mobilität über ein begehrtes Privileg«[27], schreibt der Soziologe

Tilman Allert – und gibt damit schon einen Hinweis darauf, wie und wovon Sanders Jugend in Hamburg geprägt war. Die beiden Eltern versuchten, aus der schwierigen Situation im Nachkriegsdeutschland das Beste zu machen. Erna Sander als »Trümmerfrau« zu bezeichnen, würde wohl zu weit gehen, dennoch trifft das Bild etwas von dem Geist, mit dem Sander aufgewachsen ist, in einem Hamburg, das noch deutlich die Spuren des Krieges und der Verwüstung trug, in dem durch Tod und Flucht zerrissene Familien lebten und Frauen sich allein darum kümmern mussten, Struktur, Halt und Ordnung wiederzufinden. Allert geht so weit, die Familienverhältnisse psychologisch auszudeuten: »Die seelisch herausfordernde Familiensituation lässt nun in der frühen Kindheit von Jil Sander ein komplexes Motiv entstehen: Sensibel geworden für das Brüchige menschlicher Beziehungen, entsteht der Wunsch, der Erfahrung der Vergänglichkeit etwas entgegenzustellen. Die Unbehaustheit eines jungen Lebens in der Trümmerlandschaft Hamburgs gilt es zu korrigieren.«[28] An Allerts Gedanken anschließend stellt sich also die Frage, ob es tatsächlich der Wunsch nach Korrektur war, der daraus erwuchs, oder ob es nicht viel eher eine praktische Haltung war, die sie von der Mutter und dem Stiefvater mit auf den Weg bekam? Das heißt, es fragt sich, ob beide ihr nicht vielmehr vorlebten, was sie später zum Umsetzen ihrer eigenen Ziele brauchen wird, nämlich: Wer etwas an seiner Situation ändern will, muss sich selbst daraus hervorkämpfen, mit Disziplin, Eigeninitiative und Mut zu Neuem. Aus dem Wenigen, was Sander später öffentlich über ihre Familie verlautbaren lässt, können wir schließen: Das Verhältnis war eng und innig.

HOSEN STATT ROCK

Ihre Mutter gibt ihr auch allerhand praktische Ratschläge mit. Nicht alle Vorschläge und Stylingversuche seitens der Mutter jedoch gefallen der Tochter. So scheitert etwa der Versuch, die wilden blonden Locken in ordentliche Zöpfe zu flechten, immer wieder. Wie ihre Haare wollte sich auch Heidemarie Jilinc insgesamt nicht zähmen lassen. Später wird sie erzählen, dass sie dieses Flechten hasste.[29] Recht schnell fallen in der Jugend die langen Haare sowieso der Schere zum Opfer, eine moderne Kurzhaarfrisur wird bevorzugt.

Überhaupt hat Jil Sander schon als Kind eine sehr genaue Vorstellung davon, wie bestimmte Dinge zu sein und auszusehen haben. In einem Interview erzählte sie einmal: »Zum Beispiel hatte ich ganz bestimmte Ideen, wie die Brotschnittchen aussehen sollten, die ich essen wollte. Der optische Anspruch war bei mir schon sehr früh ausgeprägt.«[30]

Die Mutter war nicht nur beim Haarstyling nachgiebig. Sie kam auch Sanders anderen Wünschen entgegen, nähte der Tochter beispielsweise Kleidung. Besonders Hosen wünscht sie sich; für Röcke hatte Jil Sander schon als Kind nichts übrig. Damit war sie bereits in den Fünfzigerjahren eine junge Rebellin. Denn der Rock war für die Frau, die etwas auf sich hielt und wollte, dass man sie respektierte, damals noch immer das Kleidungsstück der Wahl.

Sanders Entschluss, sich gegen diese Konvention aufzulehnen, eckte bereits in der Schule an, aber daraus machte sie sich nichts. Später wird sie sich erinnern: »Ich hatte eine Lehrerin, die stets einen bunten Kittel trug. Ich liebte Hosen. Sie mochte das nicht.«[31] Nur wenn Sander in einem Rock oder Kleid zur

Schule kam, huschte der Lehrerin ein anerkennendes Lächeln über die Lippen.[32] Doch auf diese Anerkennung verzichtet das Mädchen. Lieber will sie sich in ihren Sachen wohlfühlen und bittet ihre Mutter um andere Kleidung. Die setzt sich also an die Nähmaschine und fertigt der Tochter Sachen nach Wunsch an. »Meine Mutter nähte mir Cordhemden in Rot und Blau«, erzählt Sander. »Dazu trug ich schwarze Hosen.«[33]

Schon damals bringt Erna Sander ihr bei, auf Qualität zu achten. »Meine Mutter sagte immer, wir seien zu arm gewesen, um billig einzukaufen«[34], erinnert sich Sander später gegenüber der britischen Modejournalistin Suzy Menkes. Sander begreift also früh, was die Fast-Fashion-Generationen nach ihr erst mühsam wieder lernen müssen: Wer billige Kleidung kauft, zahlt am Ende mehr, da sie schneller verschleißt, schneller aus der Form gerät und letzten Endes mit mehr Aufwand für die Pflege der Garderobe beziehungsweise kostenintensiven Neuanschaffungen verbunden ist. Sander wird diese Lektion im Herzen tragen; sie ist einer der Stützpfeiler ihres späteren Erfolgs: Qualität statt Quantität.

AUSBILDUNG ZUR TEXTILINGENIEURIN

Den zweiten Pfeiler entdeckt sie nach der Schule. Nach der zehnten Klasse verlässt sie das Gymnasium in Hamburg, das sie mit der mittleren Reife abschließt, und beginnt eine Ausbildung zur Textilingenieurin.[35] Wann genau das war, ist in den Lebensläufen, die Sander später an die Öffentlichkeit gab, nicht vermerkt. Geht man aber davon aus, dass sie mit etwa sechs Jahren eingeschult wurde und die Schule eben nach der zehnten Klasse verlassen hat, muss das ungefähr im Jahr 1959 gewesen sein. Sie geht zur Ausbildung nach Krefeld an die Ingenieurschule für Textilwesen. Heute gibt es sie nicht mehr, 1963 wurde die Ingenieurschule für Textilwesen nach Mönchengladbach-Rheydt verlegt.³⁶ »Die zu diesem Zeitpunkt in Krefeld existierende Ingenieursausbildung, mit einigen traditionsreichen Lehrgebieten, wurde zum Unmut von Krefeld in die Ausbildung in Mönchengladbach integriert«, heißt es im historischen Überblick auf der Webseite der heutigen Hochschule Niederrhein.³⁷ Anfang der Siebzigerjahre erfolgte dann der Umbau zur Fachhochschule, der die Institution 1971 in der »Fachhochschule Niederrhein« am Standort Mönchengladbach aufgehen ließ.

Gibt es trotz all der Umzüge und Reformen noch Unterlagen aus Sanders Studienzeit, Broschüren, die Auskunft über die Lehrinhalte geben könnten, oder gar ehemalige Kommilitonen, die sich noch an die gemeinsame Zeit erinnern? Ich rufe die Hochschule Niederrhein an und lande bei der sehr hilfsbereiten Leiterin des Alumnibüros, Karla Kaminski. So herzlich, wie sie auf der Hochschul-Webseite vom Foto lächelt, ist sie auch am Telefon. Trotzdem ist sie selbst ganz überrascht, als ich den Namen Jil Sander erwähne. Der ist nicht in ihrer Datenbank. Und dann erzählt sie mir die Geschichte mit den Umzügen und Umbenennungen der Hochschule. Heute sei es normal, dass Studienunterlagen fünfzig Jahre aufgehoben werden. Selbst diese Frist wäre im Falle Sanders ja längst überschritten, rechne ich kurz im Kopf durch.

Immerhin kann sie mir einige Details zu den Zulassungsbedingungen Anfang der Sechzigerjahre erzählen. Bevor in Deutschland zehn Jahre später die Fachhochschulen gegründet wurden, sei es an Schulen wie derjenigen in Krefeld möglich gewesen, auch ohne Abitur oder der heute geltenden Fachhochschulreife zu studieren. Das heißt, Sanders Abschluss der mittleren Reife genügte allemal für die Zulassung in Krefeld. Dann verspricht mir Kaminski, auf die Suche zu gehen, macht mir aber wenig Hoffnung, dass sich noch etwas finden lassen könnte.

Einige Tage später ruft sie bereits zurück. »Schlechte Nachrichten«, beginnt sie das Gespräch. In den Archiven lasse sich nichts mehr finden. Zur Fünfzigjahrfeier der Hochschule habe man 2021 einen Historiker beauftragt, doch auch der habe damals nur feststellen können, dass irgendwann jemand gründlich alte Unterlagen aussortiert habe.

Was wir aber wissen, ist, dass Krefeld eine lange Tradition im Textilbereich hat und Anfang der Sechzigerjahre der ideale Ort für eine umfassende Bildung im Bereich des Designs war. Im 18. Jahrhundert hatte sich die Stadt am Niederrhein zu einer preußischen Seidenmetropole entwickelt. Die Seidenindustrie ließ das Handwerk florieren. Krefeld wurde zur Großstadt mit mehr als 100.000 Einwohnern. Der Einfluss der Seidenbarone und ihrer Nachfahren hielt sich bis zum Beginn des 20. Jahrhunderts. Zwischen 1927 und 1930 errichtete der Architekt Ludwig Mies van der Rohe hier für die Gründer der Vereinigten Seidenweberei zwei Häuser im von ihm mitgeprägten Bauhaus-Stil. Neben ihm waren mehr als zwanzig weitere Bauhausarchitekten von den Zwanziger- bis in die Sechzigerjahre in der Stadt tätig und gestalteten das Stadtbild. Bis heute gilt Krefeld als die Bauhaus-Stadt im Bundesland Nordrhein-Westfalen. Wir werden auf diesen Umstand später noch einmal zurückkommen, denn die Ideen der Bauhäusler beeindruckten und beeinflussten Sander zutiefst, prägten sie doch nicht nur die städtische Architektur, sondern fanden sich auch bei den Lehrern ihrer Hochschule wieder. »Der Bauhaus-Ansatz war immer noch stark vertreten, als ich an die Hochschule kam«, sagte Sander später in einem Interview.[38]

Die Hochschule kümmerte sich in Krefeld seit 1855 um die Ausbildung des Nachwuchses für die Textilindustrie. Schwerpunkte lagen hier nicht nur auf Handwerk und Kunstgewerbe, sondern explizit auf der Textilingenieursbildung. Da im Zweiten Weltkrieg mehrere Gebäude zerstört worden waren, begann man 1951 mit der Neugestaltung des Campus. Der Architekt und Mies-van-der-Rohe-Schüler Bernhard Pfau, der zeitgleich im Düsseldorfer Architektenstreit mit neun weiteren Mitstreitern gegen ein Netzwerk von Stadtplanern mit NS-Vergangenheit vorgeht, gewinnt 1951 den Entwurfswettbewerb für die Neugestaltung des Hauptgebäudes der Hochschule. Hier kann er seine Vision umsetzen, dass der Mensch mit all seinen Bedürfnissen als verbindlicher Ausgangspunkt für alle Gebäudeplanungen betrachtet werden sollte.

Rund um den Krefelder Frankenring entsteht der neue Campus mit hellen Gebäuden, deren Optik geprägt ist von Glasfassaden, Stützpfeilern und moderner Linienführung. Der Geist des Bauhaus weht über diesen Campus.

Jil Sander lernt hier also nicht nur Handwerk kennen und Materialbeschaffenheiten und Textilfertigung zu meistern, sie nimmt hier auch die Ideen zu Funktionalität des Bauhaus-Designs in sich auf, sowohl in ihrer Lehre wie beim Spazieren durch die Stadt. Die Leitideen des Bauhaus, dass Form immer einer Funktion folgen sollte und dass es keines Ornaments bedarf, um einen ästhetisch ansprechenden Entwurf zu kreieren, prägen sich ihr ein. »Ich fühlte mich in meinen Instinkten bestätigt, in meinen Entwürfen zu reduzieren und mich auf wohlgearbeitete, pure Formen zu konzentrieren«, so Sander.[39]

SURFIN' USA

Das Textilingenieurstudium schließt Sander erfolgreich ab. Die Ausbildung dauerte nach Auskunft der heutigen Hochschule Niederrhein zwischen drei und vier Jahren. Da es aufgrund der aussortierten und somit fehlenden Unterlagen keine genauen Daten mehr gibt, können auch hier nur näherungsweise Rechnungen angestellt werden. Geht man also davon aus, dass Sander 1959 das Studium in Krefeld aufnahm und es nach drei Jahren beendete, so müsste ihr Abschluss etwa im Jahr 1962 liegen.

Als sie mit dem Studium fertig ist, hat Sander große Pläne. Sie will raus aus Deutschland, die Provinz hinter sich lassen, auch die Großstadt Hamburg kann sie nicht mehr halten. Sander will nach Amerika. Die Eltern sind nicht begeistert von den wilden Plänen der Tochter. Der Stiefvater Erich Libuda bietet Sander sogar an, ihr ein Auto zu schenken, wenn sie nur vernünftig sei und sich Amerika aus dem Kopf schlage. Die politische Situation zwischen den beiden deutschen Staaten sowie zwischen Amerika und der Sowjetunion ist gerade dabei, sich bedrohlich aufzuheizen. Am 13. August 1961 beginnt in Berlin der Mauerbau. Im Oktober 1962 verschärft sich das nukleare Wettrüsten der beiden Großmächte zur Kubakrise. Wann genau Sander beschließt, auf ihren Träumen zu beharren, ist unklar. In einem Interview 2020 ließ sie nebenbei fallen: »Ich war erst achtzehn Jahre alt, als ich in die USA reiste.«[40] Damit würde ihre Reise, vorausgesetzt, unsere Berechnungen mit der dreijährigen Ausbildung in Krefeld sind korrekt, irgendwo in die Jahresmitte oder den späten Sommer 1962 fallen. Auf jeden Fall dürfte es nach dem Mauerbau, denn im August 1961 war sie noch siebzehn Jahre alt, und um die Kubakrise herum gewesen sein.

Fakt ist: Sie nimmt den VW Käfer zunächst an, gibt ihn jedoch nach wenigen Monaten dem Vater zurück.[41] Der Traum von Amerika ist stärker als das Freiheits- und Mobilitätsversprechen des eigenen Automobils. Sander kauft zum Missmut der Eltern ein Flugticket. Ihr Ziel ist Los Angeles, denn dort haben die Sanders Bekannte, und Kalifornien lockt mit der Aussicht auf Sonne, Strand und ein komplett anderes Lebensgefühl.

Einen Direktflug von Hamburg gibt es nicht. Doch seit 1959 fliegt die amerikanische Fluggesellschaft Pan Am mit dem neuen Düsenflugzeug Boeing 707 von Hamburg über London nach New York, ein Ticket der Touristenklasse kostet 2324 D-Mark.[42] Die reine Flugzeit des Transatlantikflugs von Hamburg aus beträgt neuneinhalb Stunden. Durch den Zwischenstopp in London aber real wohl länger. Es ist eine Zeit, als an Bord von Flugzeugen noch geraucht werden darf, nach dem Start servieren die Stewardessen warmes Frühstück. In New York heißt es dann umsteigen, von hier gehen Inlandsflüge an die amerikanische Westküste.

In Los Angeles angekommen, wohnt Sander bei Freunden ihrer Familie und schreibt sich als Gasthörerin an der UCLA[43], der Universität von Kalifornien in Los Angeles, ein. Sie besucht dort zwei Jahre[44] lang Kurse in Geschichte und englischer Sprache und vertieft ihre ästhetischen Theorien in Seminaren und Vorlesungen zu Design und Formgebung.[45]

Vor allem aber schärft sie ihr Auge für neue Formen und Moden, lernt ein neues Lebensgefühl kennen. »Ich kam aus einem Land, das noch tief in der Nachkriegsdepression steckte, so war Kalifornien für mich ein Ort voller Optimismus«, erinnert sich Sander später.[46] In den frühen Sechzigerjahren von Hamburg nach Los Angeles zu kommen, muss einer Achtzehnjährigen einen kleinen Kulturschock versetzen. »Ich erlebte Amerika zu Beginn der Sechziger, als der Zeitgeist auf Jugendrebellion stand. Das tägliche Leben war von einer allgemeinen Euphorie geprägt, das machte auf mich großen Eindruck«, so Sander.[47]

Wie diese Euphorie aussah, die die junge Frau so sehr beeindruckte, führt am besten vielleicht die Popkultur vor Augen. Hatte in der Bundesrepublik gerade der biedere Freddy Quinn mit der Beschwörung von Sehnsucht nach Exotik und seinem Lied »La Paloma« einen Nummer-eins-Hit, so feierten am Sunset Strip in Los Angeles 1961 die Beach Boys in ihren Songs das unbeschwerte Jugendleben in Kalifornien.[48] Surfen, Schwimmen und am Strand abhängen dürften auch bei den Studienkameraden Sanders an der UCLA hoch im Kurs gestanden haben. Außerdem genießt Sander es, zum ersten Mal allein unterwegs zu sein, ohne Zugriff und Kontrolle der Eltern: »Das Leben hier war viel entspannter, niemand hat überprüft, ob ich immer pünktlich war, wie mein Vater das in Hamburg getan hatte«, sagt Sander.[49]

Die junge Frau lässt ihren Blick über die Menschen am kalifornischen Strand gleiten und lernt ein neues Frauenbild kennen: »Es gibt ja das ikonische All American Sports Girl, das in den 1920er-Jahren auch Frauen in Europa beeinflusst hat, denken Sie nur an die amerikanischen Tennisspielerinnen und Pilotinnen. Dieses lichte, dynamische Frauenbild war durch den Krieg verschüttet worden, aber am kalifornischen Strand gab es all diese jungen, unbeschwerten, sportlichen Frauen«, erinnert sich Sander Jahrzehnte später.[50] Sie vermutet, dass hier ein großer Einfluss auf die Wahl ihrer späteren Models liegt. Die natürliche Schönheit und Sportlichkeit der unbeschwerten Amerikanerinnen fasziniert sie.

Die Jugendkultur fand gerade zu Beginn der Sechzigerjahre auf dem langsam wiederbelebten Sunset Strip statt. Die

Musikbars hier waren ein Treffpunkt der jungen Menschen, die neue Bands hören wollten. Hier lernte Sander einen Hedonismus[51] kennen, wie es ihn in Hamburg so nicht gab. Und sie fuhr viel mit dem Auto herum, genoss die Weite der Stadt und der Landschaft drum herum, durch die man Stunden unterwegs sein konnte. Die amerikanischen Autos jener Zeit waren riesig und hatten spitze Haifischflossenhecks, wie man sie heute noch etwa in alten Folgen der Krimiserie »Columbo« bewundern kann, die ebenfalls in Los Angeles gedreht wurde. In einer der ersten Folgen unterhält der Inspektor mit dem zerknitterten Trenchcoat sich mit einer jungen Frau in Ausbildung bei einer Schönheitsklinik, die ihn mit dem damals vieldiskutierten Konzept der Innen- und Außengeleiteten Personen vertraut machen will, das sie in der Lebenshilfeliteratur und Talkshowwelt aufgeschnappt hat. Auch dies gehörte mit zum Zeitgeist der Sechzigerjahre in Amerika: Man machte sich darüber Gedanken, ob man eher aus eigenem inneren Antrieb und eigener Motivation heraus handelte oder ob einem der soziale Radar wichtiger war, man sich also eher nach Urteilen von Gruppen oder Freunden (heutzutage wohl Influencer und Social Media) richtete.[52] Entsprechend ausgerichtet waren die Kampagnen von Werbeagenturen. Die neuen Marketingstrategien, Konsumgüter als Trend zu verkaufen, als Produkt, das alle (die zu »meiner« Gruppe gehören) wollen, entstand hier als Idee.

Sander nahm während ihres Amerikaaufenthalts so viele Eindrücke wie möglich aus diesem großen Land mit. Nach zwei Jahren Studium an der UCLA zog es sie von der Westküste bald an die Ostküste. In New York arbeitete sie für das Modemagazin *McCall's*, das Anfang der Sechzigerjahre unter dem Herausgeber John Mack Carter mit einer Auflage von 8,4 Millionen das drittbeliebteste Magazin des großen Landes war – auf den ersten Plätzen lagen *Reader's Digest* und die Fernsehzeitschrift *TV Guide*.

McCall's liebten die amerikanischen Frauen wegen seiner Mischung aus Schnittmusterbögen, Schönheitstipps und Modestrecken. Zudem schrieben prominente Frauen dort Kolumnen mit Ratschlägen und Lebensweisheiten. Die frühere First Lady Eleanor Roosevelt etwa steuerte bis zu ihrem Tod im November 1962 die Ratgeberkolumne »If You Ask Me« bei, Mitte der Sechziger konnte das Magazin die berühmte amerikanische Filmkritikerin Pauline Kael als Kolumnistin für sich gewinnen, bis man sich über einen Verriss des Films »The Sound of Music« überwarf.

Während sich in der Bundesrepublik also gerade noch Zeitungen und Zeitschriften etablierten, die unlängst von den Besatzungsmächten ihre Medienlizenzen erhalten hatten, sammelte Sander bereits Erfahrung in einem langjährig bestehenden Verlagshaus. Doch dann erreicht sie eine schockierende Nachricht von zu Hause: Ihrem Stiefvater ginge es nicht gut, im jungen Alter von zweiundfünfzig wird er kurz darauf sterben. Mit einundzwanzig Jahren kehrt Sander also nach Hamburg zurück.[53] Ob sie ihn noch einmal lebend sehen oder nur noch zur Beerdigung heimkehren konnte, darüber hat sie sich nie öffentlich geäußert. Doch sie wird nach der Beerdigung nicht nach Amerika zurückkehren. Stattdessen bleibt sie in der Stadt und bei ihrer Familie.

ZURÜCK AN DER ELBE

Nach dem Tod Erich Libudas stellten sich die nächsten Herausforderungen: Sander musste eine Arbeit suchen. Sie fand sie 1963[54] bei den deutschen Modezeitschriften *Constanze* und *Petra*.

Hinter der *Constanze* steckten die Verleger Axel Springer und John Jahr, die von der englischen Militärregierung die Lizenz erhalten hatten, ein Magazin für Frauen herauszubringen.[55] Als Chefredakteur setzten sie Hans Huffzky ein, der *Constanze* schnell zum Erfolg führte. Schon im Gründungsjahr 1949 lud er Christian Dior ein, der gerade in Paris dabei war, die französische Nachkriegsmode mit eleganten Entwürfen zu altem Glanz zu führen. Er kam zwar nicht persönlich, schickte dafür aber seine Entwürfe, die mit Applaus aufgenommen wurden. Wenig später widmete Dior der Zeitschrift einen eigenen Entwurf, wie der FAZ-Modekritiker Alfons Kaiser in seiner Biografie Karl Lagerfelds schreibt: Ein »hellblaues Tageskleidchen aus reiner Seide« trug den Namen ›Constanze‹.[56]

Für diese Zeitschrift zu arbeiten, hieß für Sander also, in der ersten Riege der deutschen Modemagazine tätig zu sein. Als 1964 vom Constanze-Verlag (der ein Jahr darauf zu Gruner + Jahr fusionierte) mit *Petra* eine weitere Modezeitschrift ins Leben gerufen wurde, für die ebenfalls Hans Huffzky das inhaltliche Konzept entwarf, heuerte Sander auch in dieser Redaktion an. Innerhalb von vier Jahren stieg sie zur leitenden Redakteurin auf.[57] Doch musste sie recht schnell merken, dass es für sie erst einmal nicht weitergehen würde. »Ich hatte es satt, mich als Moderedakteurin irgendwelchen Supertypen von Chefredakteuren anzupassen«, sagte Sander.[58] Und über diesem Frust reifte in ihr langsam der Entschluss, dass das Angestelltendasein nichts für sie sei.

Kurze Haare, kein Rock. Schon früh verfolgte Jil Sander eine klare Linie. Das Foto stammt vom 1. Januar 1968.

Trotzdem nutzte sie die Gelegenheit, um hier Erfahrungen zu sammeln, wie man Mode für die Öffentlichkeit präsentiert. Und sie lernte, worauf es Journalisten bei Modestrecken ankam: »Als Moderedakteurin habe ich auch das Missionarische erlernt, nicht nur gegenüber dem Konsumenten, auch im Gespräch mit den Herstellern. So bin ich überhaupt zum Design gekommen«, sagt sie später.[59]

Sie nimmt nicht nur diese Lektion in Vermittlungsgeschick mit. Auch »graphisches Denken« und »ein Gefühl für visuelle Aussagen« wird sie im Rückblick auf diese Redaktionstätigkeit zurückführen.[60]

Und sie sah mit ihrem scharfen, kritischen Blick die Schwachstellen der Entwürfe und ihrer Präsentation. »Als Moderedakteurin bei ›Constanze‹ und ›Petra‹ Ende der Sechzigerjahre konnte ich die Fotos, die ich mir wünschte, nicht mit den Kleidern verwirklichen, die man mir gab«, sagt Sander.[61]

Das Frauenbild der Modezeitschriften entsprach kaum Sanders Vorstellungen. Der Designer Wolfgang Joop beschreibt es in seinen Memoiren so: »Mitte 1967 wirkten die Köpfe puppenhaft, proportional zu groß, zu groß auch die Frisuren, übergroß die Puppenaugen, mit Pelzwimpern oben und unten, dazu ein heller Strich auf dem Lid, ein schwarzer über den Wimpern. Auf allen Abbildungen glotzten die Cover-Models den Betrachter an, als wären sie zu Tode erschrocken.«[62] Auch die Körperideale huldigten eher kindlichen Proportionen: »langer, dünner Hals, flacher, hoher Busen, tiefgezogene Taille bis hin zu fast gleich schmalen Hüften; dann endlos gerade Beine, in kindlicher Pose gekreuzt oder unschlüssig einen Ausfallschritt machend«, schreibt Joop.[63] Lolita, die Kindfrau, sei das »image du jour« gewesen. Entsprechend sahen die Modeentwürfe der Designer aus, mit denen Sander in der Zeitschrift arbeiten musste.

Wenn sie mit diesem Material Bilderstrecken für die Zeitschriften organisieren sollte, stießen sie die Schwachstellen der Designs mitunter so stark ab, dass sie zum Telefonhörer griff: »Ich habe Modeshootings organisiert. Vorher nahm ich Kontakt mit den Herstellern auf, um ihnen Verbesserungen vorzuschlagen«, so Sander.[64] Sie nahm sich sogar die Freiheit heraus, um Änderungen nach ihren Wünschen und Vorstellungen zu bitten. Und ihre Hartnäckigkeit und eigene Vision in modischen Dingen sprach sich herum. Eines der so kritisierten Unternehmen rief sie zurück und fragte, ob sie nicht gleich eine eigene Kollektion entwerfen wolle, wenn sie so genaue Vorstellungen habe. »Daraus ergab sich meine erste Trevira-Trendkollektion für die Farbwerke Hoechst«, erinnerte sich Sander 2017.[65]

Die Marke Trevira, heute mit Hauptsitz nahe Augsburg, wurde 1956 als Teil der Fasersparte der Farbwerke Hoechst AG gegründet und war in den Sechzigerjahren der weltweit größte Anbieter von Polyesterfasern und -geweben. Die neuartigen Chemiefasern bestimmten in den Sechziger- und Siebzigerjahren schnell die Mode, Trevira stellte zunächst vor allem Bekleidungsstoffe her, später kamen auch Heimtextilien hinzu. Das Unternehmen entwarf eigene Looks mit den neuen Chemiefasern. 1959 zeigte die Marke auf einer Berliner Modenschau weite Mäntel in A-Linie, ausgestellte Kleider und gestreifte Kostüme, alle hergestellt mit Stoffen aus Polyesterfasern.[66] Einige der jungen Frauen, die die Kleider in Berlin präsentierten, entsprachen schon dem kindlichen Bild, das Joop einige Jahre darauf so treffend spitz beschreiben wird.

Sander suchte also schon damals, mit Anfang zwanzig, die größtmögliche Herausforderung, arbeitete für den größten Hersteller einer Trendfaser eine Trendkollektion aus und setzte so ihre Vision, wie Mode besser, schöner, zeitgemäßer aussehen könnte, für ein großes Unternehmen um.

Diese Erfahrung, also das Designen einer ersten eigenen Kollektion, bestärkte sie beim Finden einer Antwort auf jene Frage, die sie als Moderedakteurin mit ihrer Ausbildung und ihrem Auge für Details niemals losließ: Könnte ich selbst das nicht viel besser?

SPRUNG IN DIE SELBSTSTÄNDIGKEIT

Sander hatte schon bald genug davon, als Redakteurin biedere Entwürfe für die deutschen (Haus-)Frauen in Magazinen
zu gestalten. »Je älter ich wurde, desto mehr Probleme hatte
ich mit dem, was ›man‹ trägt«[67], stellte sie mit Blick auf die
Mode der späten Fünfzigerjahre in einem Buchbeitrag fest. Sie
selbst trug diese Mode nicht, warum sollten andere Frauen sie
tragen? Durch den Aufenthalt in Amerika und durch Reisen,
die sie regelmäßig in Europa unternahm, sah sie, dass es über
die Landesgrenzen hinaus durchaus eine Avantgarde gab, die
wie sie die Kundinnen lässig kleiden wollte. Wichtig war bei
dieser Lässigkeit jedoch, nicht verkleidet auszusehen, heraus-
geputzt oder verpuppt.

Was sie in den Läden vorfand und als Angebote von den Designern für ihre Fotostrecken bekam, störte sie, weil es nach
fantasieloser Verordnung roch: »Ich empfand dieses Diktum
als Diktat.«[68]

Bei dem, was sie als Diktat empfand, kamen Beweggründe
durch, die wir heute durchaus als feministisch einschätzen
können, auch wenn Sander diesen Begriff meist gemieden
hat: »Und noch etwas störte und ärgerte mich: der qualitative
Unterschied zwischen dem Kleidungsangebot für Frauen und
Männer – für Sie und Ihn, wie es früher hieß. Die Kleidung für
Frauen, so empfand ich es, hatte eher ephemeren Charakter. So
etwas Launiges und Launisches, das oft in einem Modeschöpfer-
Blödsinn gipfelte, der den Frauen offensichtlich nur das geistig-
ästhetische Rückgrat einer Barbiepuppe zumuten mochte.«[69]

Immer wieder dachte sich die junge Frau: An dieser Kleidung
stimmt etwas nicht. Zu viel Rüschen, zu viel Firlefanz, zu viel

Dekoration, der die Frau zum Anhängsel degradierte und dazu führte, dass sie in Geschäftsverhandlungen kaum ernst genommen werden konnte. Und sie wusste: Das konnte sie selbst besser. Also tat sie genau das, als sich ihr die Chance bot.

Ihre erste Idee war so revolutionär wie utopisch: »Ich wollte nämlich eine Mode machen, die wenig kostet, einfache, weiche Sachen, die sich gegen den modischen Firlefanz abhoben, weil ich dachte, gutes Design für wenig Geld, das müsste doch gehen.«[70]

Den Zeitgeist ihrer Freundinnen traf sie damit. Es war das Jahr 1968, auch unter Sanders Bekannten waren Anhänger der Apo-Szene (die Abkürzung steht für »außerparlamentarische Opposition«, bei der sich kulturelle, also auf den Lebensstil bezogene, Impulse mit im engeren Sinn politischen mischten). Der Widerstand der Studentenbewegung gegen die ältere Generation schlug sich bereits in der Mode nieder, auch in Deutschland wurden die Röcke kürzer. Junge Frauen suchten nach Kleidung, wie Sander sie sich erträumte, die sich von den Rüschenblusen und der unpraktischen Damencouture ihrer Mütter absetzte.

Mit diesen Plänen für etwas Eigenes im Kopf begab sich Sander eines Nachmittags im Jahr 1968 auf einen folgenschweren Einkaufsbummel. Eine Freundin hatte sie gefragt, ob sie mit ihr Lampen aussuchen gehen wolle. Sander wohnte damals in einem Apartment von Freunden im Harvestehuder Weg[71] und erinnerte sich an ein charmantes Lampengeschäft in der Milchstraße, nur einen Katzensprung von ihrer Wohnung in Pöseldorf entfernt.

Im Geschäft kamen die beiden jungen Frauen dann mit dem Besitzer der Geschäftsräume ins Plaudern. Er sagte, er wolle seine Räume in den Mittelweg, um die Ecke, verlegen, und der jetzige Laden, in dem man gerade stehe, würde dann zur Vermietung frei. »Dann nehm ich den«, sagte Sander ohne Zögern.[72] Noch am selben Nachmittag saß sie neben dem Ladenbesitzer in einer nahegelegenen Bar und unterschrieb den Mietvertrag für die Geschäftsräume.

Die Gegend war ansprechend, hier wohnte bereits das potenzielle Publikum für jene Avantgarde-Mode, die Sander statt der Lampen im Laden verkaufen wollte. Und in direkter Nachbarschaft zogen kleine Galerien, unter anderem jene, in der Gunter Sachs Pop-Art verkaufte, ein kunstaffines junges Publikum an. Zudem lag die Hochschule für Musik und Theater, damals noch »Staatliche Hochschule für Musik und darstellende Kunst«, am unteren Ende der Milchstraße, wo der schmale Kopfsteinpflasterweg in die breite Alsterchaussee mündete. Auch die ein oder andere angehende Schauspielerin und Opernsängerin, die hier ausgebildet wurde, mag sich neugierig in die neue Boutique begeben haben, die Sander schon bald eröffnete.

Nun galt es für die junge Frau nur noch, die Finanzierung zu regeln. Sie verkaufte ihren VW Käfer[73], das reichte für das Startkapital, aber nicht viel weiter. Also ging sie zur Dresdner Bank und stellte dort ihre Pläne vor. Das Unternehmen bewilligte ihr einen Kredit von 200.000 Mark (unter Berücksichtigung der Inflation entspricht das heute etwas über 400.000 Euro).

Dass eine junge Frau im Alter von vierundzwanzig Jahren ohne große Rücklagen eine solche Summe genehmigt bekam, wird man ihr immer wieder skeptisch vorhalten. In einem Gespräch mit dem *Spiegel* im Jahr 1987 fragt sie der Interviewer frech: »Wahrscheinlich haben Sie das Geld, da Sie Sicherheiten ja nicht bieten konnten, mit Ihrem Gesicht bekommen.«[74]

Sander antwortet darauf im kühlen Ton der Geschäftsfrau, die Dinge auch nach der zehnten dummen Frage noch professionell erklärt: »Ich weiß, dass damals das Gerücht umging. Aber Sie glauben doch nicht, dass irgendein seriöses Bankunternehmen einer Anfängerin einen Kredit bewilligt, nur weil sie schöne blaue Augen hat. Ich glaube, dass meine unternehmerischen Ideen schon damals überzeugt haben. Dass sich die Bank nicht geirrt hat, beweist, dass ich heute Mitglied im Beirat der Dresdner Bank bin.«[75]

Zehn Jahre später wird sie in einem Interview mit der *New York Times* betonen, dass sie niemals Probleme mit Banken hatte und ihr gewissenhafter Umgang mit dem Abzahlen des Kredits auch weitere Finanzierungsmöglichkeiten eröffnete: »Ich habe all meine Bankverpflichtungen immer präzise eingehalten. Das spricht sich herum. Und so war meine Person immer bei allem, was mit meinem Unternehmen zu tun hatte, der ausschlaggebende Faktor.«[76]

DIE SCHWARZE BOUTIQUE IN DER MILCHSTRASSE

Im Gründungsjahr 1968 trägt Sander ihr Haar kurz. Sie fährt regelmäßig nach London und ist begeistert von der Jugend- und Modeszene, die sie dort auf den Straßen sieht. Ihre Haare lässt sie vom Londoner Starfriseur Vidal Sassoon zum modischen Bob verkürzen: »Damals habe ich dann nur noch Rollkragenpullis getragen, weil ich so kurze Haare hatte. Jil Sander war zwar als Luxusmarke positioniert, aber wir wollten dieses visionäre Understatement.«[77] Für dieses Understatement steht sie tatsächlich mit ihrer Person unmittelbar ein, lebt es selbst. Und gibt damit auch optisch einen starken Kontrast zur Modeszene ab, die damals in Deutschland vorherrschte.

Um zu verstehen, wie stark der Kontrast von Sanders Ästhetik sich von der Konkurrenz und vor allem vom Hamburger Bürgertum abgrenzte, muss man sich dem Geschäft in der Milchstraße von der Stadtmitte her nähern. Man beginnt vielleicht mit dem Spaziergang im bunten Treiben der Mönckebergstraße, dem Herz des Hamburger Konsums. Lässt dann die Kontorhäuser und die großen Shoppingpaläste hinter sich und läuft von der Binnenalster weiter zur Außenalster. Hier tauchen Trauerweiden ihre Zweige ins Wasser, Jogger keuchen an der hochgesicherten amerikanischen Botschaft und den weniger gesicherten anderen Botschaften vorbei. Die Vorgärten der Villen breiten sich aus, nehmen den Platz ein, den in anderen Städten kleine städtische Parks haben. Durch die Bäume glitzern in Eingangshallen Kronleuchter, so groß wie Einzimmerwohnungen. Hanseatischer Wohlstand ist etwas, das man dezent hinter geschlossenen Fensterläden hervorleuchten lässt. Die Fassaden der Häuser sind bestimmt von einer einzigen Farbe: Weiß. Makelloses, unschuldiges, aufwendig zu pflegendes Weiß.

Und wenn man in diesem Meer weißer Villen dann die Milchstraße hinaufläuft, bis sie die Magdalenenstraße kreuzt, glaubt man kurz, ein Kubus aus Stanley Kubricks »2001« sei hier gelandet: Schwarz wie eine sternenlose Sommernacht rückt das flache Geschäft mit den großen Schaufenstern auf die Straßenkreuzung zu, als sei es die stylische Galionsfigur eines Schiffes. Die anderen Gebäude rechts und links davon sind höher, aber zurückgesetzt, und bilden so mit ihren hellen Häuserwänden die Kulisse, aus der Sanders Laden nur noch mehr hervorsticht.

Jil Sander 1968 vor ihrem legendären Geschäft in der Milchstraße, dessen Form und Farbe damals kontrovers diskutiert wurden. Heute befindet sich in den Räumen das Hamburger Büro der Marketingagentur elevenfifteen.

Das Viertel begann sich gerade zu wandeln, als Sander hier ihre Boutique eröffnete. Seit der Mitte des 19. Jahrhunderts war das Gelände jenseits des Hamburger Dammtors als Wohngebiet erschlossen worden, vor 1860 galt für die Vororte jenseits der Stadtgrenze am Tor noch eine Sperrstunde, wer abends nach Hamburg hineinwollte, musste eine Gebühr entrichten.[78] Auf den zuvor unbebauten Gartenstücken entstanden Wohnungen für Arbeiter, Kutscher, Handwerker, und später zog es immer mehr reiche Hamburger, vom Reeder bis zum Geschäftsmann, auf die prächtigen Grundstücke an der Alster, wo sie ihre weißen Villen bauen ließen. Die schmale Milchstraße verrät mit ihrem Namen noch, wer hier ursprünglich wohnte: Milchhändler.

Als Sander sich das ehemalige Lampengeschäft aussuchte, strahlte schon alles im Weiß der Villennachbarschaft. Die Alteingesessenen beschwerten sich, das Schwarz der Boutique sei zu dunkel. Sander antwortete diplomatisch, es handele sich gar nicht um Schwarz: »Das Geschäft ist ja auch dunkelgrau.«[79]

LONDON CALLING

Die Farbgebung war eine bewusste Entscheidung der jungen Chefin. Man könnte diese Geste fast für Punk halten, so stark ist der Kontrast der Geschäftsräume der 1968 gegründeten JIL SANDER MODEN zum bourgeoisen Viertel. Und ein wenig vom Impetus dieses rebellischen Geistes mag Sander damals, vielleicht auch unbewusst, wirklich dazu bewogen haben, inmitten der weißen Villen mit einem schwarzen Kontrapunkt zu provozieren. Von den Punks, wie sie sie bei ihren Englandbesuchen kennenlernte, war sie nämlich fasziniert, ja regelrecht begeistert: »In London kam damals die Punkbewegung auf, diese coole Bewegung. Ich sah sie an der King's Road sitzen, und wenn ich damals schon ein iPhone gehabt hätte, hätte ich sie alle fotografiert. Sie waren so fantasievoll.«[80]

Die King's Road war damals das Zentrum der stylischen Londoner Jugend. Vivienne Westwood und Malcolm McLaren flanierten hier in selbstgeschneiderten Klamotten, lange bevor sie zur Modedesignerin der Punkbewegung und er der Manager der Sex Pistols wurde. Hier hatten Modegeschäfte langsam ehemalige Lebensmittelläden ersetzt. Westwood-Biograf Ian Kelly beschreibt die Szenerie so: »Bei Granny Takes a Trip sah es so aus, als sei ein amerikanischer Straßenkreuzer in das Schaufenster gekracht. Das Mr. Freedom von Tommy Roberts zeigte einmal einen riesigen blauen Plüschgorilla in der Auslage und im Alkasura von John Lloyd wurden die Kunden vom

Besitzer in einer Mönchskutte bedient. Trevor Myles, dessen Laden Paradise Garage sich in der King's Road Nummer 430 befand, verkaufte die ersten gebrauchten Bluejeans.«[81] Geschäfte, wie man sie in Hamburg, München oder Düsseldorf zu jener Zeit niemals entdeckt hätte. Der spätere Sex-Pistols-Manager McLaren fasste die Atmosphäre der hippen Londoner Einkaufsstraße noch treffender zusammen: »All diese Geschäfte waren die visuelle Antwort der Straße auf die damalige musikalische Popkultur: An der King's Road trafen sich Musik und Mode.«[82]

Man kann sich gut vorstellen, dass Sander bei einem ihrer London-Trips auf der Portobello Road, ihrem zweiten Lieblingsspot neben der King's Road, sogar einmal vor Westwood stand, die damals, Mitte der Sechziger, dort selbstgebastelte Ketten und T-Shirts verkaufte, bevor sie 1971 gemeinsam mit McLaren einen eigenen Klamottenladen auf der King's Road eröffnete. Sander selbst erinnert nur ein einziges Treffen mit der Frau, die Punk in die Mode übersetzt hat. In ihrem Nachruf auf die britische Designerin schrieb sie: »Ich bin Vivienne nur einmal persönlich begegnet, das war in New York, wo sie und Donatella Versace gemeinsam mit mir den Fashion Legend Award des amerikanischen Modeverbands in Empfang nahmen.«[83] Marion Greenberg, Sanders langjährige PR-Sprecherin in Amerika, wird zum Tod Westwoods am 30. Dezember 2022 jenes ikonische Foto der drei Modemacherinnen auf Instagram teilen[84]: eine Schwarz-Weiß-Aufnahme aus dem September 1996[85], die jede der Frauen als Symbolfigur ihres eigenen Designs zeigt. Drei Ausrichtungen weiblicher Mode im 20. Jahrhundert: Donatella Versace lächelt in einem engen glitzernden Satinkleid, das sich um ihre Figur schmiegt, in die Kamera – ein Sinnbild femininer italienischer Couture. In der

Mitte, alle anderen überragend, steht Vivienne Westwood mit ihren wilden Korkenzieherlocken in einer bodenlangen glänzenden Robe mit spitzem Kragen und noch spitzeren breiten Schultern – ein Traum für jede Glamrock Queen. Und rechts, lächelnd, aber die Arme locker verschränkt, die an jenem Abend geehrte Jil Sander in einem dunklen Hosenanzug, über den sie einen weichen Mantel geworfen hat – schlicht, aber äußerst elegant. Das Modefachblatt *Women's Wear Daily* gab seinem Bericht über den Abend mit den drei Designikonen den Titel »Blonde Ambition«[86] (und merkte an, dass Sanders Rede nur halb so lang war wie die Danksagungen von Westwood und Versace – sich ins Rampenlicht zu stellen, und sei es bei Preisverleihungen, lag ihr schon damals fern).

In ihrem Nachruf auf Westwood macht Sander die Unterschiede zwischen sich und ihrer britischen Kollegin deutlich: »Im Modedesign war sie das Gegenprojekt zu meiner Aussage, aber in der Motivation habe ich mich ihr verwandt gefühlt.«[87] Beide hatten sich im gleichen Jahr mit ihren Boutiquen selbstständig gemacht, und die Haltung dahinter wird deutlich in einem Zitat, das zu wiederholen lohnt: »Es war eine Zeit, in der wir wie sie Authentizität gesucht haben. Ich habe nur eine andere Richtung eingeschlagen und bin dafür eingetreten, dass Frauen als sie selbst wahrgenommen werden, nicht als rückständigen Traditionen verhaftetes Phantasma.«[88]

Wenn man jung ist und für neue Einflüsse besonders offen, tragen diese Inspirationen, je nachdem auf welche Persönlichkeit sie treffen, unterschiedliche Früchte. Westwood übersetzte die Energie des Punkrock und der New Wave in Modedesign, Sander hingegen nahm sich von den schönen (»beautiful«[89]) Punks auf der King's Road das Rebellische mit, fand die Schönheit in der Disruption und zog daraus den Willen zu neuen Wegen, die in ganz anderem Kontrast zu den biederen Moden der Elterngeneration standen. Und sie nahm auch ein wenig der »fantasievollen« Leichtigkeit der King's Road in jenen Jahren in die eigene Garderobe auf.

Eine Fotostrecke zeigt die damals Sechsundzwanzigjährige im Jahr 1970, also zwei Jahre nach der Boutique-Eröffnung, vor ihrem Geschäft. Sie trägt darauf einen knöchellangen Mantel mit hellem Schlangenprint. Das Stück stammt aus der Kollektion des Designers Ossie Clark[90], dessen Kleider ab Mitte der Sechzigerjahre die Mode der britischen Popkultur prägten: wallende Maxikleider mit ausgestellten Ärmeln, von Paisley- und Blumenmustern bedeckt, wie gemacht für die Hippiebewegung. Liza Minnelli liebte seine Entwürfe ebenso wie Mick Jagger und die Beatles, bändigte Clark die Stoffmassen doch mit eng geschnittenen Schlangenledermänteln und -jacketts, die mehr von Rock als von Pop sprachen.

Diese Mischung, diese Kleider, diese Energie inspirierten Sander in jenen Jahren: »King's Road und Portobello Road fand ich ungemein spannend«[91], erzählt sie immer wieder. Also kam ein Stück aus Clarks Kollektion mit nach Hamburg, an das sie sich selbst 2017 in einem Interview noch erinnerte: »Ich trug damals sogar einen knöchellangen Pythonmantel.«[92] Er war eng verbunden mit dem ersten Erfolg der jungen Frau. Ein Designstück, das sie als moderne, unabhängige Unternehmerin herausstellte, deren Geschmack eher Avantgarde als Mittelmaß sucht.

Auf den Bildern der Fotostrecke von 1970 erzählt also genau dieses pythongemusterte Stück mit dem breiten Gürtel von der modischen Zukunft. Ein asymmetrischer Reißverschluss

verläuft schräg über der Brust, mündet in einem spitzen breiten Kragen, auf den Sanders wilde blonde Locken fallen. Sie
steht vor ihrem Geschäft, ein helles Lächeln auf den Lippen,
die Arme weit ausgebreitet, als wolle sie mit den zum Himmel
zeigenden Handflächen das gesamte Gebäude umfassen. Sie
ist stolz auf das Geschäft, und sie hat allen Grund dazu.

**Von London inspiriert. Jil Sander in einem Schlangenprintmantel des bri-
tischen Designers Ossie Clark.**

Auf den beiden schwarzen Markisen, die das Eingangstrepp-
chen und das große Schaufenster zur Magdalenenstraße über-
schatten, leuchtet schon der neue Name der jungen Frau. Mit
vierundzwanzig Jahren hat sie Heidemarie hinter sich gelassen und das Jiline zu einem schlichten Jil verkürzt. »Ich kann
es nicht ›Heidi Sander‹ nennen. Das ist so deutsch, so süß«,
soll sie laut dem ehemaligen Sander-Model Sylvie Reichel
bei der Eröffnung des Shops gesagt haben.[93] Die Modejournalistin Stefanie Schütte will in der Entscheidung für den ver-
kürzten zweiten Vornamen sogar eine Anverwandlung des

Maskulinen entdecken, »in Proustscher Manier an ›Gilles‹ erinnernd«.[94]

Was auch immer die tatsächlichen Gründe gewesen sein mögen: Der neue Name ist wie gemacht für die internationale Bühne. »Jil Sander« steht von nun an also in großen, serifenlosen Blockbuchstaben – eine Designhommage an das Bauhaus – auf den schwarzen Stoffbahnen der Markisen. Deren Aufhängungen sind am Geschäft übrigens noch heute zu finden. Die Räume besetzt mittlerweile eine Beratungsfirma. Nur die schwarze Farbe erzählt außen auf den Backsteinen noch von der Vergangenheit als Modeboutique. Das Innere hatte Sander schon 1968 komplett weiß streichen lassen, ihre Lieblingsfarbe[95], wie sie immer wieder betont.

AUS FEHLERN LERNEN

Womit genau machte sich Sander nun im Alter von nur vierundzwanzig Jahren selbstständig? Da war zum einen die Idee, ausgewählte Mode französischer Avantgardedesigner wie die Strickkreationen von Sonia Rykiel anzubieten[96], die ihren Vorstellungen von Mode und Geschmack näherkamen als das, was man sonst in den Hamburger Boutiquen erhielt.

Man darf nicht vergessen, dass es Ende der Sechzigerjahre noch nicht möglich war, in jeder Großstadt von Amerika über Europa bis nach Asien die gleichen großen Filialen der gleichen großen Designermarken vorzufinden. Wer in Deutschland französische Mode kaufen wollte, ging in die Damenboutique seines Vertrauens, die auch hier wie in Frankreich und Großbritannien seit einem Jahrzehnt langsam nach dem Zweiten Weltkrieg entstanden waren (oder man reiste, wenn das Budget es erlaubte, einmal im Jahr gleich nach Paris, um sich direkt bei Chanel oder Dior einzukleiden). Ingrid Loschek erklärte ihren Lesern 1978 die geänderte Verkaufspraxis der Haute Couture so: »Neben dem vornehmen Salon richteten die Modehäuser Boutiquen ein, in denen Prêt-à-porter-Modelle verkauft wurden. Gemeint ist Haute Couture von der Stange für den gehobenen Mittelstand, die in England ›ready-to-wear‹-Mode genannt wird. Außerdem eröffneten die Haute-Couture-Häuser in den meisten europäischen Großstädten Dependencen, verkauften ihre Accessoires in Fachgeschäften der Branche und lieferten sogar Modelle an große Kaufhäuser.«[97]

Sanders Boutique im mondänen Stadtteil Pöseldorf jedoch orientierte sich mehr an den unabhängigen Modegeschäften des Swinging London, das heißt, bei JIL SANDER MODEN gab es Designerkleidung nach dem neuen Prêt-à-porter-Modell, die die Besitzerin in Schnitt und Qualität überzeugt hatte.

Sie beschloss aber auch recht schnell, die Stücke um eine eigene Kollektion zu ergänzen. »Meine erste Idee paßte genau in die damalige Stimmung«, erinnerte sie sich später in einem Interview.[98] »Ich wollte nämlich eine Mode machen, die wenig kostet, einfache, weiche Sachen, die sich gegen den modischen Firlefanz abhoben, weil ich dachte, gutes Design für wenig Geld, das müsste doch gehen.«[99]

Die Idee war tatsächlich einfach und robust, doch die Umsetzung schwierig. Der Plan, diese schlichten, aber qualitativ hochwertigen Stücke in Indien fertigen zu lassen, »ging fürchterlich schief«.[100] Sie hatte versucht, aus dem Safari-Stoff der indischen Polizeiuniformen Kleidungsstücke zu entwerfen, denn »er war günstig, außerdem hochwertig und haltbar«.[101] Die ersten Prototypen wurden gefertigt, doch dann musste sie feststellen, dass sie eine Produktion dieser Größe noch nicht bewältigen konnte.[102] Einige Stücke ließ sie dennoch nach Hamburg kommen, aber auch deren handwerkliche Qualität konnte sie nicht überzeugen. Als die indischen Jacketts in Hamburg eintrafen, hielten sie dem kritischen Blick der Perfektionistin nicht stand.[103] Die Verarbeitung war katastrophal. Allein T-Shirts aus ägyptischer Baumwolle waren das Einzige, was vom Traum der günstigen Großproduktion in Indien übrigblieb. »In meinem Freundeskreis waren sie sehr beliebt, fast ein Talisman. Wir nannten sie ›Health-T-Shirts‹ und waren überzeugt, man könne nicht krank werden, wenn man sie trug.«[104]

Statt über dem Debakel zu verzweifeln und die Idee von der eigenen Mode an den Haken zu hängen, zog Sander wie eine gute Wissenschaftlerin aus den Fehlern Schlüsse darüber, was beim nächsten Versuch zu vermeiden wäre: »Ich begriff, wie schwer Riesenquantitäten für wenig Geld, das bedingt sich ja, zu handhaben sind, und da habe ich mir gesagt, also versuche es noch mal, mit kleinen Mengen, aber mit phantastischer Qualität und reduziertem Design.«[105] Diese beiden Punkte, herausragende Qualität und reduziertes Design, sollen zu ihrem Leitmotiv werden, dem roten Faden, der sich fortan durch all ihre Arbeit ziehen wird. Über die nächsten Jahrzehnte wird sie sich strikt daran halten und so ein Unternehmen von Weltrang aufbauen.

WER WAR DIE »SANDER-FRAU«?
– VORBILDER

Die Modewelt hatte zuletzt in den Zwanziger- bis zu den Vierzigerjahren starke und erfolgreiche Designerinnen gesehen, die Kleidung entwarfen, die schön, elegant und praktisch zugleich war. Coco Chanels Ringelshirts, Jersey- und Tweedentwürfe, ja selbst Chanels kleines Schwarzes war für eine Frau gemacht, die darin tagtäglich leben wollte und sich in ihrer Kleidung auch bewegen musste – egal ob auf dem Fahrrad, am Steuer eines Autos oder beim Reiten. Ähnlich sah es bei Chanels französischen Kolleginnen Madeleine Vionnet und Madame Grès aus. Was sie entwarfen, war Mode für moderne Frauen, deren Rolle es nicht einfach nur war, an der Seite ihres Mannes Status zu repräsentieren. Frauen, die nicht länger nur stumm lächeln wollten, weil der eingeschnürte Oberkörper im Korsett ihnen kaum Luft für ein langes Gespräch ließ.

Der Zweite Weltkrieg und das darauffolgende Jahrzehnt aber brachten eine Rückkehr zu alten Rollenbildern. Frauen sollten sich plötzlich wieder mit Kindererziehung, Küche und Heim begnügen. Waren sie kurz zuvor noch äußerst wichtige Arbeitskräfte für die Industrie, so teilte man ihnen nach Kriegsende mit, dass sie nun nicht mehr gebraucht würden, kehrten doch genug Männer aus dem Militärdienst zurück ins Zivilleben und forderten ihre gewohnten Jobs ein. Mit der Rückkehr zur alten Rollenverteilung ging auch eine Umkehrbewegung in der Mode einher.

Stefanie Schütte, ehemalige Modekorrespondentin der dpa, sieht in ihrem Buch »Die großen Modedesignerinnen« zudem eine Rückkehr zum Mode-Ideal des späten 19. Jahrhunderts: »Die Frauen der oberen Schichten schlüpften mit zunehmendem Wohlstand wieder in die Rolle eines ›weiblichen Aushängeschilds‹ mit wunderschönen Kleidern und phantastisch darauf abgestimmten Accessoires.«[106] Diese Frauen sehnten sich nach den Kriegsjahren nach einer Traumwelt als Märchenprinzessin, und sie fanden ihren Meister im französischen Modedesigner Christian Dior.

Was Dior Mitte der Sechzigerjahre in Hamburg den Redakteuren der deutschen Modemagazine zeigte, waren keine Entwürfe, in denen Frauen schnell zur Bahn rennen konnten. Ja, es waren noch nicht einmal Kleider, die man ohne die Hilfe von Hauspersonal anlegen konnte. Die französische Schriftstellerin Francine du Plessix Gray erinnerte sich 1996 in einem Artikel für den *New Yorker* an ihre erste Dior-Show in Paris 1947. Sie beschreibt darin die Zerrissenheit ihres jugendlichen Ichs zwischen Begeisterung für die Schneiderkunst (»ein sittsam schlichtes Oberteil mit rundem Busen und ein Rock aus dreizehneinhalb Yards leuchtend blauem Taft; der Stoff, messerscharfgefaltet und mit an Zauberei grenzender Handwerkskunst in die 20-Zoll-Taille gesteckt«[107]) und die unmögliche Silhouette, die diese Kleider erforderten, musste man die eigene Taille doch irgendwie erst einmal auf diese bewunderten 40 Zentimeter zusammenschnüren, um auszusehen wie »ein umgedrehtes Martiniglas«.[108]

Gray stellt in ihrem Essay empört fest, dass alle modischen Errungenschaften der Emanzipation des frühen 20. Jahrhunderts, von der Abschaffung des Korsetts über die leichten Kleider der Flapper-Girls bis hin zu Chanels sportlichen Entwürfen, durch Dior im Handstreich abgeschafft wurden: »All diese Zeichen der Emanzipation wurden über Nacht durch den sogenannten New Look zunichtegemacht, der sich tatsächlich als die dümmste Fehlbezeichnung in der Geschichte der Mode entpuppte. Er drehte die Uhr zurück zu den restriktiven Bedingungen der Belle Époque und beschwor alarmierend regressive Modelle von Weiblichkeit herauf: Frauen als passive Sexobjekte, Zurschaustellerinnen des Reichtums und Status ihrer Männer – Frauen, denen beim Einsteigen in Taxis geholfen werden musste, die riesige Koffer brauchten, um mit ihrer Pracht zu reisen, und Mägde, die ihnen beim Ankleiden helfen.«[109] Besonders letzterer Punkt war nicht zu unterschätzen: Diors Kleider wogen zwischen vier und 30 Kilogramm. Als Coco Chanel von Diors Entwürfen hörte, war sie zum einen entsetzt, prophezeite diesem Trend aber kein langes Leben. Sie sollte recht behalten.

In der Modeavantgarde gab es so manche mutige Frau, die die Beschränkungen herausforderte, die sich nicht mit dem Angebot an biederen Entwürfen zufriedengeben wollte und die für ihren eigenen Lebensentwurf nicht vom Dasein als verheiratete Porzellanfigur träumte, deren bestickte Seidenkleider vom wohlhabenden Mann bezahlt werden. In den Sechzigerjahren gehörte die Britin Mary Quant wohl zu diesen Vorreiterinnen. Quant brachte den jungen Frauen ihrer Generation die lockeren A-Linien-Kleider und kurze Röcke, die aus dem Stadtbild der Sechziger bald nicht mehr wegzudenken waren. Die Inspiration dafür fand sie direkt vor ihrer Haustür im Swinging London, auf derselben Straße, die später Vivienne Westwood, Malcolm McLaren und Jil Sander zu modischen Glanzleistungen inspirieren sollte: »Es waren die Mädchen auf der King's Road, die den Minirock erfanden. Ich machte einfache, jugendliche Kleidung, in der man sich bewegen konnte, in der man rennen und springen konnte, und ich fertigte sie in der Länge, die die Kunden wollten. Ich trug sie ja schon kurz, aber meine Kundinnen wollten sie noch kürzer.«[110]

REBELLION IN HOSEN

Doch waren es nicht die kurzen Röcke der Londonerinnen, die Sander primär interessierten. Ihre eigene Vorliebe für Hosen war auch ein Jahrzehnt nach der Rebellion gegen jene rockfixierte Lehrerin noch immer nicht allgemein in der Gesellschaft akzeptiert. Das zeigte der Hosenskandal im Bundestag im Jahr 1970.

Als die SPD-Abgeordnete Lenelotte von Bothmer am 14. Oktober in einem beigefarbenen Zweiteiler vor das Plenum trat und eine Rede hielt, sorgte sie für Aufruhr im Saal.[111] Gerade einmal 34 Frauen saßen damals im Bundestag, und von Bothmer hatte sich bereit erklärt, das Kleidungsstück für ihren Vortrag zu tragen, nachdem der Bundestagsvizepräsident Richard Jaeger (CSU) zuvor geäußert hatte, er werde niemals eine Frau in Hosen ans Pult lassen.

Von Bothmer durfte dann doch ans Pult, blickte jedoch in grimmige Gesichter und musste Zwischenrufe ignorieren. Ihr SPD-Parteigenosse Carlo Schmid sagte danach, er sehe die Würde des Hauses verletzt, der CSU-Politiker Jaeger wollte gar die Würde »der Frau« an und für sich angetastet wissen. Zahlreiche Briefe gingen nach diesem Auftritt bei der Politikerin ein, die meisten von ihnen waren Schmähschriften. Ein Mann fragte, ob sie wohl das nächste Mal gar nackt auftreten wolle.

Hatten Schauspielerinnen wie Marlene Dietrich und Katharine Hepburn vor dem Zweiten Weltkrieg Hosen als Kleidungsstück für die weibliche Garderobe etabliert, so zeigt allein dieses Feld der modischen Tabus, wie stark der Rückfall in alte Strukturen nach Kriegsende in der Bundesrepublik war.

Das Patriarchat hielt wieder Einzug. Was die Frauenbewegung in der Weimarer Republik hart erkämpft hatte, war schnell zurückgedreht. Die Rolle der Frau war im Haus zu finden, gut behütet von einem Ehemann. Die Gesetze sorgten dafür, dass so eine Frau, einmal in der Ehe angekommen, keine große Gelegenheit hatte, sich weiter zu emanzipieren: Wer verheiratet war, musste bis 1977 den Ehemann um Erlaubnis bitten, überhaupt arbeiten zu gehen, das heißt, erst wenn dessen schriftliches Einverständnis vorlag, durfte ein Arbeitsvertrag unterschrieben werden. Ein eigenes Konto durften verheiratete Frauen erst ab 1962 eröffnen, zuvor hatte man dies mit der Begründung untersagt, die Frau könne sonst vom Haushaltsgeld ein geheimes Sparguthaben anlegen. Für die Anschaffung größerer Gegenstände (Möbel, Musikinstrumente, Autos) mussten die Ehefrauen in jedem Fall die explizite Genehmigung des Gatten vorlegen.

Die Proteste der Studentenbewegung Ende der Sechzigerjahre rüttelten zwar auch an den Moralvorstellungen der Elterngeneration, die Rollenverteilung aber nahmen sie noch nicht in Angriff. Das zeigt beispielhaft der 1968 vom ZDF mitproduzierte Film »Quartett im Bett« des Berliner Regisseurs Ulrich Schamoni, den der *Spiegel* damals mit höchstem Lob pries: »In diesem Genre gehört er zum Besten, was der deutsche Film bietet.«[112] Schamoni zeichnet darin ein Porträt der linksalternativen Berliner Studentenszene. In der können zwar die Männer (unter anderem von den tatsächlichen Kleinkünstlern Karl Dall und Ingo Insterburg gespielt) als Musiker in den Tag hineinleben und immer wieder mit neuen Frauen nackt im Bett herumrollen (der Part der sexuellen Freizügigkeit war ein großes Verkaufsargument für diesen Film). Die Frauen jedoch dürfen diesen selbstverliebten jungen Künstlern nur mit großen Augen gespannt lauschen oder ihnen als Ersatzmutter ausgiebig Essen kredenzen. Die Emanzipation hatte auch hier noch einiges aufzuholen.

In diese Zeit hinein kam also Jil Sander, mit ihren Ideen von modernen Frauen: »Als ich anfing, waren Frauen noch völlig dem Diktat ergeben, sich nicht für sich selbst einzukleiden, sondern für jemand anderen. Sie waren dekoriert – ergaben sich der Oberflächlichkeit. Frauen sind so viel stärker geworden seitdem«[113], sagte Sander 1997 rückblickend der *New York Times*. Und ein Jahrzehnt früher unterstrich sie noch etwas heftiger gegenüber Journalisten: »Kleine Chichi-Frauen, die sich verspielt geben und verkleiden möchten, kann ich nicht anziehen. Was ich für meine Sachen brauche, ist eine Frau, die Kopf hat und kräftig ist, und dieser Typus hat sich im Zuge der gesellschaftlichen Bewegungen kolossal entwickelt.«[114] In einem Buchbeitrag bringt sie es sogar noch kritischer auf den Punkt: Frauen, die wie Pralinen aussähen, könne sie nur bemitleiden.[115] Was Sander an diesen Modevorstellung abstößt, ist vor allem auch das Frauenbild, das sie transportieren. Vielleicht auch geprägt durch die starke Persönlichkeit der eigenen Mutter, sind passive Typen, die keine eigenen Wünsche und Vorstellungen für ihr Leben haben, der Designerin ein Graus. Sie will mit ihrer Kleidung Stärke demonstrieren, unterstreichen, dass Frauen zu allem in der Lage sind, was sie sich in den Kopf setzen, und dass sie dabei auch noch gut aussehen können. Kleidung ist für Sander immer auch ein wenig Rüstung. So erzählt sie während ihrer Ausstellung 2017 in Frankfurt den Reportern des ZDF, dass »falsche Kleidung, falsches Make-up« eine echte soziale, menschliche und seelische Schwäche darstellen können. »Wenn ich nach New York musste, um ein Projekt zu entwickeln, dann war es wichtig,

Stärke durch meine Kleidung zu entwickeln.« Diese Stärke, die Kleider ihr gaben, um Aufgaben zu bewältigen, die vor ihr noch niemand in Angriff genommen hatte (wie zum Beispiel 1989 als Frau ein deutsches Modeunternehmen an die Börse zu führen), wollte sie mit ihren Entwürfen auch den Freundinnen und Kundinnen, die bei ihr einkauften, weitergeben.

Mode und Emanzipation gehen da Hand in Hand. Diesen Bezug zur Frauenbewegung der späten Sechzigerjahre sah auch Sander selbst: »Es hängt sehr wohl mit der Emanzipation zusammen, dass Dekoration altmodisch geworden ist, und das habe ich schon sehr früh begriffen, als sich das noch nicht so allgemein gezeigt hat.«[116]

Ihre ideale Kundin beschreibt sie als »eine intelligente, in sich ruhende Frau mit einer ganz eigenen Ausstrahlung. Ich wollte ihr die Möglichkeit geben, sich vom fetischistischen Mode-Angebot zu befreien, das den Körper dem Dekorativen unterwirft. Für berufstätige Frauen war nur wenig Annehmbares auf dem Markt.«[117]

Denn die jungen Frauen, die Sander kannte, entsprachen eben nicht dem Klischee, das zeitgenössische Medien und die Mode propagierten. Die aufstrebenden jungen Künstlerinnen, Fotografinnen, Journalistinnen suchten wie sie nach Kleidern, die ihren neuen Lebensstil unterstreichen würden. Vom Chichi, vom Dekorierten will Sander also weg, liebte sie es selbst doch nie. Dekoration generell ist Sander ein Graus. Sie selbst trägt nie Schmuck, keine Ringe, keine Ketten, keine Ohrgehänge. Das einzige Stück, das neben der Kleidung ihren Körper verziert, ist eine Armbanduhr. Ein Accessoire, das wiederum weniger Zierde als vielmehr praktische Mechanik ist.

Sander umgab sich mit anderen jungen Frauen, die wie sie künstlerisch und intellektuell ambitioniert waren. Durch die

Arbeit für die Modezeitschriften lernte Sander beispielsweise Angelica Blechschmidt kennen, die später Chefredakteurin der deutschen *Vogue* werden sollte und die deutsche Modeszene auf ihre Art prägte. Sander arbeitete im Moderessort der *Constanze*, Blechschmidt als Grafikerin bei der Frauenzeitschrift *Für Sie*. »Am Wochenende kam sie manchmal ins Wendland, wo ich im Rundlingsdorf Bösel ein magisches Backsteinhaus gemietet hatte«, erinnert sich Sander in einem Nachruf auf Blechschmidt aus dem Jahr 2018.[118]

Nicht nur Blechschmidt besuchte Sander in dem Örtchen nahe der Grenze zur DDR. »Befreundete Journalisten, Künstler, Galeristen und Models gingen dort ein und aus«, so Sander. Die gemeinsame Zeit verbrachte man im Gespräch, bei Ausflügen in der Gegend oder beim Arbeiten im Garten. Am Abend kochte Sander mit ihren Gästen. »Ich erinnere mich, dass wir immer viel gelacht haben. Wir waren Kinder! So unbeschwert.«[119]

Im Nachhinein wird ihr diese Zeit immer wie ein anderes Leben vorkommen, denn Mode, Geschäft und Kalkulationen spielten noch keine Rolle. Stattdessen sprachen die jungen Frauen über Kunst und schmiedeten wilde Pläne, wie man die Welt umgestalten könnte. »Mode fand in Hamburg statt und nahm uns noch nicht Tag und Nacht in Beschlag, wie später, als wir Verantwortung für einen größeren Mitarbeiterkreis und eine Marke übernahmen.«[120]

Andere junge Frauen, die ähnlich dachten wie sie selbst, lernte sie im Salon von Margot Schaake kennen. Die Ehefrau des Hamburger Hals-Nasen-Ohren-Spezialisten Walter Schaake lud in ihr komplett weißes Apartment am Harvestehuder Weg in Pöseldorf gern unterschiedlichste Menschen: »Socialites, Bankiers, Opernsänger und Filmstars, etwa Romy

Schneider.«¹²¹ Wie Schaakes Tochter Marlet, die wenig jünger als Sander war, später dem *Vanity-Fair*-Journalisten Bob Colacello erzählte, waren beide Eltern sehr modeaffin: »Mein Vater war ein sehr modischer Mann, der seinen Stil, eine Kombination aus Londoner und Mailänder Stücken, niemals änderte. Er liebte weißen Kaschmir, beigefarbenes Leinen, natürliche Farben und Stoffe. Und meine Mutter kam aus einer Familie, die vor dem Krieg in Berlin im Modegeschäft tätig war. Sie trug immer Blazer und Hosen.«¹²²

Schalk im Nacken, Jil Sander 1970.

Auch aus der Hochschule für Musik und Theater, die nur wenige Schritte von ihrer Boutique in der Milchstraße entfernt in Alsternähe liegt, kamen Freundinnen vorbei. »Ihr Freundeskreis waren ihre ersten Kunden«, erzählt der Hamburger PR-Unternehmer Frank Polley[123], der im Marketingteam von Jil Sander 1992 seine Karriere begonnen hat, als die PR-Aufgaben für das Designlabel noch von einem kleinen Team bewältigt werden konnten. Ein Jahr später stieß Henriette Gehrig zum PR-Team von Jil Sander dazu. Heute sind die beiden ein Paar, führen gemeinsam in Hamburg eine eigene PR-Agentur. Beim Gespräch mit Polley ergänzt Gehrig also: »Das war eine ganze Clique von Frauen und Männern, darunter Künstler direkt von der Musikhochschule um die Ecke.«[124] Und sie fügt noch hinzu: »Und viele Akademiker waren darunter, also durchaus eine rebellische Szene, aber eher akademisch geprägt.«[125]

Ihre Freunde und Freundinnen mochten die Entwürfe von Sander sofort verstehen, doch so ging es nicht allen Kundinnen. In der Zeit von wallenden Rüschen, Blümchen und verspielten Mustern waren Sanders klare Modelle Avantgarde. »Zunächst verstanden viele Leute meine im Grunde philosophische Vorstellung von Reduktion überhaupt nicht und vermißten die schillernden Effekte«, erinnert sich Sander.[126] Was sie entwirft, muss sie zunächst erklären. Sie vermittelt ihre Ideen daher frontal und direkt: »Ich habe mir einen Kreis von Händlern regelrecht erzogen. Immer wieder habe ich sie eingeladen und immer wieder gesagt, schaut, es ist so und so gedacht, seht euch das an und bitte, versteht das doch.«[127]

Nicht viele verstanden sie, aber wer ihre Ideen begriff, wurde schnell zu einem treuen Abnehmer und blieb ihr über Jahrzehnte treu.

»NICHT MODISCH, SONDERN MODERN.« – DIE SIEBZIGER

»JIL SANDER« WIRD ZUR MARKE

Die erste Idee war also gescheitert, die günstigen indischen Blazer und Baumwoll-T-Shirts hatte Jil Sander beiseitegelegt. Die Vorstellung, dass ihre Designs besser waren als das, was sie bei ihren Fotoshootings für die Modemagazine von deutschen Designern erhalten hatte, die war geblieben. »Ich wollte von Anfang an mehr, ich wollte meine ›Idee‹, Designermode selbst zu machen, umsetzen«, erinnert sich Sander im Gespräch mit der *New York Times*.[1] Also noch einmal von vorn, und diesmal bitte genau andersherum: gute Qualität in kleiner Stückzahl.

Sander ging auf die Suche nach geeigneten Herstellern und fand sie in Italien. Bei Traditionswebereien rund um die Mailänder Metropolregion bestellte sie Muster und entwickelte ihre ersten Entwürfe. »Es war eine Zeit, zu der alles möglich schien, man konnte sehr kreativ sein. Zum Beispiel hatten Hosen meist einen Seitenreißverschluss, so fraulich«, sagte Sander in Erinnerung an die erste Arbeit im Atelier, das sich direkt über den Geschäftsräumen in der Milchstraße befand: »Dort haben wir manchmal drei Wochen an einer Hose gebastelt. Das waren die Anfänge.«[2]

Zur Nadel greift sie selbst jedoch nie. Das ging schon in der Schule schief, damals landete sie beim Nähunterricht »mit blutendem Finger beim Arzt«.[3] Das überließ sie seitdem lieber Leuten, die im Umgang mit Nadel und Faden Profis waren. Sie konzentrierte sich auf das, worin sie selbst besser war als andere: »Ich kann sehr gut sehen, ich kann sehr gut fitten und ich habe auch die Geduld, zwölf Stunden zu stehen und alles selbst anzuziehen.«[4] Diese Geduld brauchte sie anfangs auch, denn es dauerte einige Jahre, bis sie mit allem zufrieden war, was da entstand.

Ihre erste eigene Kollektion bringt sie 1973 heraus, eine kleine Auswahl an Kleidungsstücken. Und obwohl sie selbst immer wieder betont, wie stark sich ihr Design von den zeitgenössischen Entwürfen anderer Designer unterschied (»Für viele Leute war mein klares, schlichtes Design etwas komplett Neues; es erschien ihnen manchmal suspekt, waren sie doch pompöse Ornamente gewohnt.«[5]), die Kollektion traf den Zeitgeist der jungen Frauen, die wie Sander berufstätig waren und Freiräume suchten.

Die exklusiven Entwürfe, die auf Understatement statt Pomp und auf Qualität statt Firlefanz setzten, waren genau das, was diesen Frauen für ihr tägliches Leben gefehlt hatte. Innerhalb kurzer Zeit war die Kollektion ausverkauft.

MAXIMAL MINIMALISTISCH:
WAS MACHT SANDERS DESIGN AUS?

Qualität statt Quantität – was heute ein schlagendes Verkaufsargument ist, musste Sander in den Siebzigerjahren erst einmal mühsam ihren Einkäufern und deren Kundinnen beibringen. Das teure Spiel, dass modische Kleidung etwas ist, das man nur für wenige Wochen trägt, weil danach bereits der nächste Trend angesagt ist, den man sich kaufen muss, war nämlich bereits im vollen Gange.

Von ihrer Mutter hatte Sander gelernt, dass hochwertige Kleidung auf die Dauer günstiger ist und dass man lieber wenige Stücke besitzt, die lange halten, statt viele Teile im Schrank zu haben, die nach kurzer Tragedauer kaputtgehen und aufwendige Reparaturen benötigen. Im Studium hatte sie ihren Blick dafür geschärft, wie Design modern und zeitlos gestaltet werden kann. Und die Arbeit in den amerikanischen und deutschen Moderedaktionen hatte ihr gezeigt, dass sie ihrem Geschmack vertrauen konnte, ja: dass sie mehr vom Zeitgeist ihrer Generation verstand als andere.

Was sie erdachte, war zeitlos, elegant und von erlesener Qualität. Sander verlangte die besten Stoffe und die beste Verarbeitung und gab – Perfektionistin, die sie war – erst Ruhe, als die Kleider exakt so aussahen, wie sie es sich vorgestellt hatte. So entstand ein Look, der ihr schnell den Titel »Queen of Less« einbrachte – »Die Königin der Reduktion« (auf Deutsch merklich weniger elegant).

Wer einmal ein Stück von Jil Sander gekauft hat, wird es schwer wieder hergeben. So schwärmte der ehemalige Chefredakteur der britischen *Vogue*, Edward Enninful, noch 2020 von einem

Stück aus Jil Sanders Kollektion. Für einen *Vogue*-Artikel, in dem die Chefinnen und Chefs der unterschiedlichen Länderausgaben der Modezeitschrift ihre Lieblingskleider beschreiben sollten, verriet Enninful, dass er eines von Sander zu seinen andauernden Kleidungsfavoriten zähle: »Ich habe mein absolutes Lieblingsstück in den 1990ern gekauft – ein schwarzes Jil-Sander-Jackett. Ich trage das jetzt seit mehr als 20 Jahren, aber Leute sprechen mich noch immer darauf an und fragen mich, woher ich das denn habe.«[6] Bevor Enninful im August 2017 als erster Schwarzer den Chefposten der *Vogue* antrat und dort mit innovativen Covern und außergewöhnlichen Models die Grenzen der Modewelt neu definierte, hatte er als Stylist auf Fashion Shows gearbeitet, unter anderem für Jil Sander während ihres zweiten Comebacks zur eigenen Marke im Januar 2013. Für ihn repräsentieren Sanders Kleidungsstücke und Entwürfe genau das, was die heute so oft beschworene Nachhaltigkeit ausmachen sollte: »Geringere Mengen, höhere Qualität und ein Kleidungsstück, das eine Investition ist und ein Leben lang hält.«[7]

Nicht nur der ehemalige *Vogue*-Chefredakteur liebt seine Vintage-Sander-Sachen. Wie ihm geht es vielen, die einmal ein Stück der Designerin erworben haben. Jede und jeder, die und den ich für die Interviews zu diesem Buch getroffen habe, schwärmte von der Qualität der Sander-Stücke. Selbst wenn das Lieblingsstück nicht mehr passte, weil sich die eigene Figur doch in den vergangenen Jahrzehnten geändert hatte, so waren die Qualität und das Design noch immer makellos, sodass man es jederzeit wieder tragen könnte.

Renata Zatsch, ursprünglich Renate Zatsch (sie selbst benutzt beide Formen ihres Namens), war in den Siebzigerjahren eines der meistfotografierten Gesichter der Modebranche, ein deutsches Supermodel, das in Paris für Yves Saint Laurent und

Chanel lief und in Mailand für die italienische *Vogue*, Armani und Gianni Versace arbeitete. Sie war so berühmt, dass selbst eine Schaufensterpuppe ihrem Gesicht nachempfunden wurde. Heute lebt sie in der französischen Hauptstadt, dorthin ist sie auch unterwegs, als ich sie das erste Mal am Telefon erreiche. »Sie erwischen mich im Zug«, sagt sie und erzählt, dass sie gerade ihre deutsche Heimat in Rheinland-Pfalz besucht habe. Zatsch ist Mitte siebzig und noch immer sehr aktiv. Auf ihrem Instagram-Account teilt sie Bilder ihrer Reisen nach Indien, in die Schweiz, von Ausflügen in Paris. Sie ist schlank, fast schon athletisch, und ihre markanten Wangenknochen umgeben mittlerweile einige Fältchen. Sie lacht gern. Wir verabreden uns ein paar Wochen später für ein Interview bei ihr zu Hause in Paris.

Es ist Anfang Juni, die Stadt fängt gerade erst an, sich aufzuheizen. Ich fahre mit dem Zug nach Paris, im Gepäck »Die einzig mögliche Zeit«, die Memoiren von Wolfgang Joop. Der deutsche Designer beschreibt seine Anfänge in der deutschen Mode, wie er vom Zeichner zum Unternehmer wurde, alles gespickt mit zahlreichen persönlichen Anekdoten und Erinnerungen. Etwa in der Mitte des Buches begegnet mir Renata Zatsch. Ihr Name fällt, als der deutsche Designer den Besuch seiner ersten Modenschau von Konkurrent und Landsmann Karl Lagerfeld in Paris beschreibt. Es ist eine Schau für das französische Modelabel Chloé, die Lagerfeld hier abhält, und Joop ist völlig begeistert vom frischen Wind, der vom Laufsteg weht, auch weil die Models sich anders verhalten, mehr Persönlichkeit zeigen, mehr als Teil einer Kunstperformance agieren: »Bevor ich über den Sinn dieser völlig neuartigen Performance nachdenken konnte, rauschte in schnellen Schritten Renate Zatsch an Nancy North (einem britischen Model, Anm. der Autorin) vorbei, verharrte vorn an der Rampe, wo sich die Menge der Fotografen aufgebaut hatte – fletschte ihre gleichmäßigen Zähne, zog einen großen Kamm aus ihren Hotpants und begann, lasziv ihre weißblonde Elvis-Presley-Tolle zu kämmen. Auf ihren Augenlidern glitzerte ein Lidstrich aus Strass.«[8]

Wie viel Model wohl heute noch in dieser Frau steckt, frage ich mich auf dem Weg zum Hotel. Das liegt in der Nähe des Gare du Nord, denn Zatsch wohnt in diesem Viertel rund um den nördlichen Bahnhof von Paris, an dem der TGV-Schnellzug aus Deutschland hält. Als ich im Hotel einchecke, erhalte ich eine Nachricht von ihr. Sie hat Corona, will aber trotzdem mit mir sprechen, allerdings übers Telefon. Und so sitze ich in meinem Hotelzimmer, vom schmalen französischen Balkon weht das Kreischen der einfahrenden Züge mit dem Sommerwind herein, und rufe Renata Zatsch in ihrem Apartment an. Uns trennen nur wenige Hundert Meter Luftlinie.

Es wird ein langes, sehr ausführliches Gespräch. Manchmal fallen ihr Begriffe nicht auf Deutsch ein, dann weicht sie ins Französische aus. Sie lebt schon lange hier in dieser schönen Stadt, hat den Singsang der Sprache übernommen. Natürlich reden wir zuerst über Kleider: »Selbstverständlich habe ich noch einige Sander-Originale im Schrank, vor allem Mäntel. Ich bin ja mittlerweile in Rente, und wenn man umzieht, kann man auch nicht alles behalten. Aber es gibt doch noch einige Teile, die ich niemals hergeben würde«, sagt Zatsch. Und dann beginnt sie ganz atemlos von ihrem Lieblingsstück zu schwärmen: »Was ich nie weggeben werde, ist ein schwarzer langer Kaschmirmantel. Das ist ein Traum. Der ist immer da, der ist so zeitgemäß, den zieht man an und fertig. Und der Stoff erst, ach!«[9]

Ebenso schwärmerisch spricht Saskia Dijkstra[10] über Jil Sander. Ich treffe die niederländische Designerin an einem stürmischen Dezemberabend in Berlin im Geschäft von Andreas Murkudis. Die Luft ist frostig. Durch die Passage der Mercatorhöfe in der Potsdamerstraße bläst ein eisiger Wind, er zerrt an den Mänteln der Shopper, die im Licht der großen Schaufenster des exklusiven Designerladens stehen bleiben. Auf dem Glas bilden bunte Buchstaben den Namen »Extreme Cashmere«; Dijkstras Kaschmirlabel ist ins Sortiment von Murkudis aufgenommen worden, das will sie an diesem Abend hier feiern. Durch den Laden huschen junge Frauen und Männer aus Dijkstras Team und bereiten ein Dinner vor. Aber bevor das losgeht, nimmt sich die Designerin ausgiebig Zeit für unser Gespräch. Wir unterhalten uns im großen offenen Galeriebereich, der an die Verkaufsräume anschließt. Der Raum hat lagerhallenhohe Decken, denen ein durchdachtes Beleuchtungs- und Designkonzept einen eleganten Loftcharakter gibt: breite Polster, ein langer Esstisch, dahinter ein riesiges abstraktes Gemälde. Dijsktra macht es sich auf einem moosgrünen breiten Sofa bequem. Das lange blonde Haar fällt ihr bis über die Schultern, im Gesicht einen Teint, der von ausgiebigen Spaziergängen entlang der Amsterdamer Grachten erzählt, denn dort hat sie ihr Atelier aufgebaut.

Dijkstra trägt einen beigefarbenen Kaschmirpullover in Übergröße, versinkt ein bisschen in dem kuscheligen Stoff, den sie während unseres Gesprächs immer wieder an den Ärmeln befühlt, als wolle sie die Qualität des Produkts prüfen. Es ist ein Stück ihres eigenen Labels, bei dem es ihr sowohl um Inklusivität, also Entwürfe für jedes Alter und jede Körperform, als eben auch um beste Warengüte geht. Diesen zweiten Punkt hat sie mit Sander gemein. Doch bevor wir auf ihre Zusammenarbeit mit der Hamburger Designerin zu sprechen kommen, beginnt mir Saskia Dijkstra von ihrer ersten Jil-Sander-Erwerbung zu erzählen: »Als ich 25 Jahre alt war,

war Jil Sander der Traum schlechthin. Natürlich konnte ich mir das damals nicht leisten. Ein Kleid hab ich mir dann endlich mit 29 Jahren kaufen können, das besitze ich heute noch«, sagt Dijkstra und fügt gleich hinzu: »Da passe ich natürlich nicht mehr rein.« Sie ist mittlerweile 57 Jahre alt. Wer hat da noch den Körper einer 29-Jährigen? Von dem Kleid habe sie sich trotzdem nie trennen können. Es ist Erinnerungsstück und Erfolgssymbol, der erste Einkauf eines eigenen Luxusteils. »Manche Sachen sind wahre Schätze, die behält man«, sagt Dijkstra und lächelt.

In Hamburg treffe ich an einem klaren Januartag die PR-Beraterin Henriette Gehrig. Sie hat in Jil Sanders Marketingteam seit den frühen Neunzigerjahren gearbeitet und liebte den Job: »Ich hatte eigentlich Modedesign studiert, und es war immer ein Traum von mir, bei Jil Sander zu arbeiten, so bin ich über Umwege dorthin gekommen.« Das hatte sie mir einige Monate zuvor, noch mitten in der Pandemie zwischen Lockdown und Homeoffice, in einem Zoom-Interview erzählt. Als ich nach Hamburg fahre, ist die Erinnerung an die Pandemie fast verblasst, nur ein paar Menschen in Bussen und Taxen tragen noch Maske. Mit Gehrig bin ich zum Mittagessen verabredet. Sie hat das Restaurant »Tiefenthal« in Hamburg-Eppendorf um die Ecke ihrer PR-Agentur direkt am Isebekkanal vorgeschlagen. Ihr Mann und Agenturpartner Frank Polley ist auch mit dabei. Er trägt eine sportliche gefütterte Blousonjacke, dazu lässige, weitgeschnittene Hosen. Als Kontrast zu seinem Streetstyle ist Henriette Gehrig in einen langen anthrazitfarbenen Wollmantel gehüllt, der ihre schlanke Größe elegant betont.

Das Restaurant leuchtet mit großen beschlagenen Scheiben ins kühle Hamburger Januargrau. Mit den kleinen nussbraunen Tischen, den dunklen Holzstühlen und Lederbänken erinnert es ein wenig an Wiener Caféhäuser, große Schwarz-Weiß-Porträts an den Wänden fügen den Charme einer New Yorker Künstlerkneipe hinzu. Es ist 14 Uhr und das Lokal fast bis auf den letzten Platz belegt, Mütter mit Kindern beim Brunch, daneben Geschäftsleute beim Businessdinner. Ein Tisch ist noch frei, denn Gehrig hat vorausschauend für uns reserviert, auch wenn meine Anfrage für das Treffen recht kurzfristig kam. Perfekte spontane Organisation ist ein Vorteil, wenn man sich mit Menschen trifft, deren Job perfekte spontane Organisation ist.

Bevor wir uns über Thai-Curry und Roastbeef auf die Reise in die Vergangenheit machen und sie mir von ihrer Arbeit mit Jil Sander erzählen, greift Gehrig noch einmal an den Mantelärmel, der nun über einem leeren Stuhl liegt:»Ich trage heute meinen Kaschmirmantel von Jil Sander. Ganz unbewusst rausgesucht. Ich liebe den so, den habe ich noch aus der Zeit, als ich für sie gearbeitet habe.«[11] Ihre Hand befühlt den weichen Stoff. Auch fast dreißig Jahre nachdem er entworfen und erworben wurde, und obwohl Gehrig diesen Mantel seit den Neunzigerjahren immer wieder getragen hat, sieht er so zeitlos und modern aus, als wäre er neu.

Wer wissen will, wie langlebig diese Stücke wirklich sind, kann das bei Maxime De Laurentis in Paris herausfinden. Dafür muss man auf die Vintagemeile im Quartier Saint Ouen, kurz hinter dem Inneren Pariser Stadtring. Es ist ein warmer Frühsommertag in Paris, als ich mich dorthin auf den Weg mache. Die Sonne lugt ab und zu hinter Wölkchen hervor, das perfekte Wetter für einen langen Stadtspaziergang. Ein leichter Wind weht über die Boulevards und trägt Lindenblütenduft. Hinter dem Stadtring überwiegen die schweren Gerüche des Frittierten und Süßen aus den Imbissständen und

Restaurants, die am Eingang zum Flohmarktviertel Crêpes, Sandwiches und allerlei Snacks anbieten. Wie ein dichtes Gitter ziehen sich die Gassen von »Le Village des Puces«, wörtlich übersetzt »das Dorf der Flöhe«, über einen guten halben Kilometer. Niedrige Gebäude mit großen Schaufenstern, in denen barocke Möbel, Art-déco-Leuchten und moderne Kunst sich abwechseln. Dazwischen immer wieder Vintagekleidung. Aber keins der Geschäfte hat sich so sehr dem Motto seiner Auslagen verschrieben wie das von Maxime De Laurentis: Er verspricht die feinsten Entwürfe der Minimalisten aus den vergangenen Jahrzehnten.

De Laurentis begrüßt mich in seinem Geschäft, in der Hand einen Pappbecher mit Tee, den ihm gerade seine Ladennachbarin vorbeigebracht hat. Die Stimmung unter den Verkäufern ist herzlich, man kennt sich, ist mehr Kollege als Konkurrent. Ich musste mich im Gassengewirr ein wenig durchfragen, doch selbst die Antiquitätenhändler wussten sofort, wohin sie mich schicken mussten. Die Gasse, in der De Laurentis sein Geschäft hat, bildet einen Modeschwerpunkt. Neben handbestickten Jäckchen aus dem 18. Jahrhundert flattern lose Chiffonkleider aus den Zwanzigerjahren. Bei De Laurentis kommt das Auge zur Ruhe, hier hängt alles sorgfältig auf hellen Holzbügeln, so luftig arrangiert, dass man sofort Lust bekommt, hineinzugreifen, die Stoffe zu befühlen und die Kleidungsstücke im Detail zu betrachten.

So minimalistisch wie die Mode, der er sich verschrieben hat, ist auch sein Outfit an diesem Tag: Über ein schwarzes T-Shirt hat er eine graue, leichte Wollstrickjacke mit V-Ausschnitt geworfen (»Es ist noch etwas frisch heute Morgen.«[12]). Dazu trägt er weißgewaschene Oversized-Jeans, deren Beine er lässig auf Knöchelhöhe umgeschlagen hat. Als einziger Schmuck lugt ein grünes Jade-Armband am Handgelenk unterm linken Strickjackenärmel hervor. Seine Kleidung sagt: Ich habe das heute Morgen alles neben dem Bett gefunden und übergeworfen. Die Balance, mit der die Silhouette von weiten und enganliegenden Stücken bestimmt wird, und die Sorgfalt, mit der er die Hosenbeine umgeschlagen und das Armband platziert hat, erzählen von jahrelangem Styling-Training. De Laurentis ist ein Experte in ästhetischen Fragen.

Sieben Jahre hat er als Stylist bei den Luxusmarken Margiela und Saint Laurent gearbeitet. Dann entschied sich der studierte Designer dafür, seiner frühen Leidenschaft treu zu bleiben und einen Laden zu eröffnen, der sich ganz auf minimalistische Mode konzentrierte. »So hieß damals der Unterrichtsblock am Institut Français de la Mode, der umfasste Jil Sander, Helmut Lang und Calvin Klein«, erinnert er sich.[13] Und minimalistisch hat der lockige Mittvierziger auch sein heutiges Geschäft eingerichtet: weiße Wände, schwarzlackierte Rohre tragen die Kleider, fast freischwebend. Dezente Beleuchtung bringt die Farben zum Leuchten.

Das Geschäft ist Anlaufpunkt für Sammler, für Designer, für Kuratoren aus Modemuseen, und selbst Archivare großer Modefirmen kamen schon hierher. Wer Kleidung sucht, die nicht nur den Markennamen »Jil Sander« trägt, sondern tatsächlich von ihrer Hand entworfen wurde, dem kann De Laurentis eine ganze Auswahl präsentieren.

Und er kann stundenlang über die Designdetails sprechen, die ein Minimalistenhaus vom anderen absetzen. Zielsicher greift er zwei Blazer heraus: »Hier sieht man den Unterschied am besten.« Er hängt sie nebeneinander auf: einer von Helmut Lang, Sanders österreichischem Konkurrenten im minimalistischen Stil, und einer von Jil Sander. Beide Modelle sind Mitte der Neunzigerjahre herausgekommen, beide sind schwarz, beide etwa hüftlang, doch da hören die Gemeinsamkeiten bereits auf. Lang hat sich dafür entschieden, die Optik seines schwarzen Blazers etwa eine Handbreit über dem Saum von einer ecruweißen Applikation zu unterbrechen, die als helles Band über zwei Abnäher verläuft. Sechs Knöpfe ziehen sich bis zum spitzen Kragen hinauf.

Bei Sanders Blazer hingegen ist die Knopfleiste verdeckt, was ihm einen strengeren, moderneren Touch gibt. Von den Schulterpartien fallen zwei rasante Nähte hinab, die trotz des geraden Schnitts die Silhouette feminin formen. Der Kragen lässt sich mit einer Schließe zuziehen, dieses Detail wiederholt sich an der Taille, ist jedoch von vorn verdeckt, um den Blick nicht von den Nahtdetails ablenken zu lassen.

Kurzum: Sanders Blazer wirkt durch Schnitt und Details noch immer zeitlos, elegant. Selbst die Schnallen lassen sich nicht eindeutig einer Epoche zuordnen, wohingegen die Knöpfe und die ecrufarbene Applikation bei Lang das Stück eindeutig als Vintage, als Teil einer vergangenen Ästhetik einordnen: noch immer tragbar, aber eben mit Verweis auf ein anderes Modejahrzehnt.

Hinzu kommt ein weiteres Detail, das bestätigt, was mir alle Gesprächspartner immer wieder erzählten: Obwohl beide Blazer aus Wolle sind, schmiegt sich das Sanderjackett förmlich an die Haut, wenn man es überzieht. Der Stoff gleitet durch die Finger, eine haptische Liebeserklärung. Langs Jacke ist zwar warm und fest, müsste man sich jedoch blind allein aufgrund des Tragegefühls für eine entscheiden, fiele die Wahl ohne Zögern auf das Stück von Sander.

Auch Maxime De Laurentis schwärmt für diese Momente, wenn die Qualität eines Kleidungsstücks alle Sinne begeistert. »Genau das macht dieses Resell-Geschäft für mich so attraktiv«, sagt De Laurentis.

Viele Kleider verkauft er direkt online, manchmal nimmt er auch herausfordernde Suchaufträge an, wenn jemand Stücke einer ganz speziellen Kollektion aus einem bestimmten Jahr aufspüren möchte. Dafür reist De Laurentis durch Belgien, Italien, manchmal sogar nach Japan.[14] Die Nachfrage sei vorhanden, nehme mit den Jahren sogar zu. »Die Stücke sind zeitlos, und genau das suchen die Leute, die Jil Sander Vintage kaufen wollen: etwas Klares, das immer modern bleibt.«

Von einer ähnlichen Erfahrung berichtete 2021 der FAZ-Korrespondent Timo Frasch. Frasch lebt in München und berichtet von dort aus meist über Landespolitik. Als die Kleider der verstorbenen Schauspielerin Hannelore Elsner bei einem Münchner Auktionshaus versteigert werden, bietet er für eine Reportage auf ein neonpinkes Jil-Sander-Kleid aus Seidenchiffon. Elsner hat es einmal bei der Gala zum Deutschen Filmpreis getragen. Als Frasch es nach Abgabe der Reportage über eine Wiederverkaufswebseite für Vintagekleidung anbot, ging es innerhalb weniger Minuten weg, wobei der anonyme Käufer großen Wert darauf legte, dass das Kleidungsstück tatsächlich von Sander gefertigt war. Der Vorbesitz durch die deutsche Schauspieldiva war ihm dabei anscheinend gleichgültig.[15]

ERSTE FASHION SHOW IN PARIS

In den Siebzigerjahren wagt Sander den nächsten großen Schritt. Sie will mit einer eigenen Kollektion zur Modewoche in Paris. Der Traum wohl jeder angehenden Designerin. Was Frank Sinatra über New York sang (»if you can make it here, you can make it anywhere«), gilt in der Modeszene für Paris.

Die Stadt an der Seine ist die Hauptstadt der Mode, ein Ruf, der noch in der Zeit der Monarchie, also weit vor der französischen Revolution 1789, begründet liegt. Schickte das französische Königshaus einst Entwürfe seiner Hofschneider auf Puppen aufgezogen an die Fürsten- und Königshöfe Europas, um die Kunde von der Kunstfertigkeit seiner Handwerker zu verbreiten, so etablierte dieses Ritual Frankreichs Schneider als die Meister ihres Fachs.

Nicht ohne Grund kam der Engländer Charles Frederick Worth 1854[16] nach Paris, um hier die Haute Couture, wörtlich übersetzt »die hohe Schneiderkunst«, zu erfinden. Worth war einer der ersten Modeschöpfer, die mehr zur Kunst als zum gewöhnlichen Schneiderhandwerk neigten. Obendrein war er der Erste, der seine Kreationen am lebenden Mannequin zeigte, seine Frau Marie Vernet schickte er in seinen Entwürfen auf Rennstrecken und Galaempfänge. 1868 gründete Worth in Paris die Chambre Syndicale de la Couture Française, eine Interessenvertretung des Schneiderhandwerks auf der ganzen Welt.[17] Sie unterstützte 1927 die erste Modeschule in Paris finanziell, sorgte so für eine Ausbildung des Nachwuchses und die Pflege der hohen Schneiderkunst. Die Haute Couture ist mittlerweile in Frankreich ein juristisch geschützter Begriff, wer sich an die Königsdisziplin der Schneiderei wagen und seine Kollektionen als »Haute Couture« präsentieren will, muss noch heute strenge Auflagen des Pariser Modeverbands erfüllen. Die verlangen unter anderem mindestens 35 Kreationen, die während der Haute-Couture-Woche der Presse und Öffentlichkeit vorgestellt werden. Alle Looks müssen handgefertigt sein, das Modehaus muss dafür mindestens 20 Angestellte im Atelier beschäftigen und seinen Sitz in Paris haben. Ausnahmen macht man nur für etablierte Häuser, die alle anderen Kriterien außer den Sitz in Paris erfüllen. So dürfen die italienischen Luxushäuser Versace, Armani und Valentino als *membre correspondant*, also als ausländisches Korrespondenzmitglied, ihre Entwürfe auf den Schauen vorführen.[18] All das führte dazu, dass Paris ein starkes historisches Selbstbewusstsein mit Blick auf seine Modeszene entwickelte und sie wie ein Kulturgut schützte.

Vom Zweiten Weltkrieg und seinen Folgen stark betroffen, hatte sich die Modeszene in Frankreichs Hauptstadt über zwei Jahrzehnte bis Mitte der Siebzigerjahre erholt. Alte Traditionshäuser waren erstarkt, neue Designer wagten sich aufs internationale Parkett, nicht unbedingt gleich für die Haute Couture, aber doch für die Prêt-a-porter-Schauen, auf denen Kleidung so gezeigt wurde, wie sie auch im Geschäft erhältlich sein würde. Entwürfe, die man sofort tragen konnte, wie sich der französische Name übersetzt. In Amerika war das Konzept schon länger en vogue, die New Yorker Modewoche zeigte bereits seit 1943 »Ready-to-wear«-Mode. Paris veranstaltete 1973 zum ersten Mal eine Modewoche, in der in Ergänzung zu den Haute-Couture-Schauen nun eben auch Prêt-a-porter-Kleidung gezeigt wurde. Für Sander schien es also 1975 eine gute Gelegenheit, ihre Ideen einem internationalen Publikum zu präsentieren.

Also fuhr sie mit ihrer eigenen Kollektion an die Seine und hielt Schauen im Luxushotel Plaza Athenée ab[19], das direkt auf der Avenue Montaigne lag, auf der Christian Dior nach dem Zweiten Weltkrieg sein Atelier eröffnete und wo Sander etwas mehr als fünfzehn Jahre später ihren eigenen großen Flagshipstore errichten wird.

Doch bis dahin ist es noch ein weiter Weg, zunächst einmal ist sie ein Neuzugang im Pariser Moderummel. Sie versucht dennoch Eindruck zu hinterlassen. Sanders Gespür für außergewöhnliche Models zeigte sich schon hier, bei ihrer ersten Show. Für das Finale, den letzten präsentierten Look, einen androgynen Hosenanzug, hatte sie das junge Model Inès de la Fressange[20] gebucht. Wenige Jahre später sollte de la Fressange als erstes Model überhaupt einen Exklusivvertrag bei Chanel unterschreiben, Sanders Landsmann, Chanels Chefdesigner Karl Lagerfeld, erklärte sie zu seiner Muse (immerhin behielt die Französin Sander in so guter Erinnerung, dass sie 2014, nach Modetipps für die deutsche Kanzlerin gefragt, Angela Merkel empfahl, bei Jil Sander shoppen zu gehen[21]).

Als Presseberater für ihr Event engagierte Jil Sander den Franzosen Jean-Jacques Picart, der seit dem Beginn der Siebzigerjahre Modemarken in Paris betreute und die Machtverschiebung zwischen der exklusiven Haute Couture der Luxusschneider auf der Avenue Montaigne und den neuen Prêt-à-porter-Modellen der jungen Designer verfolgt hatte.

Sanders Kollektion hinterließ bei ihm tatsächlich Eindruck. Noch Jahre danach erinnert er sich gut daran: Sie habe aus »sehr einfachen, fließenden Materialien, Kaschmirjersey, Seide und Stoffe, die sich wie eine zweite Haut anschmiegten« bestanden, wobei der Fokus »auf Strickwaren und großen Mänteln« lag.[22] Picart hatte es mit diesen Entwürfen 1975 nicht leicht, Presse für die Sander-Schau zu bekommen, waren die gefragten Looks der Zeit doch eher im Extravaganten zu suchen. »Sie [Sander] war zu zeitig dran – das war alles etwas ganz anderes in der Ära von Mugler, Montana und Ungaro.«[23]

Diese Designer brachten einen Vorstoß in der französischen Mode, den es zuvor noch nicht gegeben hatte. Picart sprach später von »einem echten Duell«[24], das zwischen dem Klassizismus und der Aristokratie auf der einen Seite und den jungen Modekünstlern auf der anderen Seite ausgetragen wurde.

Wobei es den jungen Wilden darum ging, die französische Modelandschaft aufzurütteln.[25]

Thierry Mugler, Claude Montana und der gebürtige Italiener Emanuel Ungaro formten den weiblichen Körper mit ihren Kleidern neu. Sie stellten ultra-feminine Silhouetten zur Schau, gaben ihren Models die breiten Schultern von Superhelden-Amazonen, schmiegten ihnen Lederjacken an den Leib und warfen ihnen durchsichtige Kleider über. Sex und Verführung statt Understatement und Strenge. Also das komplette Gegenteil von allem, wofür Jil Sander mit ihrer Marke stand.

Natürlich entbehrte auch Sanders Mode nicht des Sex-Appeals, doch dieser leitete sich weniger aus dem Offensichtlichen ab, wie die Modeprofessorin Barbara Vinken in ihrem Buch »Mode nach der Mode« schreibt: »Die Dame im Reiterjackett erinnert an eine aristokratische, sehr bestimmende, erotisch aktive Dame, die weiß, was sie will, keinen Widerspruch duldet und in jeder Hinsicht überlegen, obenauf ist.«[26] Die Domina zu Pferde, das sei der verborgene Reiz der besten Kleider Jil Sanders, so Vinken.[27]

Sanders Mode ging es in dieser Zeit wie jungen Frauen in amerikanischen High-School-Komödien: Die Cheerleader mit den kurzen Röcken und glitzernden Tops bekommen alle Aufmerksamkeit, die Intellektuellen mit den Ideen müssen durchhalten, bis die Schulzeit vorbei ist, um für das anerkannt zu werden, das sie sind.

1975 war für die jungen französischen Designer eine solche High-School-Phase, auf jeden Fall die falsche Zeit für Jil Sander, um mit zurückhaltender Erotik zu punkten. Die Entwürfe der französischen Konkurrenz waren zu laut, zu schrill, um mit klassischen Ideen angelehnt an den Geist der Moderne dagegen ankämpfen zu können. Auch Pressesprecher Picart zog diesen Schluss: »Es war die Zeit der großen Schultern, schwarzes Leder, die Mode war kinky – Gaultier und Montana. Sie aber hatte diese deutsche Reinheit und Strenge. Das Dekor, die Musik, die Models, das Haar, das Make-up – alles musste *clean*, also rein sein. Die Leute wollten Spaß und Lärm, und sie war da zu still.«[28]

Sander erinnert Paris als einen Fehler. Wie chaotisch es damals bei den Schauen zuging, deutete ein rückblickender Kommentar der Designerin an, den sie 2017 im Gespräch mit dem FAZ-Modeexperten Alfons Kaiser äußerte. Denn es sind die Schauen in Paris, die ihr sofort als Stichwort einfallen, als Kaiser sie fragt: »Erinnern Sie sich auch an Krisen?«[29] Allerdings spricht Sander hier von Schauen im Hotel Intercontinental, in jenem Saal, in dem auch Yves Saint Laurent seine Couture-Schauen präsentierte. Saint Laurent jedoch hielt seine erste Schau im Intercontinental erst im Jahr 1976 ab.[30] Das heißt, entweder kehrte Sander nach der ersten Schau 1975 im Plaza Athénée noch einmal für einen weiteren Versuch zurück, oder im Abstand von mehr als vierzig Jahren verschleierte sich der Rückblick.

Im FAZ-Interview geht Sander allerdings ins Detail, beschreibt die Dinge, über die sie während der Schauen in Paris keine Kontrolle hatte: »Wir haben uns damals noch die Schuhe bei Maud Frizon und François Villon ausgeliehen. Aber bei der letzten Schau in Paris kamen sie viel zu spät.«[31] Hektik, Stress, Improvisieren – für Perfektionisten das reine Gift. Irgendwie bekamen sie die Schau trotzdem über die Bühne. Doch all das verursachte der jungen Designerin so viel Unbehagen, dass man es ihr selbst noch ansah, als die Schau bereits lief: »Das erkennt man daran, wie schockbleich ich auf den Fotos von damals aussehe.«[32]

Sie wird diesen Moment als einen der Schwäche abspeichern und nur ungern darüber reden: »Ich war damals unsicher, zerbrechlich und total verkrampft. Es fühlte sich an, als wäre mein Traum zerplatzt.«[33]

Das klingt dramatisch; die Wucht eines solchen Erlebnisses für aufstrebende Designer darf an dieser Stelle nicht unterschätzt werden, besonders vor dem Hintergrund des großen Drucks, unter dem man bei einer Modenschau in Paris steht. Die Soziologieprofessorin Yuniya Kawamura schreibt in ihren Untersuchungen zur Pariser Modebranche: »Modenschauen sind für DesignerInnen – wie Galerieausstellungen für KünstlerInnen – Orte, wo sich Modefachleute versammeln, interagieren und urteilen. Wie mehrere meiner Interviewpartnerinnen betont haben, ist es eine Frage ›von Leben und Tod‹ für den Designer bzw. die Designerin, weil ihr Ruf so sehr von der Beurteilung der TorhüterInnen abhängt.«[34] Kawamura vertritt in ihrer Forschung die These, dass die Struktur des Modesystems Einfluss auf den Prozess hat, mit dem die Kreativität der Designer legitimiert werde, sprich, wenn Presse, Einkäufer, andere, etablierte Designer – heute würden noch die Influencer mit ihren ständig gezückten Smartphones hinzukommen – dem Neuzugang zustimmen, erst dann ist er oder sie in das System aufgenommen. Ohne die Zustimmung dieses Publikums ist eine Modenschau kein Erfolg.

Für Sander sei die Erfahrung damals »so traumatisch« gewesen, dass sie danach erst einmal keine Schauen mehr gemacht habe.[35] Sie zieht sich fürs Erste nach Hamburg zurück, sammelt Kraft für den nächsten Coup auf sicherem heimatlichem Terrain. Für die nächsten Jahre wird sie nur noch Einladungen für ihren Showroom in Hamburg aussprechen, ausgewählten Einkäufern ihre Entwürfe direkt vorstellen und sich Zeit nehmen, um den Schock in Paris zu verarbeiten.

MIT KLARER LINIE ZUM ERFOLG

Wenn wir uns den soeben beschriebenen Gegensatz der Mode in den Siebzigern noch einmal vor Augen führen, lässt sich ein ganz wesentliches Merkmal, eine Ursprungsquelle der Sander-Entwürfe entdecken: Die französischen Designer setzen auf extravagante Kleider, auf schrille Muster mit noch schrilleren Applikationen, laut schreiender Fetisch-Chic. Demgegenüber stehen Sanders ruhige, gelassene Entwürfe mit klaren Linien.

Für die Kulturwissenschaftlerin Gertrud Lehnert ist Sanders kreative Handschrift nicht etwa durch »das bombastische Pathos der Postmoderne«[36] geprägt, sondern strahlt das »kühle Pathos der Moderne«[37] aus. Sie macht dies genau an besagter klarer Linienführung der Designs fest, dem Sinn für Geometrie, der Verwendung von simplen Farben wie Schwarz, Weiß, Braun, Blau und den erlesenen Materialien (»Kaschmir, weiches Leder, feine Kunst- und Naturfasern«[38]). In der Tat alles gute Markierungen, um den Geist der Moderne in Sanders Design nachzuspüren. Doch worum genau handelt es sich dabei überhaupt?

Der französische Romancier Charles Baudelaire hat in seinem wegweisenden Aufsatz »Die Schöne, die Mode und das Glück« die Grundpfeiler eingeschlagen, die es für eine Definition dieser beiden Begriffe im Zusammenhang mit der Moderne braucht: »Alles Schöne und Edle ist das Ergebnis von Vernunft und Überlegung«[39], stellte er fest. Die Mode müsse daher als ein Symptom des Strebens nach dem Ideal einer »erhabenen Umgestaltung der Natur«[40] gesehen werden. »Demgemäß«, so fährt Baudelaire fort, »hat man ganz mit Recht – ohne den Grund dafür zu erkennen – darauf hingewiesen, dass alle Moden reizvoll sind, das heißt relativ reizvoll, indem ja eine jede ein neues, mehr oder minder glückliches Streben nach dem Schönen bedeutet, eine wie auch immer geartete Annäherung an ein Ideal, das zu erreichen es den unbefriedigten Menschengeist fortwährend kitzelt.«[41]

Das Wörtchen Modernität nun mischt Baudelaire bei, wenn die Mode es schafft, »das loszulösen, was sie im Geschichtlichen an Poetischem, im Flüchtigen an Ewigem enthalten mag«.[42]

Mode, per se eine flüchtige Erscheinung, kann also zu etwas Zeitlosem werden, wenn sie es schafft, dem Ideal von Schönheit und Edlem so nah wie nur menschenmöglich zu kommen. Wenn sie die Möglichkeiten, die die Technik ihr über die Natur gibt, nutzt, um in das Chaos Ordnung zu bringen und neue Dinge zu schaffen. Wenn sie sich den für die Moderne prägenden Begriffen von Vernunft und Überlegung unterwirft und nicht der naheliegenden Verführung erliegt, mit Dekor und anderem optischen Lärm auf sich aufmerksam zu machen, so kann sie die Zeit überdauern.

Diesem Ideal der Moderne folgten besonders die Modeschöpferinnen zu Beginn des 20. Jahrhunderts, als jene Ideen dem Zeitgeist des Designs innewohnten, man denke nur an das Bauhaus (zu dem wir gleich noch etwas detaillierter kommen werden), das sich komplett solchen Leitlinien verschrieb. Auf dem Gebiet der Mode ist Coco Chanel exemplarisch für das frühe 20. Jahrhundert zu nennen. Ihre Kleidung hob Klassenunterschiede auf, etwa indem sie ihren Models gestreifte Matrosenshirts anzog (also Kleidung von Leuten, die hart arbeiten mussten), und brachte Geschlechtergrenzen zum Verschwimmen.

Was Chanel schuf, war eine Facette der neuen körperlichen Freiheit und Selbstbestimmung der Frauen. Man musste sich nicht mehr in steife Kleider quetschen, man konnte sich frei bewegen. Konnte die gewonnene Bewegungsfreiheit nutzen, um Sport zu treiben, Autos zu fahren – oder in Hosen aufs Fahrrad zu steigen, wenn das Geld nicht für den eigenen Wagen langte –, kurzum, Frauen konnten aktiv werden, statt von Kleidung in eine passive Haltung gezwängt zu werden. Das Androgyne prägte die Silhouette.

Vorbild der Französin war in erster Linie sie selbst und ihr eigener Lebensstil als moderne, aktive Frau. Sie entwarf Hosen, in denen Frauen reiten oder Radfahren konnten, und entlehnte der Männermode leichten Jersey für ihre Shirts und grobe Tweedstoffe für ihre Blazer und Jacken, die bei allen Tätigkeiten an der frischen Luft obendrein warmhielten. Ähnliches wird auch Sander immer wieder betonen, wenn sie ihre Mode und deren Grundideen erklärt. Sie mache diese Mode vor allem für Frauen wie sie selbst, die aktiv sind, einen Beruf ausüben und für diesen gut und bequem, vor allem aber elegant und zeitlos gekleidet sein wollen. Beiden Designerinnen, Sander wie Chanel, ist also eigen, dass sie ihre Kleider in so klaren Designs umsetzten, dass sie aufgrund von Silhouette, Qualität und Handwerkskunst auch heute noch Bestand haben.

Chanels moderner Design-Ansatz verschwand mit dem Zweiten Weltkrieg und dem Rückfall in Traditionen und alte Rollenbilder in den Fünfziger- und Sechzigerjahren. Frauen sollten, wie gesagt, zurück ins Haus, an den Herd und sich um die Kinder kümmern. Wer reich heiratete, erträumte sich ein Puppen-Dasein mit Kleidern, die der Ehemann bezahlte. Diors New Look war ein solcher Märchentraum, quetschte die Frauen dafür aber wieder in Korsagen. Hosen waren für Frauen plötzlich kein genehmes Kleidungsstück mehr.

Was die Studentenrevolten 1968 und die damit einhergehenden gesellschaftlichen Umbrüche der Siebzigerjahre an modischer Veränderung brachten, war dann jedoch keineswegs eine erneute Hinwendung zu den Idealen der Moderne. Die junge Generation hatte Traditionen verworfen und verweigerte sich damit jedwedem ernsten Blick zurück in die Vergangenheit, man wollte nicht an alte Ideale, egal wie sinnvoll sie waren, anschließen. Vielmehr feierten die jungen Designer die Postmoderne mit ihrer Ironie und dem inhaltslosen Wiederaufgreifen historischer Referenzen und Spielereien. Nicht alle aber waren gleich blind für die Relevanz der Moderne. Eine drastische, aber sehr wohlformulierte Definition (und zugleich Kritik) der Postmoderne äußerte der Musiker Andrew Eldritch, der wie Westwood und Sander seine ersten künstlerischen Berührungspunkte im Punk hatte: »Die Postmoderne wird aus einer Kultur geboren, die bestenfalls die bloße Darstellung einer anderen ist, die den Ehrgeiz für sich selbst und die Welt verloren hat. Sie hat keinen Sinn für die Zukunft und es gelingt ihr nicht, der Vergangenheit einen Sinn zu geben. Diese Geburt aus der Ignoranz für die Vergangenheit verhindert, dass die Postmoderne irgendeinen Sinn für die Zukunft entwickelt, sie schaut nur blindlings zurück und endet dadurch in einer permanenten Jetzt-heit, die so gern von allen umarmt wird, die eine Entschuldigung für dieses Verhalten brauchen. Sie verlachen jeden Kunden, der solche Witzchen satthat, und haben zugleich nichts als Verachtung für diejenigen über, die zu unbedarft sind, den Witz überhaupt erst zu verstehen.«[43]

Eldritch hat, unschwer erkennbar, nicht viel für die Postmoderne übrig. Seine Definition trifft dabei aber nicht nur auf musikalische Tendenzen der Postmoderne zu, sie findet absolut zielsicher den Kern jener Modekollektionen, gegen die Sander Mitte der Siebzigerjahre in Paris antreten musste. Thierry Muglers Coup, die Femmes fatales der Filme der Schwarzen-Serie aus den Vierzigerjahren als Vorbild zu nehmen und Frauen mit geschnürten Taillen und ausgestellten Po-Partien in Fetischobjekte der Siebzigerjahre zu verwandeln, ist ein solches blindlings Zurückschauen, ohne einen Sinn für die Zukunft. Ähnlich hielten es Designer wie John Galliano oder Jean Paul Gaultier, die ihre Handwerkskunst dafür verwendeten, Kostüme zu entwerfen, Frauen als Piraten oder sexy Matador zu verkleiden, man denke an die von Verzierung und Metareferenzen strotzenden Kostüme mit den konischen Brüsten von Madonna. Wenig davon überdauerte eine Saison. Gleiches darf man wohl jetzt schon über die hyperironischen Balenciaga-Entwürfe des Designers Demna Gvasalia behaupten oder den Schock, den das Designduo Victor&Rolf in ihrer Frühjahrskollektion 2023 in Paris auf dem Laufsteg hervorrufen wollte, als sie Models in hautfarbene Korsetts steckten, an denen steife Couture-Roben mal an der Taille um 180 Grad gedreht, mal gleich von der Brust aufwärts verkehrt herum über dem Kopf schwebend angebracht waren – ein Modewitz, über den schon auf dem Laufsteg niemand mehr lachen wollte.

Ganz anders hingegen die Modeentwürfe der Designerin Sander. Jede Kollektion war ein weiterer Vorstoß auf einer Zielgeraden, die sich allein daran orientierte, wie reduziert ein Entwurf sein konnte, wie nah er einem zeitlosen Schönheitsideal kommen konnte, ohne dabei etwa nicht zeitgemäß zu wirken. »Jil Sander spielt nie mit der Vergangenheit wie viele ihrer Kolleginnen«[44], konstatiert auch Modeexpertin Lehnert.

Dennoch hat sie eine Tradition, aus der sie ihre Designgrundlagen ableitet. Auf die Frage der FAZ-Feuilletonistin Verena Lueken nach ihren Vorbildern antwortete Sander: »Sie haben nach einer Traditionslinie gefragt: vielleicht Oskar Schlemmers Figurinen.«[45] Die Designerin rekurriert hier auf die Bilder jenes Bauhaus-Malers und -Bildhauers, der in den Zwanziger- und Dreißigerjahren die Körper auf seinen Gemälden stark ins Geometrische abstrahierte. Auf dem wohl berühmtesten Bild »Bauhaustreppe« aus dem Jahr 1932 sind Studentinnen und Studenten in den Fluren zu sehen, meist mit dem Rücken zum Betrachter, die Konturen von scharfgeschnittenen Jacken und Pullovern umrissen, die so eng am Körper liegen, dass sie den Torso zu Trapezen formen.

Schlemmer fing in diesen Bildern nicht nur die Ästhetik der neuen Universität ein. Er gab darin wider, was sich in Design und Architektur änderte, fand Ausdruck für den »neuen Geist«, der laut dem französischen Architekten Le Corbusier diese Bereiche nun durchwehte.[46] Die Kreativen der frühen Zwanzigerjahre wollten bedeutende Teilnehmer an der Neuordnung des gesellschaftlichen Lebens und der menschlichen Umwelt sein, wie die britische Modernismusforscherin Christina Lodder in einem Aufsatz über die Utopieversuche der 1920er schreibt. »Diese Bestrebungen hatten während des Ersten Weltkriegs an Auftrieb gewonnen, als die weit verbreitete Zerstörung und das bedeutungslose Gemetzel Künstler und Architekten antrieben und ihre Visionen zum Aufbau einer neuen Welt stimulierten, die materiell, geistig, politisch, sozial und visuell ein besserer Ort war.«[47] Die Moderne stand für einen Aufbruch: gesellschaftlich, sozial, vor allem aber in Kunst, Design und Mode.

Wie groß der Einfluss des Neuen war, wie radikal die Ideen der Bauhausdesigner, beschrieb Walter Benjamin zu Beginn des 20. Jahrhunderts bei einer Betrachtung von Architektur und Einrichtungsstil. Er machte es exemplarisch klar, an der Beschreibung des bürgerlichen Zimmers der 1880er-Jahre, das mit seinem ganzen Inventar noch ausgestrahlt hatte, hier habe niemand außer dem Hausherrn etwas zu suchen, »denn hier ist kein Fleck, auf dem nicht der Bewohner seine Spur schon hinterlassen hätte: auf den Gesimsen durch die Nippsachen, auf den Polstersesseln durch Deckchen mit dem Monogramm, vor den Fensterscheiben durch Transparente und vor dem Kamin durch einen Ofenschirm«.[48] Diese »Plüschgelasse«, so Benjamin, seien nun passé. Innerhalb weniger Jahrzehnte hatten die neuen Designer die überkommene Enge mit ihren Ideen gesprengt. »Das haben nun die neuen Architekten mit ihrem Glas und ihrem Stahl erreicht: Sie schufen Räume, in denen es nicht leicht ist, eine Spur zu hinterlassen.«[49]

Zwischen der von Benjamin als altbacken und überholt beschriebenen Bürgerstube und den neuen radikalen Designideen sind keine dreißig Jahre vergangen, umso härter mutet der Gegensatz an, umso größer war der Vorstoß der Ideen der Moderne. Ihre Wirkung, das baudelairesche »Schöne und Edle« an ihnen, zeigt sich vor allem darin, dass sie noch heute zeitlos wirken. Auch ein Jahrhundert später wirkt das Bauhausdesign nicht »aus der Mode« gekommen. Dieses Zusammenspiel aus zeitloser Eleganz und ausgewogener ästhetischer Schönheit, von Funktionalität und Form zieht sich auch durch Sanders Lebenswerk.

Die Designerin lehnte es wie ihre Bauhausvorbilder ab, sich auf schlichtem Design um seiner selbst willen auszuruhen und sich in Wiederholungen des Erreichten bei ihren Entwürfen im Kreis zu bewegen. Es sollte immer nach vorn gehen, immer den Blick in eine schönere, ansprechendere Zukunft werfen. Deshalb war es auch nie eine Option, einfach »klassische« Kleidung zu entwerfen, was sicherlich mit Sanders Handwerk und Auge fürs Detail ein Einfaches gewesen wäre. Also einen Schnitt als Nonplusultra zu definieren und daran über Jahre, gar Jahrzehnte festzuhalten. Aber das wiederum hätte zu sehr nach Stagnation geklungen und wäre ihr sicherlich zu langweilig erschienen. »Ein Klassiker ist nur eine Ausrede dafür, dass man zu faul ist, sich mit dem Zeitgeist auseinanderzusetzen«, so Sander.[50]

Jil Sanders Liebe zur »Feinfühligkeit des Designs« prägt sie privat wie beruflich. Hier sieht man sie 1970 mit ihrem Jaguar, wenige Jahre später kaufte sie sich einen Rolls-Royce Corniche, um den erfolgreich abgeschlossenen Geschäftsdeal mit Lancaster zu feiern.

Wie also hält man die Balance, wenn man sich nicht in die Stagnation von »Klassikern«, also der Wiederholung altbewährter Designideen begeben will, und dennoch seinen Grundideen treu bleiben? Sander selbst beschrieb es einmal so: »Ich setze auf höchste Qualität des Materials und der Verarbeitung, ich konzentriere mich auf die Perfektionierung des Details. Davon abgesehen liegt die Chance, gute Mode zu machen, meiner Meinung nach darin, sich nicht anzupassen an einen frenetischen Rhythmus, die eigene Handschrift nicht zu verändern.«[51]

Dieser frenetische Rhythmus war die Vorahnung darauf, wie Mode im 21. Jahrhundert aussehen würde. Seit dem Beginn des neuen Jahrtausends lösten sich in der Mode immer neue Trends immer schneller ab. Billigketten kopierten Looks vom Laufsteg schon kurz nach den Modenschauen, bevor die großen Designhäuser überhaupt mit ihrer Produktion hinterherkamen. Ein Hype löste den nächsten ab. Dieses Verfahren bahnte sich schon während der Achtzigerjahre an. Modehäuser riefen immer schneller neue Trends, neue Farben, neue Schnitte als *en vogue* aus. Was also konnte man diesen Trends entgegensetzen? Womit beständige Schönheit auf einem Markt der schnelllebigen Modekicks erreichen?

Sander blieb stets bei den Grundsätzen, die sie bereits in ihrer Ausbildung zur Textilingenieurin als ihre Wahrheiten entdeckt hatte. Im Vorwort zu Elisabeth Wilsons Buch »In Träume gehüllt. Mode und Modernität« schrieb sie 1989: »Ich setze also auf die Fortführung der klaren Linie, auf ›reduziertes Design‹«, und zieht für die Ausführung, was genau sich für sie hinter diesen Begriffen verbirgt, diesmal selbst das Bauhaus heran: »Die Definition von Walter Gropius, Begründer des Bauhauses, gibt präzise das wieder, was ich darunter verstehe. Er sagte: ›Design ist eine Botschaft an die Sinne. Das Handwerk hat die Aufgabe, diese Botschaft des Gestalters zu übermitteln: durch Ehrlichkeit des Materials und durch entwurfsgetreue, einwandfreie Verarbeitung bis ins Detail. Die Qualität des Handwerks ist also unentbehrlich für die Qualität der Form. Die Fähigkeit, beides zu beherrschen, ist die Voraussetzung für die ideale Verbindung von Funktion und ästhetischem Anspruch, für zeitlos gültiges Design.‹«[52]

FORM FOLGT MATERIAL

Sander ist, vor allem anderen, immer eine begnadete Handwerkerin gewesen, die ihre Entwürfe zuerst vom Material, vom Stoff her dachte. Dieses gab vor, was sich daraus schneidern ließ. So, wie gute Maler und Bildhauer ihrem Material folgen, arbeitete auch Sander mit den Texturen der Gewebe, ließ sich von Wolle, Kaschmir oder Seide vorgeben, wie der Stoff fallen würde, wie man ihn bearbeiten könnte, um die von ihr so geschätzte Dreidimensionalität zu erhalten. Das Ausprobieren im Atelier war wichtiger als eine ausgefallene Modeskizze auf dem Papier.

Das Feingefühl, das sie als Kind bereits gespürt hatte (»ich mochte meine Schnittchen in einer bestimmten Form«), hatte sie nun zu einer Fertigkeit verfeinert, auf die sie sich bei ihrer Arbeit verlassen konnte. Jahrelang war sie selbst auf Modemessen unterwegs gewesen, hatte jede Stoffprobe selbst gefühlt, Qualität betastet, Webdicke nachgespürt. Nach den Messen hat sie oft wunde Hände.[53]

Der Spiegel schreibt darüber in einem Porträt 1982, »von ihrer Gabe, Qualität zu empfinden, spricht sie inzwischen wie jemand, der das zweite Gesicht hat«.[54] Aus Millionen Stoffmustern könne Sander »im Vorbeigehen« das richtige herauspicken. Eine übertriebene Journalistenzuspitzung, die verkennt, dass sich hinter diesem sechsten Sinn gnadenloses Training einer sensiblen Veranlagung verbirgt. Sander stützt den Mythos allerdings in Gesprächen mit den *Spiegelreportern*, wenn sie berichtet: »Ihre Sensibilität gehe so weit, behauptet sie, dass sie eine Allergie bekomme, wenn sie irgendwo einen Fummel aus ›Nylon nur von hinten durch eine Stuhllehne‹ wahrnehme.«[55]

Die niederländische Designerin Saskia Dijkstra kann das Feingefühl bei Sanders Materialauswahl bestätigen. Mehr als ein Jahrzehnt arbeitete Dijkstra für Kaschmirproduzenten, organisierte den Vertrieb von China aus und hielt Kontakt zu den Modehäusern. Dijkstra kann stundenlang über die Qualität von Kaschmir sprechen, weiß, wann der beste Zeitpunkt ist, um das perfekte Garn zu gewinnen, und kann spüren, wie lang und dick die Fadenqualität eines Pullovers ist. Bei unserem Treffen in Berlin[56], wo sie gerade ihr eigenes Modelabel »extreme cashmere« vorstellte, erzählte sie mir von ihren sehr hartnäckigen Versuchen in den Neunzigerjahren, Jil Sander auf ihren Kaschmir aufmerksam zu machen, und vom Fax, das sie lange Zeit aufgehoben hat: »Das kam ja damals ganz langsam aus der Maschine, und als ich erkannte, dass das Logo von Jil Sander drauf war, war ich ganz aufgeregt.«

Auf dem Fax war eine Zusage, den Kaschmir von Dijkstras Auftraggeber zu beziehen. »Ich arbeitete damals für eine chinesische Manufaktur, die waren auf Kaschmir spezialisiert. Und ich hab damals jeden Tag bei Sander angerufen. Und immer Absagen bekommen. Dann war ich in Europa und sagte zu Sanders Mitarbeitern: ›Ich bin morgen in Hamburg, und wenn Sie mir nur zehn Minuten geben, werde ich Sie nie wieder anrufen.‹« Dijkstra bekam den Termin, fuhr daraufhin von Amsterdam nach Hamburg. »Ich hatte ja eigentlich überhaupt keine Termine in Hamburg«, sagt sie und lacht ein wenig über ihre eigene Verwegenheit. Aber der Bluff hatte funktioniert, und Dijkstra war ehrgeizig genug, die Gelegenheit nun auch zu ergreifen. »Ich zeigte Jil Sander die Samples, und sie mochte sie, weil wir etwas Innovatives mit Kaschmir anfingen, das es damals noch nicht auf dem Markt gab.«

Erst das Fühlen des Materials gab den Ausschlag. Sander verließ sich bei ihrer Auswahl immer auf die Sinne. Nur was ertastet und für gut befunden wurde, kam für eine Verarbeitung in ihrer Mode infrage. Die Qualitätskontrolle war sie stets selbst.

Zwei, drei Jahre bezog Sander daraufhin Kaschmir über Dijkstras Manufaktur. »Dann kam Prada, und nachdem die das Sagen hatten, stoppte die Zusammenarbeit«, erinnert sich die heutige Designerin.

ERFINDUNG DES ZWIEBELLOOKS

Ihre modernen und radikalen Ideen bringen Sander 1976 den Durchbruch. Sie erfand den sogenannten Zwiebellook, entwarf also Stücke, die frei miteinander kombinierbar waren und jederzeit mit weiteren Teilen anderer Kollektionen ergänzt getragen werden konnten. Ingrid Loschek schrieb 1978 in ihrer knappen Definition dieses Trends: »Ingesamt wurde die Mode loser, weiter und lässiger. Die figurbetonte Linie schien passé, obwohl die Mannequins gertenschlank wie kaum zuvor sein mußten. Zwiebellook war die Devise des Winters, wobei Bluse, Pullover, Jacke, Mantel und dicker Wollschal übereinander getragen wurden.«[57]

Was heute fast schon banal klingt, weil es sich als Grund-prinzip der Garderobengestaltung durchgesetzt hat, war da-mals revolutionär: Einzelstücke miteinander kombinieren zu können. Mittlerweile predigen dieses Grundprinzip alle Moderatgeber, die etwas auf sich halten, von Project-Runway-Gründerin Nina Garcia (»wahre Stilikonen ignorieren Trends, aber besitzen diese zehn Basics«[58]) über die erste erfolgreiche Modebloggerin Garance Doré (»mit Stil-Basics braucht man weniger im Schrank und kauft besser ein«[59]) bis hin zu den heutigen Modeinfluencerinnen auf Instagram und TikTok.

Was heute als Standard gilt, war damals noch ein unkon-ventioneller Gedanke. Man musste nicht mehr ein komplettes Outfit bei einem Designer kaufen, das sich nur in genau der vorgeschriebenen Weise tragen ließ. Das befreite besonders die jungen aufstrebenden Karrierefrauen von komplizierten, langwierigen Überlegungen.

Zwar will der DOB-Verband (also eine Gesellschaft für Da-menoberbekleidung) in seinem 1982 erschienenen Buch »Mode in Deutschland von 1945 bis heute« die Münchnerin Bessie Becker als Erfinderin des Zwiebellooks gewürdigt wis-sen.[60] Doch hatte Becker, die zunächst als Kostümbildnerin im Film arbeitete (unter anderem entwarf sie die Kostüme für Hildegard Knef und Hans Albers im Drama »Nachts auf den Straßen«, 1951) und ab 1951 eine Boutique in München führte, die Kombinationsmöglichkeiten in den Sechzigerjahren noch strikt auf die »funktionelle Ferienmode«[61] beschränkt, wie der Bekleidungsverband es formuliert. Dass dieses Konzept auch jenseits der Urlaubsresorts für Alltagskleidung, ja Geschäfts-kleidung gültig sein könnte, dass Mode für den Alltag von Frauen aus den gleichen Bekleidungsteilen wie die Mode für den Businesstermin und das Büro bestehen könne, das war Sanders Neuerung. Sie schuf mithin Einzelteile aus hochwertigsten Materialien, die vielseitig miteinander kombinierbar waren. Die perfekte Garderobe für die jungen Karrierefrauen also.

Nicht alle verstanden das, weder sofort noch später. So musste Sander auch einige Jahre später, 1982, dieses Prinzip in einem Interview mit dem *Spiegel* noch einmal erläutern: »Meine Kollektionen sind so konzipiert, dass sie systematisch aufeinander aufbauen. Eine Basisgarderobe von mir kann zu jeder Saison durch ein oder zwei neue Teile aktualisiert werden.«[62] Das rechtfertige nicht zuletzt den Preis der Einzelteile, so Sander.

AMERIKA VERSTAND SIE

So wenig, wie die deutschen *Spiegel*-Reporter die Idee verstanden, so wenig Verständnis zeigte anfänglich auch die deutsche Modebranche für Jil Sanders Ideen. Zwar erwähnt Ingrid Loschek sie in ihrem 1978 erschienenen Buch »Mode im 20. Jahrhundert. Eine Kulturgeschichte unserer Zeit«, das lange als Standardwerk galt: »Zu den deutschen Top-Couturiers zählen Heinz Schulze-Varell, Uli Richter, Bessie Becker und Waltraud Dietl sowie neuerdings Gertrud Ponater, Jil Sander und Lilo Fink.«[63] Doch mehr als diese Aufzählung unter dem Stichwort aktuelle Trends war gegen Ende der Siebzigerjahre auch bei Loschek nicht zu finden. Dass der zuvor genannte Damenoberbekleidungsverband sie in seiner Mode-Monografie nicht einmal einer Erwähnung werthält, ist symptomatisch für die Wahrnehmung dieser Ausnahmedesignerin in ihrer Heimat.

Natürlich brauchte sie wie jede Newcomerin einige Jahre, um ihr Geschäft zu etablieren, doch im Ausland hat man schneller ihr Potenzial, ihre Innovation erkannt. In Amerika beispielsweise, wo sie die prägenden Jahre ihrer Jugend verbrachte, hat sie schnell Verbündete unter den Einkäuferinnen der großen, exklusiven Department Stores gefunden. Denn diese verstanden es, die Ideen hinter Sanders Mode, die hier irgendwie exotisch-europäisch wirkte, ihren Kundinnen zu vermitteln.

Wie genau das funktionierte, davon weiß Bonnie Pressman zu berichten. Pressman war lange Jahre Chefin der Abteilung für Frauenmode beim US-amerikanischen Luxuskaufhaus Barneys und eine der ersten Anhängerinnen Sanders in New York. Als das frühere Model 1983 seinen Job bei Barneys bekam, hatte Sander bereits einen festen Platz im Angebot des Kaufhauses, das 1981 auf der West 17th Street eine eigene Frauenabteilung eröffnet hatte.

Doch die Verkäuferinnen mussten die Sander-Entwürfe den reichen New Yorkerinnen noch näherbringen. Mit ihrer Modelerfahrung war Bonnie Pressman dafür die ideale Mittelsfrau.

Sanders Entwürfe in den frühen Achtzigern seien »sehr klassisch« gewesen, was es sehr schwer gemacht habe, »den Kunden deren Wert bei den dafür verlangten hohen Preisen zu vermitteln«, so Pressman.[64] Pressman gelang das dennoch. Der Kundenkreis der Sander-Fans wuchs stetig. Und Sander wusste um den Wert einer Verbündeten wie Pressman. Der *New York Times* sagte sie einmal: »Es war wunderbar zu sehen, dass jemand die Kollektion von Anfang an verstand. Sie hat uns unterstützt, hat uns näher mit den Menschen in Berührung gebracht, die uns verstanden.«[65] Solch eine grundlegende Vermittlungsarbeit braucht zwar ihre Zeit, doch damit gelang es Sander, ihrer Marke eine treue Fangemeinde aufzubauen. Wer einmal ihre Entwürfe gekauft hatte, kam in der nächsten Saison neugierig zurück.

LÖWE INKLUSIVE – DIE ERSTE, ABER NICHT DIE LETZTE VILLA

Trotz aller Startschwierigkeiten und Widrigkeiten des deutschen Modemarktes laufen die Geschäfte für Jil Sander schließlich gut. Zehn Jahre nach Gründung der eigenen Boutique kauft sie sich eine Villa an der Alster, in der sie bis zum Jahr 2000 leben wird.[66] Das große Haus liegt um die Ecke ihrer Boutique in der Milchstraße.

Eine Verkaufsanzeige aus dem Jahr 2016, in der explizit von Sanders Vorbesitz des Hauses gesprochen wird, bezeichnet die Villa als »Alsterklassik im Herzen von Pöseldorf«.[67] Das 1864 erbaute Haus verfüge über Ost- und Westflügel, einen ruhigen, von Rhododendren gesäumten Innenhof, einen Kamin sowie fünf Bäder, eine Dachterrasse und sieben Zimmer, von denen das größte 73 Quadratmeter bemisst. Erlesene Fußböden sowie glänzende Türgriffe garnieren das Bild, das sich die Leser des *Hamburger Abendblatts*, das über diese Anzeige berichtete, vom Luxus in Pöseldorf machen dürfen.

400 Quadratmeter umfasse demnach das Grundstück, die Wohnfläche der Villa soll laut Hamburger Zeitungen 325 Quadratmeter betragen und im Jahr 2000 »wurde das zweistöckige Haus (...) für 3,5 Millionen D-Mark angeboten«.[68]

Im Laufe der Jahre, mit wachsendem Erfolg des Unternehmens, wird Sander weitere Häuser erwerben. Modekritikerin Suzy

Menkes bezeichnet diese Bauten einmal als Immobilien-Armband.[69] Es kamen im Laufe der Jahre eine weitere größere Villa in Hamburg hinzu, ein Anwesen auf Ibiza, eine Wohnung in Berlin und ein Chalet in der Schweiz.[70] Das Gut Ruhleben am Plöner See in Schleswig-Holstein wird ihr Rückzugsort, wo sie sich gemeinsam mit ihrer Lebensgefährtin Angelica »Dickie« Mommsen ab den Neunzigerjahren auch ihrer Liebe zur Gartengestaltung widmet.

Zu ihren privaten Räumen hat Jil Sander nur einmal Journalisten Zutritt gewährt: 1998 öffnet sie die Türen ihrer Hamburger Villa für den *Vogue*-Reporter Hamish Bowles. Der berühmte Modefotograf Bruce Weber darf die Räume für die Homestory inszenieren. Er legt sich dafür mächtig ins Zeug. Aus John Neumeiers Ballettzentrum in Hamburg werden Ballerinen gecastet, die vor einer geschwungenen Treppe tanzen dürfen. Auf dem Bild, das schließlich in der *Vogue* abgedruckt wird, stehen zwei Ballerinen im weißen Tutu auf Zehenspitzen vor der großen Treppe, während drei weitere junge Tänzerinnen auf den Podesten des Geländers balancieren.[71] Aus dem Zirkus Charles Knie leiht man sich einen Löwen, den Weber stilsicher auf der Balustrade der Freitreppe platziert, die zur Front des imposanten weißen Hauses hinaufführt.

Besonders an den Auftritt des Löwen erinnert sich Frank Polley noch gut: »Wir hatten uns ängstlich auf den Balkon im ersten Stock zurückgezogen und die Ankunft des Tiers von dort aus beobachtet.«[72] Beim Rücktransport, so Polley, sei der Löwe dann ausgebüxt und kurz in Hamburg spazieren gegangen. »Das kam sogar über die Radionachrichten.«

Dabei hätte es das imposante Tier gar nicht gebraucht, um die Leserinnen und Leser der *Vogue* mit den Bildern der Villa zu beeindrucken, konnte ihre Inneneinrichtung doch für sich stehen. Sander hatte den italienischen Innenarchitekten Renzo Mongiardino mit der Gestaltung der Räume beauftragt. Es wird das letzte Werk des 81-Jährigen. *Vogue*-Reporter Bowles zeigte sich von der Wahl äußerst überrascht, Mongiardino sei die letzte Person gewesen, die man sich als Einrichter für die »Königin des Minimalismus« hätte vorstellen können.[73] Lägen die Geschmäcker der beiden doch viel zu weit auseinander, denn Mongiardino war bekannt als Freund der Opulenz.

Dennoch hatte der Italiener ein Auge für die Details, die auch Sander wichtig waren. Sie wollte die Villa in den alten Zustand zurückversetzen, in dem sie bei ihrem Bau 1864 durch den Architekten Martin Haller gewesen sei. Dazwischen hatte der Reeder Aristoteles Onassis hier gelebt und einen riesigen Kamin installieren lassen. Danach bezog eine Versicherungsgesellschaft die Räume und brachte Neonröhren, abgehängte Decken und viel Linoleum auf den Böden an.

Fünf Jahre brauchte Mongiardino für die Renovierung und Rekonstruktion des Hauses. Sander, die von ehemaligen Mitarbeitern als sehr hartnäckig beim Umsetzen wie beim Umsetzenlassen ihrer Entscheidungen beschrieben wird und sich selbst gegenüber Journalisten gern als »stur« bezeichnet[74], hatte in Mongiardino jemanden gefunden, der sie zu Kompromissen überreden konnte: »In vielen Fällen, in denen ich, sagen wir es mal so, ›sehr schwierig‹ war, musste ich am Ende feststellen, dass er recht hatte.«[75]

Mongiardino füllte die Räume mit italienischem Barock, holte Türrahmen aus einem venezianischen Theater, kombinierte in einem Gästezimmer venezianische Spiegel mit chinesischer Stickerei, stellte in die Bibliothek einen Katheder in Adlerform und sprach sich vehement gegen Sanders Ideen aus, ihre Vorliebe für Gegenwartskunst in großem Maß auszuleben. Einen Alligator von Mario Merz über die große Treppe hängen? Mongiardino erschrak und verwarf das Ansinnen. Stattdessen kamen die beiden überein, dass Sander hier Porträts britischer Adliger aus dem 16. Jahrhundert präsentieren würde.

Weniger streng war er bei den verrückten Ideen, mit denen Sander sich selbst überraschte. »Ich bin eine sehr sanfte Person«, sagt sie. »Und ich habe manchmal sehr sanfte, kindliche Ideen.« Eine solche sei der Kauf eines venezianischen Marionettentheaters gewesen, dessen Paneele Mongiardino in einem kleinen Salon mit einem Sofa und dickgepolsterten Samtstühlen kombinierte, die er speziell in einem dunklen satten Rot einfärben ließ.

Selbst im Schlafzimmer machte die Opulenz nicht halt. Sanders Himmelbett war ein Original aus dem 17. Jahrhundert, das zuvor die Regisseurin Jane Campion für ihre Adaption des Henry-James-Romans »Bildnis einer Dame« als Requisite verwendet hatte. Die Designerin hatte es im italienischen Luca gefunden und in ihrem Schlafzimmer lediglich das Kopfteil durch einen großen gestickten russischen Wandteppich aus dem 18. Jahrhundert ersetzt.

So klar, wie die Linien in Sanders Design waren, so opulent war ihr Zuhause. Die Modekritikerin der *International Herald Tribune*, Suzy Menkes, die Sander mehrfach traf und interviewte, vermutete in den »antiken Büchern – und vielleicht auch in den barocken Einrichtungseffekten – den Einfluss von Frau Sanders Partnerin Dickie Mommsen«.[76]

In ihren Geschäftsräumen behielt Sander das klare Konzept, auf dem sie ihre Marke aufgebaut hatte, bei. Ihren Showroom in Hamburg, den sie ebenfalls in einer Alstervilla unterbrachte, ließ sie Mitte der 1990er-Jahre vom New Yorker Architekten Michael Gabellini einrichten, demselben Mann, der ihr auch half, ihren Flagshipstore in Paris zu einem für die Modebranche wegweisenden Einrichtungsjuwel zu machen. Doch dazu im übernächsten Kapitel mehr.

White Linen. Jil Sander Anfang der Achtzigerjahre in ihrem Modeatelier in der Hamburger Magdalenenstraße.

»DÜFTE KAMEN DAMALS AUS PARIS.« – DIE ACHTZIGER

Am 1. Dezember 1987 strahlte das Erste Deutsche Fernsehen zur Premiumsendezeit 20.15 Uhr die Quizshow »Was bin ich?« aus. Zwei Männer und zwei Frauen mit Schlafmasken über den Augen mussten den Beruf eines anwesenden Prominenten anhand von Ja-Nein-Fragen herausbekommen. An jenem Abend versuchten sich Guido, Marianne, Ingrid und Hans am Rätsellösen. »Sind Sie kreativ, erfinden Sie Töne?«, fragte Guido. Und während Moderator Robert Lembke für den Gast bejahte oder verneinte, klappte er ein Zahlenschildchen der gescheiterten Versuche herum. Und an jenem Abend türmte er vor seinem Gast mit jeder durch »Nein« beantworteten Frage eine weitere weiße Topfpflanze auf.

»Bevorzugen Sie folkloristische Mode?«, fragte Ingrid.

Nein.

Klapp.

Schild umdrehen.

Rums.

Nächste Topfpflanze.

Während Hans gleich das Handtuch schmiss, weil er keine Kreativen kenne, hatte Marianne das Rätsel mit zwei weiteren Fragen gelöst: »Sind Sie international bekannt? Haben Sie sich auch in das Gebiet von Düften gewagt?«

Und dann fiel auch schon der Name: Jil Sander.

Lembke stellte sie als »eine Art Paradiesvogel« vor, habe man doch sonst eher Politiker und Sportler und »Schaugeschäft« in der Sendung. Vor allem aber betonte er, dass Jil Sander nun bereits das 20. Firmenjubiläum feiere und der Name von allen Modeinteressierten gekannt werde. Und sie bevorzuge nur weiße Pflanzen um sich herum, erklärte er noch, mit Fingerzeig auf Schleierkraut und Blumenzwiebeln auf dem Tisch.

Nach ihrer Philosophie gefragt, sagte Sander, was sie kurz darauf auch dem *Spiegel* in einem sehr langen Interview als Antwort geben sollte: Sie sei gegen die Mode, die man sofort wieder wegschmeißt, mache lieber Kleider, die man lange tragen könne. »Keine Mode, die schnelllebig ist und kleine Gags aufwirft, die nachher keine Bedeutung haben«, erklärte sie Lembke. Dabei saß sie in einem ihrer typischen monochromen Ensembles, dunkle Hose, dunkles Oberteil, schwarzer Blazer, aufrecht auf dem Stuhl und sah damit zwischen den Tweedjacken der Herren und den karierten und mit Broschen dekorierten Blazern der Damen aus, als käme sie aus einer komplett anderen Zeit, einer weniger biederen, internationaler eingestellten Zukunft vielleicht.

Bis sie in eine Talkshow zur Primetime als Gast eingeladen wurde und man sie anhand weniger Attribute sofort erkannte, dauerte es natürlich. Die Achtzigerjahre waren für Jil Sander eine der arbeitsintensivsten und vielseitigsten Schaffensperioden. Ende 1987 also so prominent zu sein, dass selbst Robert Lembke nicht an ihr vorbeikam, war ein hartes Stück Arbeit vorangegangen.

DER SHOWROOM IN HAMBURG

Die internationalen Einkäufer kommen nun regelmäßig nach Hamburg, um sich die Pre-Collection anzuschauen. In solchen Vor-Kollektionen zeigte man den Einkäufern der verschiedenen Länder die ersten Entwürfe, die wegweisend für das Design der neuen Saison sein sollten, nahm erste Bestellungen entgegen, spürte nach, wo welche Designs am besten ankamen, und nahm mit diesem Grundwissen dann die Kollektion für die Schauen in Angriff, die sich mitunter noch einmal grundlegend ändern beziehungsweise das in der Pre-Kollektion vorgestellte Programm um viele Modelle erweitern konnte.

Wie so vieles nahm Jil Sander die Vor-Kollektionen deutlich ernster als andere Designer. Was das internationale Geschäftspublikum hier zu sehen bekam, sollte an Professionalität und Aufwand einer Modenschau während der großen Fashion Weeks in nichts nachstehen. Davon schwärmen und seufzen ehemalige Mitarbeiter noch heute. Eine, die die Vor-Kollektionsvorführungen im Sander-Showroom in Hamburg erlebt hat, ist Renata Zatsch. »1981 ist meine Tochter geboren, und um diese Zeit habe ich auch angefangen, für Jil Sander zu arbeiten«, erzählt Zatsch bei unserem Interview in Paris.[1] Erst einmal habe sie nur saisonweise für Sander gearbeitet, immer wenn »in diesem wunderschönen Showroom in Pöseldorf Shows waren«. Ganz zurückziehen aus dem Modelgeschäft wollte sie sich damals noch nicht, habe vielmehr »noch so ein bisschen auf allen Hochzeiten getanzt«, wie sie es heute ausdrückt.

Kennengelernt hatte Zatsch Jil Sander, als sie noch hauptberuflich als Model arbeitete. Damals wohnte sie rund ein Jahrzehnt lang in London, flog aber regelmäßig für Geschäftstermine nach Hamburg: »Meine Agentur lag direkt um die Ecke, und Jil Sander hatte in ihrem Geschäft ja so wunderschöne Sachen, und da habe ich ein bisschen was gekauft. Und so kamen wir dann auch ins Gespräch.«

Aus den ersten Gesprächen entwickelte sich eine immer engere Bekanntschaft, bis Zatsch mit Anfang 30 nach der Geburt der Tochter ihre Tätigkeit im Modegeschäft erweitern wollte und eine Arbeit neben dem Modeln suchte. Sie fand sie in Sanders Showroom, suchte Accessoires für die Shows, »half auch mal im Verkauf aus«. »Es war ganz herrlich«, schwärmt sie noch heute, bezeichnet die Arbeit im Team von Sander wie »in einer Familie«. Ein Ausdruck, den ich immer wieder höre, wenn ich mit ehemaligen Mitarbeitern und Mitarbeiterinnen spreche.

Zatsch zeigt sich noch immer beeindruckt vom hohen Standard, den Sander setzte: »Die Kunden kamen damals schon aus Amerika, New York, überallher, und die waren unfassbar beeindruckt von dem Niveau. Genau das wollte Frau Sander, dieses Niveau.«

Dazu gehörte damals auch, den Einkäufern nicht nur aktuelle Entwürfe vorzuführen; Sander betrieb den Aufwand, aus diesem Showroom-Event eine richtige Show zu machen, wie Einkäufer und Journalisten sie sonst auf den Fashion Weeks in Paris, Mailand und New York zu sehen bekamen. Sie engagierte Stylisten und professionelle Models, die sie selbst auswählte, damit sie zu ihren Looks passten.

»Sie wollte da aber nie solche Beautys haben, die Schönheit

musste bei ihr einen Twist haben«, erinnert sich Frank Polley. Was Polley mit »Beautys« umschreibt, sind die glatten, stupsnäsigen Gesichter, die in den Achtzigerjahren gerade in Mode waren. Mit viel Make-up und langem Haar, das in perfekten Wellen toupiert war, verkörperten diese Models einen Traum von hyperfemininer Schönheit. Ein Traum, der nur mit viel Arbeitsaufwand und noch mehr (Haar-)Pflegeprodukten zu erfüllen war. Sanders Traum sah anders aus. Er sollte ein Gegenentwurf zur perfekten Scheinwelt sein, etwas Wahres, Echtes. Sander suchte nach dem Besonderen und fand es im Natürlichen.

Ein wenig habe dabei auch ihr USA-Aufenthalt in den Sechzigerjahren hineingespielt, erzählte Sander dem *Monopol*-Magazin 2017: »Am kalifornischen Strand gab es all diese jungen, unbeschwerten, sportlichen Frauen. Vielleicht hat sich etwas davon auf meine Modelauswahl übertragen. Sagen wir, ich habe ihre natürliche Schönheit in meine Mode zu übersetzen versucht.«[2]

Unter den jungen Frauen, die Sander als Models für die Vor-Kollektionen aussuchte, waren auch einige, die später als Topmodels die weltweiten Laufstege erobern sollten. Die gebürtige Hamburgerin Tatjana Patitz etwa, die in den Achtziger- und Neunzigerjahren neben Linda Evangelista, Naomi Campbell, Cindy Crawford und Christy Turlington zu den internationalen Supermodels gehörte – viele von ihnen werden in den Neunzigern auch für Sanders Kampagnen gebucht. Doch bis dahin dauerte es noch. Erst einmal suchte Sander ihre Models nach dem eigenen Idealbild, der eigenen Vision für natürliche und zugleich selbstbewusste Frauen aus. Und sie bewies dabei immer wieder ein sicheres Händchen für spätere Stars: »Wir hatten sogar Gisele Bündchen ganz am Anfang ihrer Karriere im Showroom in Hamburg«, erinnert sich Zatsch, »die kam damals noch mit ihrer Mutter.«

Sander behielt auch hier die Übersicht über alle Vorgänge, nahm gern selbst in die Hand, welche Accessoires wozu kombiniert wurden, und wählte alle Teile der Kollektion aus, die die Models tragen sollten. »Es wurden die besten und die wichtigsten Teile gezeigt. Die Leute waren immer ganz begeistert«, erinnert sich Zatsch.

Diese Pre-Kollektionsshows dauerten jeweils drei bis vier Tage. Jeden Abend nahm sich Sander obendrein die Zeit, mit jeweils den wichtigsten Einkäufern eines Gebiets essen zu gehen und weiter über ihre Vision und Mode zu sprechen. »Auch das war ganz exklusiv gehalten, mit Limousinenservice vom Showroom an der Außenalster am Wasser entlang nach Hamburg hinein«, sagt Henriette Gehrig, die solche Pre-Shows auch in den frühen Neunzigerjahren noch erlebte.

Die Sorgfalt und Perfektion, mit der Sander diese Shows für ihre Einkäufer ausrichten lässt, etablieren sie weiter als Marke im Luxusgeschäft. Hier zeigt sich, dass der Erfolg, der sich in den Achtzigerjahren mit immer weiter steigenden Umsatzzahlen manifestierte, auch durch harte Detailarbeit herbeigeführt wurde und nicht über Nacht kam.

ERSTE EIGENE GESCHÄFTE IN DEUTSCHLAND

Die Achtzigerjahre standen für Sander im Zeichen der Expansion. Sie wollte mehr als nur das eigene Geschäft in Hamburg. Der Showroom dort war ein Anfang, um ihre Vision international bekannt zu machen. Doch es dauerte, bis Sander ihre Kollektionen und Ideen den Einkäufern verständlich gemacht hatte – sie etablierte sich, aber eben langsam. Wie immer übernahm sie schließlich die Eigeninitiative: Wenn sie ihre Entwürfe immer erklären muss, warum dann nicht gleich in eigenen Geschäften verkaufen?

Sie dachte dabei nicht in nationalen Grenzen. Die Einkäufer im Showroom kamen bereits aus dem Ausland, also analysierte Sander ihre Erfolgschancen, suchte nach guten Standorten für neue Geschäfte sowohl im Bundesgebiet als eben auch im Ausland. Typisch für ihr professionelles Kalkül ist dabei, dass sie gleich mehrere Eisen im Feuer hatte. Innerhalb kürzester Zeit eröffnete sie dann gleich mehrere neue Boutiquen – in Deutschland und in den Vereinigten Staaten.

In Deutschland kam für Sanders zweites Geschäft nicht etwa München mit seiner Schickeria, Düsseldorf mit der modebegeisterten Königsallee oder das wilde West-Berlin infrage. Nein, es galt, einen perfekten Standort außerhalb Hamburgs zu finden, wo junge Frauen Sanders minimalistische Mode schätzen würden – und dafür auch zahlen könnten. Sander fand ihn Anfang der Achtziger im Rhein-Main-Gebiet. Frankfurt war schon damals Wirtschaftsmetropole, international angebunden durch den großen Flughafen und mit seinen vielen Banken und der Börse einer der wichtigsten Finanzstandorte in Zentraleuropa. Hier lebten und arbeiteten die potenziellen Käuferinnen von Sanders zukunftsweisenden Entwürfen.

Am 26. September 1984 berichtete die *Frankfurter Allgemeine Zeitung*: »Die Hamburger Modeschöpferin Jil Sander verkauft ihre Kollektionen künftig in eigenen Läden. In Frankfurt in der Hochstraße 43 hat sie jetzt ihr erstes Geschäft in der Bundesrepublik eröffnet, das ausschließlich ihre sportlich-eleganten Röcke, Pullover, Hosen, Jacken und Mäntel führt.«[3]

Bei den Betreibern ihrer Geschäfte setzte Sander auf alte Vertraute. In Frankfurt leitete Bärbel Kuhbier die Boutique, eine langjährige Einkäuferin; sie hatte Sanders Entwürfe zuvor bereits in ihrem eigenen Geschäft, dem X-Modeladen auf der Kaiserhofstraße, verkauft. Für die neue Sander-Boutique hatte die Designerin persönlich das Konzept bestimmt: Ihre Geschäfte seien alle vom gleichen italienischen Architekten entworfen, der auch ihren Showroom in Hamburg gestaltet hat, heißt es in der Zeitungsmeldung: »gewachste Wände, die das Licht sanft wiedergeben«[4], der Boden und die Schaufensterauslage aus »hellem Marmor«[5]. Die Ästhetik musste stimmen, denn hier präsentierte Sander nun ihre gesamte Kollektion, die, wie die FAZ berichtete, »neben lässigen Seidenblusen, weitgeschnittenen Mänteln, ledernen Jacken und Hosen auch Abendkleider«[6] umfasste.

Innerhalb der kommenden zehn Jahre sollen weitere deutsche Boutiquen in Berlin, Düsseldorf, München und Sylt entstehen. Und natürlich auch im Ausland. Es sind die Achtziger und Sander ist auf Expansionskurs.

BACK IN THE USA

Es ist bezeichnend für Sanders internationalen Weitblick, dass sie Amerika von Anfang an als Markt ins Auge gefasst hatte. Die Amerikanerinnen hatten sie während ihres Aufenthalts in Los Angeles und New York fasziniert. Es sollte sich herausstellen, dass sie deren modischen Nerv schneller traf als den der Deutschen. In Amerika sollte also auch ihre erste eigene Boutique außerhalb Deutschlands entstehen. Ein ambitioniertes Projekt, das Sander obendrein parallel zur Erweiterung der deutschen Verkaufsstellen in Angriff nahm.

Während die Suche nach einem Standort für die zweite Boutique in Deutschland also noch lief, hatte sie in den USA bereits den perfekten Platz für ihren ersten eigenen Laden gefunden: Im März 1983 eröffnete Jil Sander ihre erste eigene amerikanische Boutique im Trump Tower in Manhattan.[7] Zuvor hatte sie bereits eigene Abteilungen in den Luxuskaufhäusern gehabt, doch nun sollten die Kundinnen eine noch größere Auswahl in entsprechend gestalteten Läden präsentiert bekommen.

Auf ihre amerikanischen Kundinnen, deren Kreis sie mithilfe treuer Einkäuferinnen über mehr als ein Jahrzehnt aufgebaut hatte, konnte sich Sander verlassen.

Renata Zatsch erinnert sich: »Die Kunden haben dieses Konzept, top Qualität und top Schnitte, sehr schnell begriffen. Schneller noch als die Presse, wobei die amerikanische Presse da anders war als die deutsche, die haben ganz schnell berichtet und waren auch unheimlich begeistert.«

In der Tat findet sich die erste Erwähnung der neuen Sander-Boutique bereits einen Monat nach Eröffnung in den »Fashion Notes« der *New York Times*, wo in kurzen Meldungen das aktuelle Modegeschehen in Manhattan beleuchtet wird.

Im Trump Tower könnten Besucher wahre Überraschungen finden, hieß es in dem Artikel: »Geschäfte wie Lina Lee, Saity, Jil Sander.«[8] Als westdeutsche Designerin aus Hamburg stellte der Bericht jene »Jil Sander« kurz vor, die hauptsächlich mit »Kaschmir, Seide, Leinen und Baumwolle« arbeite.

»Ihre Kleider sind gutaussehend und zeitlos, das ist auch gut so, wenn man einen Blick auf ihre Preise wirft«[9], so der redaktionelle Kommentar. Und dann zählt die Meldung auf, was Sander im Angebot hat und was man dafür ausgeben muss: Seidenpullover für 575 Dollar, Safarihemden aus ägyptischer Baumwolle für 275 Dollar, plissierte Khakihosen für

235 Dollar, ein karierter Kaschmirblazer für 1350 Dollar.[10] Das ist auch für amerikanische Luxusverhältnisse teuer, rief diese noch unbekannte deutsche Designerin doch ebensolche Preise auf, wie man sie von italienischen Häusern gewohnt ist. Doch die Qualität sprach für sich, und die Schnitte waren exzellent.

Zwei Jahre später wird Sander persönlich nach Amerika kommen. Im Februar 1985 reiste sie nach Florida, um ihre neue Boutique in Coconut Grove, einem Stadtteil von Miami, zu eröffnen. Bei der Gelegenheit machte sie auch einen Abstecher nach New York, lud im legendären Luxushotel Mayfair Regent, wo Zimmer bei knapp 300 Dollar pro Nacht begannen, Journalisten zum Tee und erzählte von ihrem Erfolg: Sie habe eigene Geschäfte in ganz Europa und denke nun darüber nach, »ihre Fühler auch auf dieser Seite des Atlantiks auszustrecken«, schrieb ein Reporter der *New York Times*[11].

Im Gespräch mit der Presse ist sie ganz die selbstbewusste Geschäftsfrau, die ihre Ideen am besten selbst erklärt. Natürlich sind solche Treffen für die zurückhaltende Designerin eine aufregende Angelegenheit. »Wenn man jung ist, fühlt man sehr stark, dass man in bestimmten unternehmerischen Situationen Kraft braucht. Falsches Make-up, falsche Kleidung, das schwächt. Immer wenn ich nach New York musste, um etwas zu entwickeln oder zu besprechen, war es für mich sehr wichtig, Stärke durch meine Mode und Kleidung für mich selbst zu erarbeiten. Und was ich gefühlt habe, wollte ich auch weitergeben und fast schon missionarisch vermitteln, dass es anderen auch hilft.«[12]

Das Konzept ging auf, Sander wirkte auf die amerikanischen Journalisten überzeugend. Schon damals fielen in ihren Statements die Schlagwörter, die wenig später die ganze Welt mit ihr assoziieren sollte: »Ich halte meine Styles für hervorragend für Ihr Land geeignet«, sagte Sander der *New York Times*, »denn hier gibt es sehr intelligente Frauen. Ich glaube an ein Design ohne Rüschen, *pure design*. Ich entledige es von allem, was *fake* ist, bei mir gibt es kein Chichi.«[13]

Sie beendete ihre Pressegespräche mit einer großen Ankündigung ihres nächsten Projekts: eine eigene Beautylinie mit Schönheits- und Pflegeprodukten.

NACHFOLGERIN VON KARL LAGERFELD – DIE GASTPROFESSUR IN WIEN

Während sie ihre Marke weiter ausbaute und über neue Produkte nachdachte, wuchs ihr Bekanntheitsgrad, und Sander fand zu Beginn der Achtzigerjahre sogar noch Zeit für andere Projekte. Die Wiener Hochschule für Angewandte Kunst fragte sie, ob sie ein Semester lang die Meisterklasse für Mode als Gastprofessorin ausbilden wolle. Sie nahm an.

Zum 1. Oktober 1983 beginnt sie als Gastprofessorin an dieser Hochschule in Wien zu arbeiten, so vermerkt es ihre Personalakte an der heutigen Universität für Angewandte Kunst, in der die Hochschule aufging, den Universitätsstatus trägt sie seit 1998. Sander wird dem Dokument zufolge bis zum 30. Juni 1985 dort Gastprofessorin bleiben und die Studenten einer Meisterklasse betreuen.

Uta Huber-Leierer war eine der Studentinnen, die Sander erlebt hat. Ich erreiche die heutige Textildesignerin per Telefon noch in ihrem Büro an der Universität für Angewandte Kunst in Wien.[14] Sie leitet hier seit 2011 die Abteilung Textiltechnologie, ist aber selbst kurz vor der Pension, wie sie mir erzählt, als ich sie frage, an was sie sich noch erinnern kann. Es sind rund vierzig Jahre seitdem vergangen, doch einige Details fallen ihr noch ein.

»Jil Sander war ein Name mit Stellenwert in Österreich«, erzählt die gebürtige Wienerin, der man die Heimatstadt auch am schönen Akzent anhört. »Besonders all jene Kreativen, die mit Mode und Mustern zu tun hatten, all jene, die in der Stoffbranche arbeiteten, haben Jil Sander getragen – wenn sie es sich leisten konnten.« Einfach, aber nicht modisch-meanstreamig habe man ihre Entwürfe empfunden. Huber-Leierer war Musterzeichnerin, »da ist jedes Stoffmuster ein Output, diese Muster aber selbst anzuziehen, kam nicht infrage. Da waren Sanders schlichte Entwürfe das Ventil für die Kreativen damals.«

Als Studentin habe sie sich die Kleider natürlich nicht leisten können, sagt Huber-Leierer und lacht. Aber man habe das natürlich genau beobachtet. Und dann gerät sie ins Schwärmen über die edlen Materialien, den eleganten, reduzierten Hamburger Stil, die geschmackvollen Boutiquen in der norddeutschen Stadt.

Das Portfolio, das noch im Archiv der Universität für Angewandte Kunst zu finden war, umfasst mehrere Seiten, auf denen Designerin, Philosophie und Unternehmen vorgestellt werden, alles auf Papier, das am Rand die großen serifenlosen Lettern des Sander-Logos trägt. Darin heißt es in der Vorstellung der Designerin über Jil Sanders Mode, sie »besteht nicht aus unverwechselbaren Attributen und Äußerlichkeiten – sondern im Grunde aus der Persönlichkeit dessen, der sie trägt. Ihre Mode wird nicht zur Kopie, sondern zum persönlichen Stil. Mit anderen Worten: Jil Sander entwirft Mode nicht für die Allerwelt. Um Jil Sander zu tragen, muss man schon etwas Persönlichkeit haben.«

So sahen das auch die Studenten. Die Meisterklasse von Sander war bis auf den letzten Platz belegt. Die Zahl war aufgrund des praktischen Charakters der Klasse sowieso begrenzt, keine 30 Studentinnen und Studenten konnten daran teilnehmen. Huber-Leierer gelang es, als Gasthörerin anwesend zu sein. »Meine Arbeit musste ich in einem anderen Raum nebenan vornehmen, weil der Kurs so voll war, und jeder brauchte seinen eigenen Platz zum Arbeiten, hatte seinen eigenen Tisch.« Die Studentinnen und Studenten arbeiteten an Entwürfen, »lernten das Kollektionenmachen von der Pike auf, so wie es heute noch an der Universität praktiziert wird.«

Das Ziel hieß Paris, dorthin wollten die Nachwuchsdesigner, dort sollten ihre Kleider einmal vor internationalem Publikum präsentiert werden. Erst später um die Jahrtausendwende habe sich der Fokus auch gen Asien verschoben und auch auf Tokio gelegt.

Wie für die Stardesigner, die hier ihre Gastprofessuren abhielten, üblich, sei Sander aber nicht das ganze Semester durchweg an der Universität gewesen, kam vielmehr zu einzelnen Sitzungen, besprach die Arbeit der Studentinnen und Studenten. Im Archiv der Universität findet sich noch ein Foto, das von Sander während ihrer Zeit als Gastprofessorin aufgenommen wurde. Sie ist darauf im Gespräch mit einer jungen dunkelhaarigen Frau zu sehen. Die beiden stehen in einem Saal oder Flur der damaligen Hochschule, die Wände hinter ihnen sind hellbraun, eine massive Kassettentür rechts im Bild hebt sich in hellem Beigeton im Hintergrund ab. Sander steht davor in einem für sie klassischen Ensemble: schwarzer Blazer, schwarze Hose, weiße, hochgeschlossene Bluse. Die Strenge nimmt sie dem Outfit durch umgeschlagene Ärmel, die ihre Handgelenke freilegen.

Sander ist Anfang vierzig, als sie die Gastprofessur in Wien annimmt, auf dem Bild wirkt sie jünger, lächelt die Studentin offen an. Zu gern wüsste man, worüber sie sich unterhalten haben, ob es hier um Ratschläge für einen Kleiderentwurf oder das Weitergeben von Schnittgeheimnissen ging. Denn am Ende der Meisterklasse stand eine Abschlusskollektion, die in einer eigenen Show vorgestellt wurde.

Wie sah diese Abschlusskollektion von Sanders Meisterklasse aus? An bestimmte Details erinnert sich Huber-Leierer nicht mehr, auch wenn sie der Schau, auf der die Studentinnen und Studenten ihre Entwürfe damals präsentierten, natürlich beiwohnte. Waren die Looks geprägt von Sanders Minimalismus? »Das weiß ich nicht mehr. Bei mir hat die Meisterklasse danach bei Vivienne Westwood mehr Eindruck hinterlassen, die hatte die Kollektion und ihre Studenten stärker mit ihrem Stil geprägt.«

Der österreichische Designer Otto Drögsler, heute ein Teil des Führungsduos beim Modelabel Odeeh, war damals auch unter den Studenten der Hochschule. Im Winter 2022 erzählte er im Podcast des Lifestyle-Magazins *Salon* über seine Studienzeit: »Die Meisterklasse für Mode wurde von Fred Adlmüller geleitet, damals schon achtzigjährig, das war der österreichische Hubert de Givenchy. Gegen Ende der fünfjährigen Studienzeit ging der in Pension. Dann hatte die Hochschule die Idee, internationale Gastprofessoren an die Schule zu holen. Karl Lagerfeld hat den Reigen eröffnet. Nach ihm kam Jil Sander, die habe ich auch noch im Meisterjahr mitbekommen.«[15]

Drögsler erinnert diese Gastprofessuren-Zeit als »totale Zäsur« im Lehrplan: »Für einen Studenten kann nichts Besseres passieren, als bei jemandem zu studieren, der international anerkannt ist und den man auch verehrt hat und von dessen Netzwerk zu profitieren.«[16]

Lagerfeld etwa lud zur Abschlussschau seine Entourage ein, Modefotograf Helmut Newton und Designerin Paloma Picasso saßen in der ersten Reihe. Auch das habe den Wiener Mode- und Designstudenten »viel Rückenwind und Selbstbewusstsein gegeben«, so Drögsler[17]. Das Ziel der Studenten war eben Paris, sie träumten davon, eine eigene Show in jener Stadt auf die Beine zu stellen. Und jeder große Name, jede Anmerkung, jede Hilfe nahm man dankbar und wissbegierig an, um dem Traum ein Stück näher zu kommen.

Drögsler ist nicht der Einzige, der bis heute stolz die Meisterklasse bei Jil Sander im Lebenslauf anführt, auch die österreichische Designerin Berit Steffin oder eben auch die heutige Leiterin der Textiltechnologie an der Universität für Angewandte Kunst in Wien, Ute Huber-Leierer, verweisen noch immer stolz auf die Ausbildung unter Sander.

KOSTÜME – AUSFLUG AUF DIE BÜHNE

Am 8. Januar 1984 feierte an der Hamburgischen Staatsoper die »Mozart-Symphonie« Premiere, ein Ballett als Hommage an den im Jahr zuvor verstorbenen großen amerikanischen Choreographen George Balanchine. Bemerkenswert war an diesem Ballett nicht nur die Choreographie, bemerkenswert waren vor allem die Kostüme. So bemerkenswert, dass selbst die *Frankfurter Allgemeine Zeitung* es in der knappen Premierenankündigung im Feuilleton angemessen fand zu vermerken, von wem sie stammten. »Kostüme: Jil Sander«[18] vermeldete die kurze Notiz.

Sander war also Mitte der Achtzigerjahre ein Name, der selbst in Deutschland, wo man die junge Designerin noch immer als Avantgarde-Phänomen betrachtete, immerhin den gebildeten Feuilleton-Lesern etwas sagen musste. Neu war hieran aber, dass eine junge Mode-Designerin sich in Deutschland an Ballettkostüme wagt. Das Schneidern für die Bühne ist eine andere Herausforderung als das Schneidern für den Laufsteg. Die Kleider müssen höchst komplexe Bewegungsabläufe aushalten: das Springen, Drehen, Rennen der Tänzerinnen und Tänzer. Sie müssen dehnbar genug für all das sein und dennoch den Körper betonen, sie müssen so stabil gefertigt sein, dass sie nicht auf der Bühne nachgeben und dennoch Freiraum für alle Bewegungen lassen. Obendrein sollen sie dekorativ wirken, im besten Fall das Stück, die Musik, das Thema unterstützen. Eine schwierige Aufgabe also.

Natürlich war Sander nicht die Erste in der Modegeschichte, die Kleider für die Bühne erdachte. Mode und Bühnenkunst gehen seit jeher gern Kooperationen ein. Schon Coco Chanel entwarf Kostüme für die von Sergei Djagilew geführte Tanzgruppe Ballets Russes und für Jean Cocteaus Theaterstück »Oedipus Rex« – beide Male erweiterten ihre Kostüme den Horizont der ästhetischen Moderne, zeigten, wie Mode nicht nur die Kunst unterstützen, sondern auch ein neues Bild vom Menschen transportieren kann.

Chanel ist Isadora Duncan, der Vorreiterin des modernen Tanzes, persönlich begegnet, nahm bei ihr sogar einige Stunden Unterricht, um sich mit ihrer neuen Idee von Tanz und Körperlichkeit auseinanderzusetzen. Duncan tanzte grundsätzlich in einem fließenden Hemd, ohne Korsett. Die Kleidung umspielte ihre Bewegungen und sollte sie nicht einengen. Diese Idee übernahm Chanel für ihre Kostüme. Sie unterstrichen die Körperlinien, gaben Platz für die Bewegungen, ohne die Tänzer einzuschnüren, und waren gerade dadurch der Inbegriff der Moderne.

Solche Kooperationen entstehen natürlich nur, wenn eine Vertrauensbasis zwischen Künstlern und Modeschöpferin besteht, wenn beide in der gleichen Richtung denken, einer mit seinen Mitteln den anderen unterstützt. Eine ähnlich freundschaftliche Situation, im künstlerischen wie geistigen Sinne, wie das Verhältnis zwischen Coco Chanel und Sergei Djagilew war, scheint es auch im Hamburg der frühen Achtzigerjahre gegeben zu haben. Leiter des Hamburger Balletts war damals der gebürtige Amerikaner John Neumeier. Seit 1973, also zur Zeit der Kooperation mit Sander bereits seit knapp einem Jahrzehnt, hatte er diese Stellung inne und in dieser Zeit das Hamburger Ballett nicht nur zu Deutschlands führendem Tanzhaus gemacht, auch international hatte sein Können bereits für Aufsehen gesorgt[19].

Seine Strategie war es dabei, sowohl die Traditionen zu berücksichtigen als auch moderne Stücke und Aufführungen ins Programm zu nehmen. Die Idee, eine junge Modedesignerin mit den Kostümentwürfen zu beauftragen, passte in dieses Konzept. »Wenn ich Chichi haben will, kann ich auch gleich einen Theaterdesigner nehmen«, sagte John Neumeier später in einem Interview mit der *Süddeutschen Zeitung*[20]. Der Stil von Jil Sander kam seiner persönlichen Vorliebe in Modedingen sehr entgegen. Im Stil-Fragebogen des FAZ-Magazins verriet er, dass Shopping für ihn reine Zeitverschwendung sei. »Deswegen kaufe ich nach Möglichkeit bei Giorgio Armani oder Issey Miyake.«[21] Beide Designer stehen für elegante Entwürfe von höchster technischer Präzision und zeitloser Schönheit – so wie Jil Sander.

Wie aber sahen sie denn nun aus, die Entwürfe von Sander

für Neumeiers Ballett? Ein Foto der Aufführung zeigt es, wenn auch in grobkörnigem Schwarz-Weiß: Die Kleider der Tänzer[22] sind schlicht und reduziert aufs Wesentliche und doch kleine Kunstwerke in sich. Die Röcke der Tänzerinnen lassen geschickt angebrachte Faltenwürfe erahnen, die sich in der Bewegung zu wunderbaren Stoffträumen bauschen. Die Oberteile betonen die Figur natürlich, ohne Brust oder Rippen einzuschnüren. Balletttänzerinnen bekommen die Kostüme manchmal auf die Haut geklebt, damit sie körperbetont anliegen und während der Aufführung nicht verrutschen. Angenehm ist das nicht; Sanders Kreation hingegen respektiert die Menschen in den Kostümen. Hier wurde nicht mit Klebstoff gearbeitet, hier ließen die lockeren Oberteile den Tänzerinnen und Tänzern Luft zum Atmen. Die Ärmel nehmen das bauschige Volumen der Röcke wieder auf, sind jedoch so gefertigt, dass sie die weite Form bei jeder Handbewegung halten.

Jil Sander und John Neumeier am Premierenabend der »Mozart-Symphonie« in der Hamburger Staatsoper am 8. Januar 1984.

Auf einem Foto des Premierenabends sind Sander und Neumeier nebeneinander zu sehen, die Designerin lacht glücklich, der Choreograph reißt die Augen auf und zieht spaßend eine Grimasse.²³ Wer nicht mit dem Ergebnis der Aufführung zufrieden ist, schaut anders drein. Sander und Neumeier halten auch danach Kontakt. Rund ein Jahrzehnt nach ihrer Kooperation soll ihre Zusammenarbeit auf ganz anderer Ebene neue Früchte tragen, wenn er ihr für die exklusive Homestory der amerikanischen *Vogue*²⁴ seine Eleven schickt.

Für Neumeier wird es nicht die letzte Kooperation mit der Mode sein. 1998 folgt Giorgio Armani in Sanders Fußstapfen und entwirft die Kleider und Anzüge für die Ballettrevue »Bernstein Dances«,²⁵ und 2006 erhält Albert Kriemler vom Label Akris von Neumeier den Auftrag, die Kostüme für das Neujahrsballett zu entwerfen.²⁶ Mit Kriemler wird sich eine langjährige Zusammenarbeit ergeben, immer wieder fertigt der Schweizer Designer für Neumeiers Tänzer und Tänzerinnen die Kleidungsstücke an.

Auf die Frage, warum er immer wieder mit Modedesignern kooperiert, antwortete John Neumeier in einem SZ-Interview: »Weil Tanz – auch dann, wenn es sich um ein historisches Ballett handelt – eine Kunst der Gegenwart ist, und das kann die Mode unterstreichen. Sie bringt das Ballett in eine Jetztzeit.«²⁷ Doch nicht jeder Ballettliebhaber sieht das so. In den Kritiken der Feuilletons finden sich gerade bei Kooperationen zwischen Modemachern und Ballettchoreographen Spitzen gegen alles, was nicht zu hundert Prozent perfekt war oder einfach vom Konventionellen abging und nicht den Erwartungen entsprach.

So widmete die *New-York-Times*-Kritikerin Alexandra Jacobs 2014 dem Phänomen der Designerkostüme einen langen Artikel, in dem sie deren Unzulänglichkeiten nicht schont.²⁸

Angesichts der Kostüme von Sarah Burton, Chefdesignerin bei Alexander McQueen, habe sie sich schwer auf die Beinarbeit der Tänzer konzentrieren können, schreibt Jacobs. Besonders ein goldbesticktes Jäckchen mit stark schwingendem Saum, vom Hauptdarsteller über nacktem Oberkörper getragen, erregte ihre Empörung. »Bei Drehungen und Hebungen fächerte Mr. Fairchilds Saum auf und rutschte manchmal unbeholfen zur Seite, wie eine nutzlose Flosse.«[29]

Wie harsch fiel also der Blick der zeitgenössischen Ballettkritik auf Sanders Kostüme aus? Als das Ballett Mitte März 1985, gut ein Jahr nach seiner Uraufführung in Hamburg, auch in New York gezeigt wird[30], schaut es sich eine Kritikerin der *New York Times* an. In ihrer Besprechung lobt sie die Tänzer (»die geniale Gigi Hyatt«), zeigt sich jedoch über die Kostüme leicht irritiert: »Jil Sanders bauschige Kostüme versprachen eine Pastorale, was jedoch nicht eingelöst wurde.«[31] Es ist nicht das erste Mal, dass Kunst, die neue Wege geht, von Kritikern nicht sofort verstanden wird.

ERSTES DEUTSCHES LUXUS-PARFÜM: JIL SANDER WOMAN PURE

1979 setzte Sander eine weitere tragende Säule in das Gebäude ihres Unternehmens: Sie drang mit zwei Parfüms in den Markt der Duft- und Pflegeprodukte vor. Allerdings beginnt die Geschichte schon einige Jahre zuvor. ICONIST-Journalistin Ingeborg Harms erzählt sie so: »Die junge Frau mit der feinen hellen Haut debütierte 1974 vor der Kamera des *Stern*-Fotografen Werner Bokelberg als Model für CD-Seife (›An meine Haut lasse ich nur Wasser und CD‹). Kurz darauf meldete sich ein

Headhunter, um sie für eine Estée Lauder-Werbung zu gewinnen. ›Nein‹, sagte sie spontan, ›so etwas würde ich gern selber machen.‹ Und so, setzt Jil Sander im Rückblick auf die Genese ihres ersten Parfüms hinzu, ging die Kosmetikgeschichte los.«[32]

Die Werbeanzeige der Marke CD steht unter dem Motto: »Es sind die neuen Frauen, für die CD gemacht ist.«[33] Man stellte Jil Sander noch als »Modemacherin aus Hamburg-Pöseldorf« vor, und man zeigte sie als moderne Frau und als Macherin. Sander sitzt umgeben von Stoffmustern auf einem breiten Sessel, in der rechten Hand eine Schere, mit der linken befühlt sie einen Stoff mit breiten Streifen, hat ihn sich zwischen Daumen und Zeigefinger geklemmt, als wolle sie gleich die Schere ansetzen. Sie trägt dazu einen hellen Hosenanzug, der von den Schultern bis zu den Beinen perfekt sitzt, unterm Blazer lugt ein weißes T-Shirt hervor. Ein Look, der sagt: Ich bin elegant und lässig.

Im Werbetext unter diesem Foto heißt es: »Jil Sander hat ihre eigene Meinung über Mode. Mode, sagt sie, gibt es gar nicht mehr. Heute entscheidet der Stil. Und Jil Sander hat ihren Stil gefunden: eine viel bewunderte, klassisch-weiche Linie.«[34]

Als Werbegesicht macht sie also nicht nur für die Marke CD Reklame, sie verbindet den Auftritt mit ihren eigenen Botschaften, präsentiert ihre Person und ihre Marke als moderne Ikonen einer neuen Generation junger Frauen. Und warum sollten diese Frauen nicht auch ihre Beautyprodukte von Jil Sander beziehen wollen? Wie schon im Modegeschäft denkt sich die Unternehmerin auch hier: Warum mache ich das nicht selbst?

Fünf Jahre verwendet sie auf die Entwicklung des Parfüms. Sander hat wie immer genaue Vorstellungen davon, was sie unter ihrem Namen, unter ihrer Marke präsentieren will. Sie holt sich dafür die Besten des Faches mit ins Boot. Für die Gestaltung des Flakons und des Logos gewann sie den Verpackungsdesigner Peter Schmidt, der seit 1972 sein eigenes Gestaltungsstudio in Hamburg betrieb und ab den Achtzigerjahren für die Kosmetikgroßkonzerne Procter & Gamble und Estée Lauder das Design der Produkte erdachte. Schmidt verstand schnell, welche hohen Ansprüche Sander an ihr Parfüm hatte und wie man diese im Design umsetzen konnte.

Schon der Klang des Namens gab den Weg vor. Sander hatte sich für eines ihrer Lieblingswörter entschieden, mit denen sie vor Journalisten immer wieder den Stil ihrer Mode beschrieben hatte: Pure. Und so sollte auch der Flakon und die Schrift wirken. Schmidt entschied sich für den Schriftfont Futura No 2 D ExtraBold[35]. Ein Font ohne Serifen, was den Buchstaben eine zeitlose Modernität gab. Die Massivität der Buchstaben sprach von Selbstbewusstsein, ihre Schlichtheit von Eleganz und Stil. Wie die besten Erfindungen der Bauhauskünstler wirkt auch dieser Schriftzug nach Jahrzehnten noch immer modern, elegant und eben »pure«.

Von ähnlichem Geist war der Flakon beseelt, auch hier nahm sich Schmidt die Bauhauskünstler zum Vorbild. Der Sprühflasche für das höher konzentrierte Eau de Parfum gab er die Gestalt eines Würfels, die Ecken sind ganz leicht und sanft gerundet. Der Flaschenkörper aus milchigem Glas ließ in seinem Kern die Flüssigkeit des Parfüms durchschimmern. Obenauf thronte eine zylindrischrunde Kappe im gleichen milchig-weißen Farbton.

Das leichtere Eau de Toilette erhält die schlankere Gestalt eines Doppelkubus; zwei Glaswürfel, die übereinander getürmt den Flakon bilden, in der Mitte, wo sie sich treffen, eine konkave Einbuchtung wie eine leichte Taille. Auch hier sind die Kanten der Kuben sanft abgerundet, eine Aufgabe, die italienischen Glasbläsern wochenlang den Schweiß auf die Stirn getrieben hat.[36]

In der Frankfurter Ausstellung »Präsens« erkannte man 2017 angesichts dieser Gestaltung sogar Rückgriffe auf ganze Jahrhunderte der Designgeschichte: »Das Flakonquadrat ist, ganz im Sinne von Leonardos Proportionsskizze des vitruvianischen Menschen, auch Rahmen für die aufrechtstehende Persönlichkeit. Der taillierte Eau-de-Toilette-Doppelkubus seinerseits weist auf die Figurinenentwürfe der Avantgarde hin, auf Schwitters Triadisches Ballett und Malewitschs suprematistische Ganzkörperporträts.«[37]

Und natürlich wurde auch diese Flaschenform von Sander persönlich abgenommen. »Ganz gleich, was ich mache, ob eine Flasche oder eine Tasche, einen Schuh oder eine Jacke, ich packe da meine Art zu denken und zu leben, also meine Seele hinein«, sagte Sander einmal.[38] Den Auswahlprozess bei der Entscheidung, ob ihr ein Entwurf zusagt oder nicht, beschrieb sie als fast schon viszerale Angelegenheit: »Für unser zweites Parfüm gab es den Entwurf einer Flasche. Die Werkzeuge für ihre Produktion waren im Bau, die Investitionen beträchtlich, aber irgendwie war mir die Flasche unsympathisch. Als wir nun von einer Kosmetikpräsentation in Korfu kamen und in einem kleinen Privatflugzeug saßen, wurde ein Tisch aufgeklappt und die Flasche vor mich hingestellt. Ich kriegte einen so entsetzlichen Schluckauf, daß ich kaum sprechen konnte. Ich sagte nur: Die Flasche muss weg.«[39] Der Schluckauf legte sich, sobald das Fläschchen entfernt war.

Das Flaschendesign ließ Sander umgehend überarbeiten. Hier zeigt sich, wie behutsam Schmidt die Vorlieben seiner

Klientin im Design für das erste Parfüm umsetzte. Denn die ausgewogenen Formen, das Spiel zwischen den zwei Würfeln mit den leicht runden Kanten, die Symmetrie ihrer Längen im Kontrast zur Konsistenz der leuchtenden Flüssigkeit darin, all das transportiert eine strahlende Harmonie und macht den Flakon zu einem eigenen Kunstgegenstand, zu etwas, das man gern im Bad oder auf dem Kosmetiktischchen präsentiert und in die Hand nimmt.

JIL SANDER FOR »JIL SANDER« – DIE GLAUBWÜRDIGKEIT DER MARKE

Der passende Flakon für das erste deutsche Luxusparfüm war gefunden. Es fehlten noch die Werbung und der Name. Dafür beauftragte Jil Sander die bekannte Werbeagentur Scholz & Friends. Jürgen Scholz, Inhaber der Agentur, beriet die Designerin selbst. »Bei ihm war immer alles aus dem Bauch heraus«, erinnert sich Sander[40], »und er sagte: Warum nennen wir es nicht ›pure‹, wenn Sie immer über ›pure‹ reden?« Damit stand der Name für das Parfüm fest. Das Adjektiv, mit dem Sander die Essenz ihrer Mode so gern beschrieb.

Bei den Überlegungen, wie und mit wem man nun am besten für dieses Produkt werben solle, folgte Scholz seinem Bauchgefühl. Er schlug der Designerin direkt vor: »Wenn Sie so dahinterstehen, dann bewerben Sie es doch selber.«[41]

Auch der Flakondesigner Schmidt sprach sich dafür aus, dass Jil Sander selbst für ihr Produkt werben solle. Also ging es nach Paris zu Guy Bourdin, damals einer der renommiertesten und provokantesten Modefotografen. Bourdins Arbeit war aus den Ideen des Surrealismus und den Werken Man

Rays hervorgegangen, seinen professionellen Blick erweiterte er mit subjektiver Fotografie. Er arbeitete an ungewöhnlichen Orten, machte Aufnahmen am Strand, schärfte Farben ins Hyperrealistische nach[42]. Kurzum, er experimentierte gern, war eher am Bild und dessen Wirkung interessiert als an Kompromissen mit seinen Auftraggebern.

Wer heute Bourdins Fotografien in Kunstmuseen sieht, die die Oberkörper der Models unter Bettüberwürfen verschwinden lassen und nur das blanke Hinterteil mit bestrapsten Beinen zeigen, versteht seinen eigenwilligen Humor, kann sich jedoch auch sofort vorstellen, dass dieser mit dem Anspruch Sanders an ihr Kampagnenbild nicht in Einklang zu bringen war. Ingeborg Harms beschreibt ihn als »sex- und popfarbenverliebten Helmut Newton auf Speed«[43], der es nicht vermochte, »der verhaltenen Aura der Hamburgerin gerecht zu werden«[44].

Das Pariser Fotoshooting wurde zum Desaster, und die Zeit drängte. Die Lösung brachte Angelica Blechschmidt, Sanders alte Freundin aus Zeitschriftentagen und mittlerweile Chefin der deutschen *Vogue*. Sie schlug vor, es mit dem Amerikaner Francesco Scavullo zu versuchen. Der gebürtige New Yorker war für seine Coverarbeiten beim amerikanischen Glamourmagazin *Cosmopolitan* bekannt. Berühmt hatten ihn seine Porträts gemacht: Er hatte Janis Joplin 1969 als Freigeist festgehalten, Burt Reynolds 1972 dazu gebracht, sich nackt auf einem Bärenfell zu präsentieren, und Mick Jagger ein Jahr später in silberfarbenen Schwimmhöschen abgelichtet.

All diese Porträts haben gemein, dass die Fotografierten sich zwar offenbarten, aber niemals entblößt wirkten, selbst wenn die Abgebildeten, wie Reynolds, nichts mehr am Leib trugen. Scavullo zeigte Zartheit und Sinnlichkeit ohne Vulgarität.

Sander war dennoch aufgeregt. Die Vorstellung, im Mittelpunkt zu stehen, behagte ihr nicht besonders. Rückblickend fasste sie das Fotoshooting mit den Worten zusammen: »Ich musste in New York meinen Kopf hinhalten.«[45] Und wieder reagiert ihr Körper. Wie beim später als falsch empfundenen Parfümfläschchendesign melden sich auch hier körperliche Symptome und zeigen, unter welchem Druck die junge Frau innerlich steht. »Ich war sehr nervös, es ging um viel Geld«, erinnert sich Sander.[46] »Es stellte sich auch noch ein Zucken in meinen Gesichtsnerven ein, das ein Heilpraktiker in China Town beseitigt hat.«[47]

Auf dem Bild, das Scavullo schießt, ist von all dem nichts mehr zu sehen. Nur reine Professionalität: Mit offenem Blick sieht Sander in die Kamera, präsentiert ihr ebenmäßiges Gesicht dem Betrachter. Ihre Schultern blitzen auf dem gewählten Porträtausschnitt ins Bild, suggerieren nackte Haut vom Hals bis zu den Armen. Das Foto zeigt Stärke und Verletzlichkeit, Schönheit und Eleganz und ist eine Einladung, in diesem Gesicht eine Frau zu sehen, die modern ist und komplett sie selbst, die sich nicht für jemanden herrichtet, sondern Herrin über ihr eigenes Schicksal ist. Was könnte für eine Werbekampagne besser sein als perfekt inszenierte Authentizität, in der sich Frauen wiederfinden?

Sander scheint im Nachhinein noch immer selbst davon überrascht, dass diese Strategie aufging: »Und dann war es ein solcher Erfolg. Vielleicht hat man etwas über das Aussehen erreicht. Durch die Glaubwürdigkeit.«[48]

EROBERUNG DER BADEZIMMER

Das Parfüm war erst der Anfang. Gemeinsam mit der Kosmetikfirma Lancaster bringt Jil Sander in den Achtzigern eine ganze Palette von Schönheitsprodukten heraus. 2017 werden die Tiegel und Döschen in ihrer Ausstellung im Museum Angewandte Kunst einen eigenen Raum einnehmen und sich darin, wie kleine Preziosen inszeniert, durchaus als würdiges Ausstellungsmaterial erweisen. Die 1981 erschienene Linie Bath und Beauty Pure etwa umfasste Badezusätze und Körpercreme in komplett weißen Fläschchen – ein Design, das in den vergangenen Jahren viele Naturkosmetikunternehmen für ihre veganen Produkte kopiert haben.

1985 gesellen sich dazu dekorative Kosmetikprodukte wie Lippenstifte, Nagellack, aber auch Puder. Und bereits ein Jahr zuvor konnten Jil-Sander-Kundinnen sich eine ganze Palette von Spezialcremes in ihre Badezimmer stellen, angefangen von Augenpflege über Make-up-Entferner bis hin zu Gesichtspflege für unterschiedliche Hautbedürfnisse. Das Konzept hinter dieser Linie hat Sander im Februar 1985 in Amerika erklärt: »Sie ist überzeugt, dass sich die Haut einer Frau verändert, abhängig von deren Stimmung, dem Wetter und ob sie viel Zeit drinnen oder draußen an der frischen Luft verbringt, ob sie aktiv ist oder geschafft oder entspannt.«[49] Als »intelligentes Konzept« will Sander ihre Produktlinie von der Presse und den Kundinnen verstanden wissen: man benutze eben, was man gerade brauche, abgestimmt auf Stimmung, Tag, Aktivität. Frau Sander selbst, so endet der Pressebericht der *New York Times* mit einem Augenzwinkern, trage an diesem Tag der Präsentation überhaupt kein Make-up, »just a suntan«, nur ein wenig Sonnenbräune ziere ihr Gesicht.[50]

Jil Sander inmitten von Anzeigenentwürfen für ihre legendären Parfums und Beautyprodukte, 1983.

Abermals ist es Sander also gelungen, sich selbst zum besten Aushängeschild ihrer Marke zu machen, den eigenen aktiven Lebensstil als erstrebenswertes und kaufbares Produkt anzubieten.

Sie setzt auch mit dieser Strategie etwas fort, das von Coco Chanel begonnen wurde. Einige Jahrzehnte zuvor war es die Französin gewesen, die den *suntan* salonfähig gemacht hatte. Während die in Amerika ansässige Helena Rubinstein noch makellose Haut und hellen, porenlosen Teint versprach, hatte Coco Chanel in Paris bereits ihr eigenes Schönheitsideal zur Marke gemacht. Sie propagierte den gesunden Teint, der nahelegte, dass die moderne Frau sich gern draußen sportlich betätigte. Badeanzüge wurden knapper und ließen mehr Haut zum Bräunen frei, die Freikörperkultur machte fast schon einen Kult aus der Bewegung an der frischen Luft unter den bräunenden Sonnenstrahlen – und Coco Chanel ließ sich die

Gelegenheit nicht nehmen, den im Büro arbeitenden Frauen den Teint auch aus der Dose zu verkaufen: Sie brachte das erste Bronze-Puder und flüssiges Bräunungs-Make-up heraus.[51]

Und auch in der Parfümkunst schlug Chanel neue Wege ein. 1921 brachte sie eine Revolution auf den Markt, ein Parfüm, das anders sein sollte als jedes andere zuvor. Es kehrte explizit den schweren orientalischen Düften der 1910er-Jahre den Rücken. Modern sollte es sein und trotzdem auffallen.

Chanel hatte sich deshalb vom Parfümeur Ernest Beaux etwas völlig Neues gewünscht. Beaux hatte in Russland Parfüm für die Zarenfamilie entworfen. Als die Revolution kam, floh er nach Frankreich und ließ sich nahe der Parfümstadt Grasse im Süden des Landes nieder. Chanel traf ihn im Sommer 1920 während eines Trips an der Côte d'Azur. Sie soll sich von ihm ein Parfüm gewünscht haben, das die Trägerin wie eine Frau riechen lasse und nicht wie eine Rose.

Ob das duftige Endergebnis einem Unfall oder kühnem Willen zum Neuen entsprach, lässt sich heute nicht mehr nachvollziehen. Als Chanel vom Parfümmeister die Duftproben vorgelegt bekam, entschied sie sich für jene, die eine Überdosis Aldehyde enthielt – eine klare, strahlende, deutlich von Menschen gemachte Duftnote, die es zuvor so noch nicht gab, da ihre Entstehung erst mit der Industrialisierung und neuen chemischen Prozessen möglich war. Davon war Chanel begeistert, und die Probe Nummer 5 sollte auch als Name des goldfarbenen Parfüms dienen, das Chanel in schlichte moderne Glasflakons füllen ließ.

Einige Kundinnen waren ob dieser Neuheit so verunsichert, dass eine die Designerin beim Kauf des Fläschchens gefragt haben soll, wo man dieses Wasser denn um Himmels willen auftrage. Sie wollte nichts falsch machen. Und Coco gab mit der ihr eigenen Schlagfertigkeit zurück: »Überall dort, wo Sie geküsst werden wollen.«

Das mit dem Küssen wiederholte Sander nicht, doch das Revolutionäre reizte auch sie bei der Gestaltung ihres Duftes.

CHYPRE – WIE JIL SANDER DIE PARFÜMWELT REVOLUTIONIERTE

Nachdem wir nun wissen, wie er aussah und beworben wurde, bleibt die Frage: Wie roch Jil Sanders erstes Parfüm eigentlich?

Das Original Pure Woman ist heute im Handel nicht mehr erhältlich. Die neuen Versionen sind umgestaltet, betonen andere Duftnoten. Nur über Second-Hand-Plattformen und die Foren von Parfümliebhabern werden noch Originalfläschchen gehandelt, die, im Dunklen und Kühlen gelagert, ihre ursprünglichen Duftnoten preisgeben, wenn sie vorsichtig geöffnet werden. Nach einigem Recherchieren und ersten erfolglosen Geboten gelingt es mir, in einer Privatauktion ein Fläschchen mit Originalinhalt zu ersteigern. Die Verkäuferin hat es gut gelagert, der Duft entfaltet sich noch immer zu voller Schönheit, als ich den Deckel vom Glaskubus schraube.

Und wie riecht es dann, wenn dieses Original sich langsam der Flasche entwindet und auf die Haut trifft?

Die ersten Noten sind helle, flüchtige Aldehyde, wie sie auch Chanels N° 5 zum Strahlen bringen. Direkt darauf folgt, begleitet von leichten grünen Anflügen der Bergamotte, sofort das warmholzige Galbanharz. Kurze Zeit später setzen die Blumenakkorde ein: exotischer Ylang-Ylang, leichtfüßige Rosen, ein bisschen Jasmin, ein Hauch Tuberose. Alles hübsch weiß, wie jene Blüten, die Robert Lembke vor Sander in der Quizshow auftürmte, niemals aber wird der Duft überflügelnd, sondern so austariert, dass dieser Blumenstrauß dezent und elegant bleibt.

Begibt man sich damit dann auf die Straße oder ins Büro oder an einen anderen Ort, an dem moderne Frauen sich auch in den frühen Achtzigerjahren aufhielten, stellt man nach gut einer Stunde fest, dass die Blumen nun weiter in den Hintergrund rücken und die Farbe der Gerüche von weißen Impressionen zurück zu grünen Noten wechselt: Vetiver und Virginischer Wacholder treten hervor und liegen auf einem Bett aus Eichenmoos, eine in der Parfümindustrie sehr hochgeschätzte Flechtenart. Ein Pressetext aus den frühen Achtzigerjahren[52] hebt die Exklusivität der Zutaten hervor. So stamme das Moos aus Tibet, der Jasmin aus dem Nilgebiet und die Ylang-Ylang-Zutaten aus Bambao, damals ein Sultanat auf einer Insel der Komoren im Indischen Ozean.

Grüne Noten und Eichenmoos – was hier also aus dem Fläschchen steigt, gehört zur Gruppe der sogenannten Chypre-Düfte. Diese erhielten ihren französischen Namen in Anlehnung an die griechische Insel Zypern, zum einen weil dort die meisten der natürlichen Zutaten dieser Düfte herstammten (Bergamotte, Jasmin), zum anderen weil hier der Legende nach die griechische Liebesgöttin Aphrodite persönlich übernachtet haben soll und dabei ihr Haupt auf Eichenmoos bettete.[53] Wenn also solche grünen moosigen Noten sich mit leichten Blütenaromen kreuzen, gehören sie dieser Duftfamilie an. Diesen Fakt muss man deshalb hervorheben, weil auch Chypre-Düfte eigentlich in den späten Siebziger- und frühen Achtzigerjahren nicht mehr auf dem Markt waren. Die Konsumenten verlangten nach Opulenz, Yves Saint Laurent beherrschte den Markt mit seinem Parfüm Opium, dem orientalischen Duft der Dekadenz und dem Parfüm der Wahl der glitzernden Partys im Studio 54.

Zwar gab es zu Beginn der Siebzigerjahre Versuche mit grünen Düften, Chanel brachte das deutliche grüne N° 19 heraus und Estée Lauder 1973 die »Private Collection«. Allerdings hatten es die grünen Düfte schwer, sich gegen die opulente Konkurrenz in den Siebzigern durchzusetzen. Zwischen Ölkrise und sexueller Revolution suchte man nach Sicherheit und Sinnlichkeit, diesen Zeitgeist traf Yves Saint Laurent mit seinem orientalischen Opium am stärksten. Es war ein Verkaufsschlager.

»Man war damals noch der Meinung, Parfüm käme exklusiv aus Frankreich«, erinnert sich Sander[54]. Die Frage, was das bedeutete, will ich dem französischen Parfümexperten Frédéric Malle stellen. Malle führt seit mehr als zwanzig Jahren ein eigenes Unternehmen, das sich allein den Parfümeuren und deren kreativer Freiheit verschrieben hat. Wie ein unabhängiges Filmstudio den Regisseuren zusichern kann, ihre eigene Handschrift ohne Kompromisse in ihrer Kunst umzusetzen, so gibt »Frederic Malle« (der Markenname bekam für den internationalen Markt die französischen Betonungszeichen gestrichen) Parfümeuren die Freiheit, ohne Einschränkungen an Duftideen zu arbeiten.

Über einige der so entstandenen kleinen Kunstwerke habe ich im Lauf der Jahre immer wieder mit Malle gesprochen. Manchmal erwischte ich ihn per Zoom-Telefonat in einem Haus in den Hamptons, manchmal im Büro in Paris, aber immer kamen wir vom Gedankenaustausch über Parfüm schnell zu Kunst, Politik, Kultur. Malle hat die Parfümgeschichte des vergangenen Jahrhunderts wie kaum ein anderer im Kopf, zieht Querverbindungen zu kulturellen Phänomenen, zu geschichtlichen Entwicklungen. Welchen Duft Menschen tragen, sagt nicht nur viel über ihre Persönlichkeit aus, es erzählt auch viel über die Umstände ihrer Zeit.

Ich treffe Malle an einem Sommermorgen im Pariser Marais-Viertel. Aber ich bin spät dran, die U-Bahn streikt, die Schlange am Taxistand vor dem Gare du Nord ist lang, zu Fuß bräuchte ich vierzig Minuten, soll aber schon in fünfundzwanzig vor Ort sein. Ein Mann mit Helm in der Hand sieht meinen hektischen Blick: »Haben Sie es eilig?« Ich nicke, er stellt sich als Motorradtaxifahrer vor, hat gerade einen Gast am Bahnhof abgesetzt. Er fragt, wohin ich will. Ich nenne die Adresse im Marais. »Kostet pauschal fünfzig Euro«, sagt er und versichert mir, dass wir keine zwanzig Minuten brauchen werden. Er meint das ernst, denn kurz darauf sitze ich mit Leihhelm auf der BMW-Maschine, klammere mich an den Sitzgriffen fest und schnappe immer kurz nach Luft, wenn er sich zwischen Bussen und Autos durchschlängelt, plötzlich in Einbahnstraßen biegt, um Staustrecken abzukürzen, und ordentlich Gas gibt, um noch in der letzten Sekunde über eine orangefarbene Ampel zu fahren. Als wir am Treffpunkt ankommen, bin ich etwas außer Atem und wach, als hätte es zum Frühstück drei doppelte Espressi gegeben. Ich schaue auf die Uhr: Wir haben 15 Minuten gebraucht, ich bin überpünktlich.

Frédéric Malle braust kurz darauf auf einer blauen Vespa um die Ecke, sie leuchtet wie das Meer an einem sonnigen Tag an der Côte d'Azur. Auch sein Anzug ist kobaltblau, ergänzt den Farbton des Motorrollers. Ist das Absicht? Oder ist es jene Eleganz, die man den Franzosen gern nachsagt, die ihnen anscheinend so passiert, ohne darüber groß nachdenken zu müssen? Malle erinnert an Alain Delon in alten Melville-Filmen, nicht einmal der Helm hat die Wellen seiner silbergrauen Haare durcheinanderbringen können.

Wir betreten das schmale zweistöckige Gebäude, das extra für die Präsentation eines Dufts hergerichtet wurde. Am Abend soll zwischen Installationen mit Flakons, Geruchs- und Lichtspielereien auf den zwei Etagen die Party zum Produktlaunch stattfinden. Über eine Treppe gelangen wir ins Obergeschoss. »Drinnen oder draußen?«, fragt Malle und weist auf einen kleinen Balkon mit breiten, tiefen Sesseln, auf den die Morgensonne scheint. Wir entscheiden uns für draußen, bestellen kleine Kaffees, die von zuckrigen Macarons begleitet serviert werden. Im Laufe des Gesprächs wird sich ein Taubenpärchen auf der Dachrinne über Malle niederlassen, was uns beunruhigt, immerhin wollte er den Anzug bis zum Abend tragen. Doch die Tiere verschonen uns, und wir führen unser Gespräch erst über das neue Parfüm, dann über die Parfümgeschichte an sich.

Ich stelle ihm also die Frage, was es für den deutschen Markt bedeutete, dass man dachte, Parfüms kämen exklusiv aus Frankreich. »Der deutsche Markt wurde damals als nicht sehr groß angesehen, da arbeiteten also überhaupt nur sehr wenige Parfümeure«, sagt Malle. Dennoch erinnere er sich sehr gut an die Düfte der Marke Jil Sander, »sehr ordentlich ausbalanciert« seien sie gewesen. »Wahrscheinlich, weil sie Pierre Bourdon als Parfümeur gewinnen konnte«, sagt er mit Blick auf das sehr erfolgreiche Parfüm Jil Sander Sun, das 1989 lanciert wurde. »Für Bourdon war es eine Möglichkeit, sich zu profilieren. Sander war noch nicht so groß, dass man nicht experimentieren konnte«, vermutet Malle. Und sieht zudem den Vorteil, dass Bourdon hier mit Leuten habe arbeiten können, die ein echtes Interesse an der kreativen Arbeit hatten. »Jil Sander ist als Marke sehr spezifisch. Und immer, wenn man etwas sehr Bestimmtes illustrieren soll, macht es die Arbeit einfacher«, so der Parfümexperte. Außerdem zeigt auch er sich ganz angetan vom Design der Parfümprodukte: »Ich liebte diese Schrift auf der Jil-Sander-Sun-Flasche, diese orangefarbenen Buchstaben!«

Er war damit natürlich nicht der Einzige. Jil Sander Sun war ein Parfümbestseller. Noch heute steht es in den Regalen von Parfümerien, hat mehr als 30 Erweiterungen, Neuinterpretationen und Special-Editions erlebt. Und doch ist das Original noch immer zu haben. Ein Duftklassiker, der schon wegen seines Flakons mit der schnörkellosen Schrift, den Malle hier lobte, auch ein Designklassiker ist. Auch das Model Renata Zatsch schwärmt mir bei unserem Gespräch davon vor: »Neulich hatte ich eine Parfümflasche in der Hand, Jil Sander Sun war das, und ich dachte: Wow, die ist ja noch immer so was von modern. Irre, wie sie das gemacht hat.«

POWER SUIT – NEU GEDACHT

Neben den lukrativen Kosmetiklinien entwickelte Sander auch ihre Kleiderentwürfe weiter. Ein wichtiges Teil, das sie bereits in ihren ersten Kollektionen in den Siebzigerjahren vorgestellt hatte, war der Hosenanzug für Frauen. Besonders daran war, dass sie nicht versuchte, den Frauen eine männliche Silhouette aufzuzwingen. Hier ging es nicht um Androgynität, das Weibliche sollte nicht versteckt werden. Ziel war es vielmehr, Frauen Kleidung zu geben, in der sie so seriös auftreten konnten wie die Männer und obendrein die gleiche Bewegungsfreiheit genossen – wer daran zweifelt, versuche einmal in einem Meeting mit einem Rock oder Kleid lässig und entspannt zu sitzen, vielleicht sogar raumgreifend die Beine hängen zu lassen. Schnitt, Saumlänge und Passform zwingen die

Trägerin eines Rocks oder eines Kleides im Sitzen automatisch in eine angespannte Haltung, die darauf bedacht ist, keine Bewegung zuzulassen, die zu viel entblößen könnte. Der gut sitzende Hosenanzug hingegen gibt der Trägerin durch seinen Schnitt eine definierte Silhouette, die mit Schulterpartien und Kragen Stärke symbolisiert, ohne sie in der Bewegungsfreiheit einzuschränken, und verspricht ihr obendrein die Gewissheit, auch mit lässig hängenden Beinen noch apart auszusehen.

Um diesen Effekt zu erreichen, wandte Sander Kunstfertigkeiten des Schneiderhandwerks an, die zuvor der Herrenschneiderei vorbehalten waren. Dazu gehörten ein neuer Blick auf den Körper und andere Ideen, wie der Stoff sich zu diesem (Frauen-)Körper verhalten sollte. »Alle guten Schneider, vor allem die Herrenschneider, haben den Körper in dem Sinne idealisiert, dass nicht jede Unebenheit, jede Asymmetrie ausgestellt wurde. Mir ging es darum, dass die Kleidung nicht am Körper hängt«, erklärte Sander ihre Arbeitsweise 2017 im Gespräch mit Verena Lueken.[55] Diese Dreidimensionalität ist etwas, das sie immer wieder betont. Kleidung muss als etwas am Menschen gedacht werden, nicht auf dem Papier, nicht an der Puppe. Im Atelier ist sie dafür bekannt, ihre Entwürfe alle selbst überzuziehen, zu testen, ob sie so fallen, wie sie es sich wünscht.

Und da eine Jacke ein sehr komplexes Handwerkstück ist, suchte sie dafür Inspiration bei den Meistern der Anzugschneiderei, den Herrenausstattern auf der Savile Row, der berühmten Schneiderstraße im Londoner Stadtteil Mayfair. Hier pflegten Schneidermeister die Kunst der Maßanfertigung seit dem 17. Jahrhundert. Manche der dort noch immer ansässigen Geschäfte zählten bereits Napoleon III., den britischen Premierminister Winston Churchill oder den James-Bond-Erfinder Ian Fleming zu ihren Stammkunden. Wer seine Anzüge in der Savile Row schneidern ließ, sah immer klassisch und elegant aus, sie sitzen perfekt. Es ist also nicht verwunderlich, dass Sander bei der Arbeit an ihren Blazern und Hosenanzügen nach London blickte: »Ein Vorbild für mich waren englische Tweedjacken mit Savile Row Tailoring, die sich zunächst sehr hart anfühlten, nach einiger Zeit aber die Figur des Trägers nachzeichneten und cool aussahen. Ich habe diesen Effekt durch eine leichtere Schneiderarbeit und eine innovative dreidimensionale Schnittkonstruktion zu erreichen versucht«[56], sagt Sander.

Dieser Effekt bewirkt, dass Sanders Jacken nicht aussehen wie die in den Achtzigerjahren üblichen Hosenanzüge für Frauen. Der Look solcher Anzüge war damals gerade erst in der breiten Masse angekommen. Die Büros waren bevölkert von Frauen mit hartem Make-up und großen Schulterpolstern unter weiten Jacken. Im Film »Working Girl« (»Die Waffen der Frauen«) aus dem Jahr 1988 lässt sich das ganz hervorragend beobachten. Melanie Griffith spielt darin eine junge, aufstrebende New Yorkerin, die von ihrer Chefin hintergangen wird. Diese Chefin spielt Sigourney Weaver. Gleich zu Beginn sieht man sie in einem Eckbüro mit Blick über Manhattan telefonieren. Sie trägt die Uniform der Karrierefrau: Bluse, Blazer, Hose, Perlenkette, große Uhr. Doch schon wenn Griffith ihr die Post bringt und Weaver sich auf den Schreibtisch lehnt, sieht man, was diese eigentlich teuren Anzüge aus den hervorragenden Schultern von Sigourney Weaver machen: Da knickt der Stoff sofort unter dem Polster ein, die Silhouette enttarnt das Kleidungsstück als das, was es ist: eine Verkleidung. Eigentlich sogar als Mode-Verbrechen, wenn man sich die Schultern Sigourney Weavers einmal vor Augen führt.

Was der Hosenanzug mit den großen Polstern in den Achtzigerjahren verriet, war die fragile Position, in der Frauen sich noch immer befanden. Zwar hatten sie das Eckbüro, doch bis ganz in die Chefetagen kamen sie noch immer nicht. Und ebenso fertigten die meisten Modedesigner nur schlechte Kopien von Männerjacketts für ihre Kundinnen, ohne sich groß Gedanken darüber zu machen, wie sie an Frauen tatsächlich aussahen, und machten deren Berufsträume damit zur bloßen Mimikry.

Genau hier war Sander mit ihrer Philosophie die Ausnahme, die Entwürfe erst vom Stoff und dann vom Körper her zu denken.

Als der Power Suit in den frühen Neunzigerjahren ein kurzes Revival erlebte, schrieb die Modekritikerin der *New York Times*, Amy M. Spindler, einen feurigen Artikel gegen dieses Kleidungsstück: »Power suits didn't break the glass ceiling«, der Power Suit hat die gläserne Decke nicht zum Einstürzen gebracht. Sie prangert darin die schlecht sitzenden Anzüge für Frauen an und kommt schließlich zum Schluss, dass es hierbei nur eine Ausnahme gäbe: »Schauen Sie sich als Kontrast dazu Jil Sanders Arbeit in dieser Saison an: Die Jacke ist so leichthin auf den Körper zugeschnitten, dass sie keineswegs als ein Männerkleidungsstück missverstanden werden kann, in das man aus Versehen einen Frauenkörper gesteckt hat.«[57]

Sander geht bei ihren Entwürfen sogar so weit, die Jacken ohne Futter zu gestalten, also weder Seide noch andere Stoffe an der Innenseite des Kleidungsstücks zum Polstern und Stützen der Silhouette anzubringen. Ein revolutionärer Schritt, waren diese Stoffelemente doch bislang notwendig, um die Form zu gestalten, andere Fütterungen und Polsterungen zu verdecken. Ohne Futter müssen die Jacken so geschmeidig gefertigt werden, dass sie ihre perfekte Form am Körper entfalten. Und all das müssen allein die Schnittfertigkeit der Schneiderinnen und die Stoffbeschaffenheit des Blazermaterials leisten, keine Schulterpolster, kein Futter helfen hier, Sanders Vision umzusetzen – das ist hohe Schneiderkunst, den Meistern auf der Savile Row ebenbürtig.

Ein Kunstwerk, das Sander später in den letzten Kollektionen für die japanische Modekette Uniqlo ab 2012 noch einmal an Kaschmirmänteln umsetzen wird. Auch diese gestaltet sie ohne Futter, lässt den Stoff so dick und geschickt nähen, dass das geschmeidige Material in Form bleibt und die Trägerinnen wie eine weiche Hülle umgibt, die Schutz und Schmuck zugleich ist.

Bei der Umsetzung dieser Herausforderung in der Herstellung half Sander der Standort Italien. Als sie ganz zu Beginn ihrer Kollektionsfertigung, also bereits in den Siebzigerjahren, auf die Region um Mailand für die Produktion verfiel, hatte sie hier Zugriff auf italienische Handwerker erster Güte. Mailand hatte sich seit dem späten 19. Jahrhundert zum Zentrum der Textilindustrie in Italien entwickelt. Im frühen 20. Jahrhundert war es für seine Seidenstoffproduktion und Textilwebereien bekannt. In der Stadt arbeiteten Hunderte Schneiderinnen und Näherinnen für große Textilunternehmen. In der ältesten italienischen Shopping-Galerie, der Galleria Vittorio Emanuele II., siedelten sich neben dem Domplatz die großen italienischen Modehäuser an. Viele von ihnen, wie Prada, Armani, Trussardi oder Marni, wurden hier, in der Hauptstadt der Lombardei, gegründet. Wer in der Region um Mailand seine Kleider produzieren ließ, konnte auf höchste Qualität und das mehr als ein Jahrhundert umspannende Wissen der Handwerker setzen. Genau das hatte Sander gesucht, als sie ihre ersten Kollektionen fertigen ließ. »Sander wollte exquisit geschneiderte Kleider für Frauen herstellen, und sie sagt, dass die italienischen Fertigkeiten ihr dabei halfen, nicht nur mit Konstruktion und Schnitt experimentieren zu können, sondern auch mit den High-End-Textilfabriken für Herrenbekleidung zusammenzuarbeiten, um Anzugstoffe herzustellen, die leicht genug für Damenbekleidung sind«, so ein Porträt der *International Herald Tribune*.[58]

Frauen, denen es mittlerweile möglich war, eine Karriere in Banken, Kanzleien und Medienunternehmen einzuschlagen, war es ebenso möglich geworden, genauso großen Wert auf gutes Schneiderhandwerk bei ihrer Berufsbekleidung zu legen, wie das zuvor die Männer taten. Und Sander bediente diesen Wunsch mit exzellenten Schnitten und souveränen Hosenanzügen, die den Trägerinnen nicht nur Eleganz, sondern auch Stärke vermittelten. Wer ein Jackett von Sander trug, musste sich vor rutschenden Schulterpolstern, wie sie Sigourney Weaver zugemutet wurden, nicht mehr fürchten.

ERSTE SHOW IN MAILAND

1988 nimmt Jil Sander noch einmal den Moderummel der Fashion Weeks in Angriff. Sie geht nach Mailand und zeigt ihre Prêt-à-porter-Kollektion auf der Modewoche. Seit Paris sind fast zehn Jahre vergangen. Es sei zu früh gewesen, nach Paris zu gehen, wird sie später sagen.[59] »Noch nicht einmal die Japaner waren dort angekommen«, so Sander.[60] Sie hatte recht, denn erst 1981 erlebten die japanischen Avantgarde-Designer Rei Kawakubo mit ihrem Label Comme des Garçons und Yohji Yamamoto in der Modemetropole an der Seine unter großem Aufsehen ihr Debüt und zeigten Kleidung, die sich völlig vom Couture-Ideal der Franzosen absetzte.

»Alles war ja noch ganz auf die opulente Couture ausgerichtet, Rüschen und Schick. Und dann kam ich daher mit ein paar hübschen, cleanen Shows«, so Sander im Rückblick auf das Scheitern in Paris.[61] Selbst die deutschen Modemessen hatte sie danach gemieden. Als sich 1987 in München deutsche Designer präsentierten, darunter Wolfgang Joop und Uta Raasch, stellte die Presse fest, dass bei all dem doch eine Marke nicht anwesend war: »Die Primadonna fehlte: Jil Sander macht das Getümmel nicht mit. Sie ist den Kollegen mit einem breiten Sortiment und geldbringenden Kosmetika um ein paar Längen voraus. Sie hat es allein geschafft«, schreibt Maria Frisé 1987 im Essayteil der FAZ »Bilder und Zeiten«.[62]

Jil Sander nach einer Modenschau in Mailand, 1998.

Nachdem sie nun also fast zehn Jahre ausschließlich im Hamburger Showroom ihre Kollektionen vorgestellt hatte und Gäste nur mit persönlicher Einladung zur Präsentation erscheinen konnten, hat sie genug Kraft für Mailand gesammelt. Außerdem verspricht Mailand ein anderes Umfeld als Paris.

Seit Beppe Modenese hier 1978 eine Damenmodemesse ins Leben rief, entwickelte sich der Standort Mailand zu ernster Konkurrenz von Paris. Die italienischen Designer wie Gianfranco Ferré, Gianni Versace und Giorgio Armani konnten sich hier als Häuser von Weltrang präsentieren[63], Modejournalist Axel Botur fasste die Vorteile von Mailand gegenüber Paris so zusammen: »In Mailand jauchzen vor allem die Einkäufer, weil die Stadt viel Tragbarkeit und wenig Exzentrik liefert«[64]. Mailand war ein Stil-Gegenentwurf zu Paris: lässiger, tragbarer, aber von höchster Handwerkskunst geprägt.

Natürlich gehören Hektik und Stress dazu, natürlich versucht die Designerin selbst hier wie gewohnt alles im Blick zu behalten, Models, Stylisten, Licht und Musik bis ins letzte Detail zu überprüfen. Natürlich branden mitunter auch die Emotionen auf, wie es in äußerst stressigen Situationen unter Zeitdruck üblich ist. Doch Mailand nimmt Sander gut auf. Sie kommt wieder, macht die Stadt zu dem Ort, an dem sie zukünftig ihre Mode der Öffentlichkeit vorstellen wird. Innerhalb des nächsten Jahrzehntes etabliert sie sich für das internationale Schauenpublikum. Und sie wird hier die einzige Deutsche bleiben. Ihre Landsmänner Wolfgang Joop und Karl Lagerfeld verteilen sich auf die anderen Schaustätten.

Alfons Kaiser, Modekritiker der *Frankfurter Allgemeinen Zeitung*, stellt im Gespräch über Sander fest: »Irgendwann um das Jahr 2000 herum, hatten wir dann die Situation, dass Lagerfeld seine Mode in Paris zeigt, Jil Sander in Mailand und Wolfgang Joop in New York. Das heißt, die drei Firmen, die drei Designer, die alle aus der gleichen Stadt, aus Hamburg, kamen, haben sich irgendwie angezogen, aber eben auch abgestoßen. Wie so Magneten, die falsch gepolt sind.«[65]

JIL SANDER GEHT AN DIE BÖRSE

Im April des Wendejahres 1989 schlenderten reiche Paare über Düsseldorfs Luxuseinkaufsstraße Königsallee, besser bekannt als Kö. Ihre Porsches und BMWs hatten sie rechts und links direkt am Gehsteig geparkt; gegen das launische Frühlingswetter in Nerz und weiche Ledermäntel gewandet, suchten sie nach dem besten Geschäft, um ihre überschüssigen D-Mark anzulegen. Was die Wirtschaftswundergeneration seit den Fünfzigerjahren an Reichtümern angehäuft hatte, wurde gerade an die nächste Generation vererbt. Die leistete sich nun Luxussafaris in Südafrika, Rolex-Uhren als Statussymbol und die entsprechende Designerkleidung. »Die Deutschen sind reich und lernen gerade, es zu genießen«, schrieb ein *New-York-Times*-Reporter über seinen Besuch in Düsseldorf und zeigte sich besonders angetan von den »funkelnden Boutiquen von Cartier über Gucci bis hin zu den Westdeutschen Uta Raasch und Jil Sander«.[66]

Diese Erwähnung zeigt gleich zweierlei: Jil Sander galt 1989 selbstverständlich als das Modelabel, das gutbetuchte Deutsche, die ihre finanzielle Stellung durch Mode unterstreichen wollen, frequentieren. Sanders klare Understatement-Entwürfe zu tragen, war ein Statussymbol wie die Rolex-Uhr oder Cartier-Schmuck. Zum anderen zeigt diese Erwähnung zumal in der größten amerikanischen Tageszeitung, dass der Name Jil Sander mittlerweile international etabliert war.

In der Firmenzentrale in Hamburg bereitete die mittlerweile fünfundvierzig Jahre alte Designerin den nächsten großen Schritt für ihr Unternehmen vor: Sie will es zur Aktiengesellschaft umwandeln und an die Börse gehen. »Ich kam mir vor, als säße ich in einem Ferrari, den ich ständig bremsen musste«, zitierte der Wirtschaftsteil der *Frankfurter Allgemeinen Zeitung* Sander am 7. Juni 1989 in einem Bericht über den geplanten Börsengang.

Die Umwandlung in eine Aktiengesellschaft solle auch die unübersichtliche Aufgabenverteilung zwischen den mittlerweile drei Teilen »Jil Sander Moden (Inhaberin aller Markenrechte sowie Partner aller Lizenzverträge), der Jil Sander GmbH (Herstellung und Vertrieb) und der Jil Sander Women's Wear GmbH (Boutique in Düsseldorf)«[67] entflechten.

Zudem legte die Unternehmerin nun erstmals Zahlen vor: 1988 war der Umsatz auf 80,3 Millionen D-Mark gestiegen, »davon sind 95 Prozent auf den Verkauf an den Einzelhandel und 5 Prozent auf den Direktverkauf entfallen«.[68] Die Personalkosten seien mit 8,3 Millionen D-Mark hoch, so die *Frankfurter Allgemeine Zeitung*, doch der konsolidierte Ertrag vor Steuern betrage immerhin 23 Millionen D-Mark; der Jahresüberschuss gar 8 Millionen D-Mark und die Nettorendite 10 Prozent, »was Jil Sander als durchaus branchenunüblich bezeichnet«.[69] Besonders ihre Lizenzen brachten guten Umsatz, so hatte sie mit Kosmetik, Brillen und Lederwarenlizenzen mehr als 160 Millionen D-Mark umgesetzt und gab als künftiges Ziel 200 Millionen D-Mark an. Die Prognose ist nicht zu optimistisch angelegt, denn der Blick auf die Umsatzentwicklung weist jährliche Steigerungsraten von 16 Prozent auf.[70]

Und auch den Kauf des in Konkurs gegangenen Textilunternehmens Artur A. Erlhoff in Ellerau, nördlich von Hamburg, verkündete Jil Sander stolz. Denn damit war der Grundstein für eine eigene Produktion in Deutschland, in direkter Nähe zum Hamburger Firmensitz, gewährleistet. Zudem sollte in

Ellerau das zentrale Stofflager entstehen. Zwölf Millionen D-Mark gab Sander als Investitionsplan für die Renovierung der Gebäude und die Modernisierung der Maschinen aus.[71]

Am 25. November 1989 ist es dann so weit. Die Aktien wurden platziert. Zunächst liegen insgesamt 80.000 stimmrechtslose Vorzugsaktien »bei Angestellten des Unternehmens und den Privatkunden der Konsortialbanken unter der Führung der Deutschen Bank«, wie die FAZ berichtete.[72] Ab 1. Dezember 1989 wurden die Aktien zu einem Emissionspreis von 1150 D-Mark an den Wertpapierbörsen in Hamburg und Frankfurt gehandelt, ein Preis, den Aktien-Analytiker in den Börsenstädten als »fundamental hoch« einstuften.

»Vom Aktienkapital der Jil Sander AG von 12,5 Millionen DM werden nominal 4 Millionen DM stimmrechtslose Vorzugsaktien an die Börse gebracht; die restlichen 2 Millionen Verzüge und die 6,5 Millionen DM Stammaktien werden weiter von der Gründerin des Unternehmens, Heidemarie (Jil) Sander, gehalten«, schrieb die FAZ.[73] Und legte in ihrer Kommentierung den Fokus auf den hohen Emissionspreis: »Der Gang an die Börse ist immer auch ein Akt der Imagepflege. Wer seine Mode einem kleinen Kundenkreis zu hohen Preisen überlässt, der kann beim Verkauf der Aktie wohl nicht anders verfahren.«[74]

Jil Sander ist mit diesem Schritt nun in Deutschland die einzige Frau an der Spitze eines börsennotierten Unternehmens.[75] Wie revolutionär der Schritt damals war, zeigt vielleicht am besten ein Artikel der *New York Times* aus dem Jahr 1993, der ein immer noch dramatisches Bild der verkrusteten Führungsstrukturen im wiedervereinigten Deutschland beschreibt: »In Germany, the Ceiling's not Glass, It's Concrete.« Schon der

Titel fasst prägnant zusammen, dass die »gläserne Decke«, an die die aufstrebenden Frauen in Deutschland stoßen, eben nicht aus Glas, sondern vielmehr aus Beton sei.

Obwohl gerade die Wiedervereinigung einen Impuls in der Gleichberechtigung hätte geben können: »Frauen im Osten waren es gewohnt zu arbeiten und wollten das auch fortsetzen, stattdessen sind sie nach der Wiedervereinigung zumeist die Ersten, die entlassen werden, wenn es in den Betrieben zu Restrukturierungen kommt.«[76] In jenem Jahr hatten die 626 größten deutschen Unternehmen 2286 Männer in ihren Führungsetagen und nur zwölf Frauen. »Und selbst das repräsentiert bereits einen steilen Anstieg im Vergleich zum Stand vor elf Jahren, als es gerade einmal zwei Frauen in Führungsetagen gab.«[77]

Natürlich interviewt der Reporter auch die damals neunundvierzigjährige Jil Sander, ist sie doch nun die Vorzeigefrau, die es geschafft hat, auch wenn sie dafür erst einmal ein eigenes Unternehmen gründen und es an die Börse bringen musste. »Die Situation hat sich schon fundamental gebessert«, sagte Sander. »Doch der Anteil von Frauen in Führungspositionen ist noch immer beschämend klein.«

Eine Frau müsse in einer Managementposition noch immer mehr leisten als ein Mann auf ähnlichem Posten, konstatiert der Artikel. »Die Ablehnung von weiblichen Vorgesetzten durch Männer, aber auch durch Frauen, ist noch immer tief verwurzelt«, so Sander gegenüber dem Reporter.[78] Und natürlich, so stellt der Bericht für die *New York Times* fest, laufe eine Frau noch immer Gefahr, ihren Beruf nicht mit ihrem Privatleben verbinden zu können – ein Problem, das sich 1993 genauso stellte, wie es das dreißig Jahre später noch immer tut.

»WIR HABEN UNS DORT AUSGEBREITET, UM DIE WELT ZU EROBERN.«
– DIE NEUNZIGER

DIE IDEE DES KURATIERTEN LUXUSSTORES

Im Januar 1993 nennt die *New York Times* in einer Mode-Prognose den Namen Jil Sander als das Label des Jahres. Gerade ist ihr Parfüm Jil Sander Sun in Amerika gelauncht worden und »amerikanische Frauen werden immer mehr auf den Namen aufmerksam«.[1] Vorgestellt wird sie mit höchstem Lob: Sander sei »ein Mega-Star in Europa, berühmt für ihr Design, das raffinierte Leichtigkeit mit Schnittkenntnis und einem Hauch avantgardistischen Gespürs vereint«.[2] Sie sei zudem eine kluge Geschäftsfrau, die ein 100-Millionen-Dollar-Unternehmen führe. Dass ihre Preise zu den höchsten auf dem Modemarkt gehörten, muss man ebenso anmerken, schiebt jedoch gleich deren Verteidigung nach: »Bis zu 1000 Dollar, doch das ist eine angemessene Größe, bedenkt man die Verarbeitung und Zeitlosigkeit des Designs.« Und wenn die amerikanische Businessfrau noch immer zögern sollte, ob sie in einer Jil-Sander-Boutique vorbeischauen sollte, setzt die *New York Times* noch hinzu, mit diesen »dezent gewagten und subtil sportlichen«

Entwürfen sei Sanders Kleidung wie gemacht für das Leben der Amerikaner in diesem Moment.[3]

Wer also waren die Amerikanerinnen, die sich Sanders Kleider tatsächlich kauften, mit Preisen von bis zu 1000 Dollar? Die Reporterin Elizabeth Hayt begab sich an einem sonnigen Sommersamstag im Jahr 1998 in eine Luxusboutique in Atlanta, um Antworten zu finden. Die Frauen drängten sich zwischen den Auslagen. Selbst im Managerbüro hatte man kurzfristig Platz fürs Umkleiden der Kundinnen gemacht. Manolo-Blahnik-Stilettos lagen auf dem Boden verteilt, Kaschmirshirts stapelten sich auf dem Ladentisch. »Es fühlte sich eher an, als sei man backstage bei einer Modenschau, wo Frauen hektisch versuchen, Outfits von den Bügeln zu reißen und sich überzuziehen«, so Hayt.[4] Was wie eine Szene aus einer Episode der Fernsehserie »Sex and the City« klingt, war Alltag im Leben Jeffrey Kalinskys. Der ehemalige Schuheinkäufer bei Barneys New York hatte sich 1990 in Atlanta mit einer exklusiven Luxusboutique selbstständig gemacht und flog seitdem regelmäßig nach Europa, um neue Designer in seine Auswahl aufzunehmen. Und da er schnell merkte, wie groß die Nachfrage seiner amerikanischen Kundinnen nach Jil Sander war, hatte er 1998 eine eigene Sander-Boutique in Atlanta eröffnet. »Sie wären schockiert, woher meine Kundinnen so kommen – aus Dothan in Alabama und Rome im Bundesstaat Georgia«, erzählt der damals fünfunddreißig Jahre alte Kalinsky. »Sogar eine gut betuchte Frau aus Mobile in Alabama kauft bei mir ein. Sie geht zu Barneys in New York, sie ruft bei Jil Sander in San Francisco an, und dann kommt sie letzten Endes zu mir, weil sie hier alles findet«, so Kalinsky.[5] Diese wohlhabende Kundin, die Kalinsky hier erwähnt, steht Pars pro Toto für die Kundschaft des Ladens: Frauen mit Interesse an der neuesten

Mode gab es eben nicht nur in den Metropolen entlang der amerikanischen Ost- und Westküste, selbst in der Südstaaten-Großstadt Mobile mit ihren damals rund 200.000 Einwohnern hatte man Ende der Neunzigerjahre bereits von Jil Sander gehört und war bereit, einen weiten Weg auf sich zu nehmen, um an ihre Entwürfe zu kommen. Wenn der Weg aber eben nicht bis nach New York oder San Francisco, sondern »nur« in das rund fünfhundert Kilometer entfernte Atlanta führen muss, weil man dort konzentriert alle Mode-Neuigkeiten in einem Geschäft findet, umso besser.

Kalinskys Luxusboutique war eine Weiterentwicklung des Boutique-Konzepts, mit dem sich Sander selbst einst selbstständig gemacht hatte. Das kuratierte Einkaufserlebnis setzt in Deutschland seit 2003 Andreas Murkudis in Berlin um, wo er zunächst in einem Hinterhof in Mitte, ab 2011 in der Potsdamer Straße auf rund 1000 Quadratmetern die von ihm selbst ausgewählten Luxusgegenstände anbot. Nach dem Motto: Ich verkaufe nur schöne Dinge, die mir selbst gefallen. Dazu gehörten die exklusiven und eigenwilligen Parfüms von Comme des Garçons und eben Mode von Jil Sander. Heute nennt man das einen Concept Store; viele haben versucht, die Idee zu kopieren, doch wenige haben den Geschmack und die Stilsicherheit von Murkudis oder Kalinsky bewiesen.

Kalinsky verriet der *Vogue* 2022 im Interview, der Trick zum Erfolg liege darin, Leuten nicht das zu verkaufen, von dem man denke, dass sie es wollen, sondern ihnen das anzubieten, von dem man will, dass sie es haben.[6] Der Amerikaner eröffnete im Übrigen noch zwei weitere kuratierte Läden, einen im schicken New Yorker Meatpacking District sowie einen weiteren 2018 im Silicon Valley. Da hatte er seine Marke allerdings bereits an die amerikanische Luxus-Department-Store-Kette

Nordstrom verkauft. Die behielt Kalinsky zwar nach der Übernahme 2005 noch als Vizepräsident an Bord, als aber die Coronapandemie ausbrach, fielen dann alle drei Läden Umstrukturierungsmaßnahmen bei Nordstrom zum Opfer und wurden geschlossen.

Bevor Luxusshopping auch online in kuratierten Shops wie Mytheresa oder Net-a-porter möglich war, gaben Läden wie Kalinskys »Jeffrey«-Boutique den Ton an. Sie prägten den Geschmack und Stil ihrer Kundinnen, wie das heute Modeinfluencer auf Instagram oder TikTok versuchen. Wer hier bei Kalinsky einkaufte, hatte das Geld nicht etwa vom reichen Ehemann bekommen, sondern gehörte zumeist zur Gruppe der arbeitenden Frauen mit eigenem Einkommen. PR-Beraterinnen, Brokerinnen, Anwältinnen, Galeristinnen, Frauen, für die ein Shoppingtrip nach Atlanta keinen großen Umweg bedeutete, um sich mit exklusiven Teilen von Jil Sander, Dries Van Noten und Comme des Garçons einzudecken. Ein solcher Ausflug konnte locker mehrere Tausend Dollar verschlingen, allein für die erworbene Designerkleidung, die Flüge nach Atlanta nicht mitgerechnet. Für solche Frauen, die ihr eigenes Unternehmen leiteten oder in gut bezahlte Positionen aufgestiegen waren, war es in den Neunzigern kein Problem, Sanders Preise zu bezahlen. Ihre Mode hatte ein Versprechen gegeben, das die Frauen sich mit fortschreitender Emanzipation selbst erfüllten. Sander hatte Ende der Sechzigerjahre angefangen, Kleidung für moderne, selbstständige Frauen zu kreieren, die einem Job nachgingen und über ihr eigenes Leben bestimmten. Mit den Jahren gab es immer mehr Frauen, die diesem Bild, dieser Vision entsprachen.

In den Neunzigerjahren mussten sich andere Designer fragen, wie sie genau diese Zielgruppe erreichen könnten. »Wie designt man für eine Frau, die einen sicheren Job in einer

Nicht-mehr-nur-für-Männer-Arbeitswelt hat, die am Abend umwerfend aussehen und dafür nicht mehr nach Hause gehen will, die selbstständig ist und ihre eigenen Rechnungen bezahlt, die shoppt, als wäre es eine Olympische Disziplin, und die es genauso ernst nimmt mit dem Sexy-Aussehen, wie sie ihre Kredite bezahlt?«[7], fragte Modekritiker Hal Rubenstein 1993 bei seinem Bericht von der Mailänder Modewoche. Die Antwort auf diese von der Ära gestellte Frage lautete: Jil Sander.

Anhängerinnen der Sander-Mode bestimmten in Manhattan Anfang der Neunzigerjahre das Stadtbild.

Im September 1995 fragte die *New York Times*: »Who Died?« – wer ist gestorben? Denn in jenen Wochen schien die gesamte Stadt Schwarz zu tragen. »Für einige bedeutet es das Ende der Eye-Catcher in der Mode; sie wurden durch strenge Einfachheit ersetzt, die sich auf weniger übertriebene feminine Schnitte beschränkt.«[8] Enge schwarze Hosen und fast schon asketische knielange Röcke prägten das Stadtbild und »reflektierten den einfachen Stil einer neuen Generation von Frauen, die sich weigerten, ihr Leben von einer Mode bestimmen zu lassen, die ungewollte Aufmerksamkeit erregt.«[9] Schwarz, das wusste schon Coco Chanel, als sie ihr einfarbiges Cocktailkleid »das kleine Schwarze« erfand, ist vielseitig einsetzbar. Es wirkt formell, streng, schön. Und vermittelt in seiner Schlichtheit Eleganz. Die schwarze Kleidung der New Yorkerinnen erlaubte ihnen, vom Businessmeeting zum Dinner Date und danach zum Clubabend zu gehen, ohne sich umziehen zu müssen. Drei Designerhäuser machten die Modekritiker ausfindig, die für dieses neue Bild der modernen Weiblichkeit verantwortlich waren: »Jil Sander, Prada und Calvin Klein.«[10]

VOIR GRAND – ERÖFFNUNG DES PARISER FLAGSHIPSTORES AUF 1000m² Fläche

Der Juni in Paris lässt erahnen, wohin sich der Sommer ent-wickeln wird. Die Sonne hängt über den bleigrauen Dächern im Marais-Viertel und heizt die Straßenschluchten auf. Von der Seine weht ab und an Wind durch die breiten Boulevards, rüttelt sanft an den hellen Blättern der Kastanienbäume auf der Avenue Montaigne, wo seit mehr als einem Jahrhundert die größten französischen Designhäuser ihre Geschäfte haben, deren Ausstellungsflächen ganze Straßenzüge umfassen kön-nen. Ich bin auf dem Weg zur Nummer 50, dem Standort des legendären Flagshipstores von Jil Sander.

Von vielen Journalisten, PR-Beratern und ehemaligen Mit-arbeitern der Designerin habe ich Hymnen auf diesen Palast gehört. Natürlich immer abgeschlossen mit der Bemerkung, dass das Geschäft heute, unter der neuen Führung der Marke, längst überarbeitet wurde und nicht mehr dasselbe sei.

Gemeinsam mit dem amerikanischen Architekten Michael Gabellini ließ Sander das gesamte Gebäude damals umgestal-ten. »Wir haben sehr viel für die Entwicklung einer flexiblen Ladenarchitektur getan«, erinnert sich Sander.[11] »Es war ein 1000 Quadratmeter großer Laden, wir fingen 1990 mit dem Bau an. Wir haben das ganze Gebäude architektonisch neu gestaltet.«[12] Und dafür gab es ein klares Konzept: Sie wollten die Fassade restaurieren und erhöhen. Als die Arbeiten began-nen, stellte man fest, dass das Gebäude eigenwilliger war als gedacht. »Dann waren die ganzen Betonböden im Fenster«, sagt Sander[13], die bei der Erinnerung an diese Arbeiten wäh-rend eines TV-Interviews 2017 ganz lebhaft wird. Ihre Hände ziehen Linien, um zu verdeutlichen, wie die freigelegten Böden nun den Blick aus den Fenstern versperrten. »Wir mussten die Böden alle rausnehmen«, sagt sie, »damit hatten wir die Möglichkeit, sehr innovativ und flexibel zu gestalten und dem Raum die gleiche Dreidimensionalität zu geben, wie ich sie auch in der Mode verfolge; eine Dreidimensionalität, die eben auch die Erneuerung und Modernität darstellt.«[14]

5,6 Millionen Dollar kosteten die Arbeiten, um Madeleine Vionnets ehemaliges Atelier in das moderne Aushängeschild der Marke Jil Sander umzuwandeln. Als Materialien für die Inneneinrichtung nutzte Gabellini Kalkstein, Granit, Neusilber, große Glaselemente und seltene afrikanische Hölzer.[15] Drinnen zog man freischwebende, flexible Wände ein und ließ durch Oberlichter und große Fenster in der Fassade mehr Licht hinein. Besonders diese Nutzung von Tageslicht und Beleuchtung sollte im Spiel mit der Architektur eine neue Ästhetik für die präsentierte Kleidung schaffen.

Die Innenausstattung war wegweisend für den Einrichtungsstil von Modehäusern. Nicht nur Sander sollte das Konzept später für all ihre Boutiquen weltweit übernehmen. Auch die Konkurrenz zeigte sich so angetan, dass sie fleißig kopierte. Selbst Billigketten wie Zara adaptierten in den Zweitausenderjahren in den großen Geschäften den Look, versuchten also, ihre günstigen Kleider durch die Verkaufsatmosphäre mit Luxus zu umgeben.

Betrachtet man die Bilder aus den damaligen Verkaufsräumen in Sanders Pariser Flagshipstore, so findet man sämtliche Elemente, die noch heute, dreißig Jahre später, als Nonplusultra einer modernen Inneneinrichtung in Möbelgeschäften angeboten werden: elegante Messingregale, die wie Leitern gegen freischwebende weiße Wände gestellt sind, Garderobenständer, die nur aus einem einzigen viereckigen Rohr gebogen

scheinen und damit in ihrer Konstruktion so unscheinbar zu-
rückgenommen sind, dass das Auge der Kunden automatisch
an den Blazern und Mänteln hängen bleibt, die da baumeln.
Und von der Decke mit ihren runden Oberlichtern hängen an
ähnlichen Rohren, die viel zu dünn scheinen, um die Last zu
tragen, zarte Regale, auf deren schmalen Brettern mal ein Paar
Sandalen, mal ein weißes T-Shirt liegt. Von oben fällt diffuses
Licht auf die edlen Gewebe. Nichts ist vollgestopft, überall at-
met der Raum. Die präsentierte Mode mutet so fast als künstlerische Installation an. So zeigte man bisher besondere Expo-
nate in Museen oder Galerien.

Sander hatte auch hier genaue Vorstellungen, wie alles aussehen sollte. Um festzuhalten, welches Stück wo liegen sollte
und in Kombination mit welchem anderen Teil es gezeigt werden konnte, nutzte man Farb- und Musterkarten, die genau-
estens Auskunft gaben, welche Zusammenstellung von der
Designerin gewünscht war. Für Zufälle war kein Platz.

Heute sind die Ladenflächen stark reduziert. Nahm Jil Sander
einmal die gesamte Nummer 50 ein, so ist das Geschäft nun
ein Stück weiter die Avenue Montaigne hinunter, in Nummer 56 verlegt und dabei verkleinert worden. Die ehemalige
Ausstellungsfläche des Flagshipstores teilen sich drei neue
Geschäfte: Die französischen Marken Chloé und Barbara Bui
sowie das amerikanische Designhaus Ralph Lauren haben
hier ihre Läden.

An Chloé schließt die imposante Barockfassade eines Dolce-
&-Gabbana-Geschäfts an. Erst dann stehe ich vor Nummer 56,
die im Kontrast zu den benachbarten Italienern fast schon
frugal wirkt. Das gesamte Geschäft scheint die Größe zu haben, die nebenan allein die Eingangstür von Dolce & Gabbana
einnimmt.

Ein dezenter Sicherheitsmann im schwarzen Anzug mit Kommunikationsknöpfchen im Ohr öffnet die Glastür. Drinnen führt eine helle Holztreppe ins erste Geschoss, wo die Kleidung präsentiert wird. Auf viereckigen Kuben aus rötlichem Holz, das in seltsamem Kontrast zur hellen Bodenmaserung steht, liegen Taschen und Schuhe und Portemonnaies in Beigetönen ausgebreitet. T-Shirts, Mäntel und Pullover hängen wieder auf minimalistischen Kleiderständern, die aus einem gebogenen Rohr geformt sind, nur ist das diesmal nicht aus poliertem Messing gefertigt, sondern aus einfachem, silberfarbenem Stahl. Und auch die Kleidungsstücke hängen viel enger zusammen, sodass man sie auseinanderschieben muss, um einen Blick auf einzelne Teile, ihren Schnitt, ihre Fertigung zu erhalten.

Es läuft leise Jazzmusik. Von den Umkleideräumen blickt man auf den Innenhof und die weißen Steinfassaden der umstehenden Gebäude. Eine Italienerin telefoniert sehr laut, um Größen zu erfragen und eine Angestellte mit diesen neuen Informationen ins Lager zu schicken. Eine Spanierin in Jeans, mit Hermès-Täschchen unter dem Arm, scheucht einen Angestellten im schwarzen Anzug herum.

Eine Angestellte in schwarzen Hosen und lockerer schwarzer Jacke blickt streng in meine Richtung, als ich die Nähte eines Mantels in Tigermuster betrachte und versonnen über die großen schwarzen Troddeln streiche, die hier an der Brust baumeln. Ob Jil Sander diese Entwürfe des neuen Designteams Meyer und Meyer gutheißen würde?

Draußen vor der Tür brät die Mittagssonne mittlerweile auf die Eingangstüren von Balenciaga und Marni gegenüber. Rechterhand blickt der Palast des Luxushauses Gucci auf die am nächsten Kreisverkehr kreuzende Avenue des Champs-

Élysées. Vor Gucci stehen asiatische Touristen und amerikanische Jugendliche Schlange und warten auf Einlass, wie vor jedem Gucci-Geschäft der Welt.

Solch einen Auflauf, ja gewiss einen noch viel größeren, hatte die Avenue Montaigne 1993 auch gesehen, als Jil Sander hier nach zweieinhalb Jahren Umbau ihren Flagshipstore eröffnete. Das ehemalige Topmodel Renata Zatsch erinnert sich noch heute an die Eröffnung, die – seit ihrem Wechsel vom Laufsteg hinter die Kulissen des Modegeschäfts – für sie einen Höhepunkt markierte. Sie arbeitete damals für die renommierte PR-Agentur Karla Otto, die die Eröffnung des Megastores betreute: »Die Jil-Sander-Boutique auf der Avenue Montaigne war ja das Tollste, was Paris jemals gesehen hat, da sind selbst die Franzosen vor Staunen umgefallen.«

Die Gästeliste war exklusiv und ging weit über das Modegeschäft hinaus. »Es kamen die beiden Politikergattinnen Claude Pompidou und Bernadette Chirac und standen sprachlos in dem Laden, die waren ja nur das alte Design bei Dior gewohnt, und auch Chanel war noch nicht dieser moderne Laden, der da heute ist«, sagt Zatsch. Die Reaktion der beiden Damen ist ihr gut in Erinnerung geblieben: »Wir führten sie also herum und durch die Stockwerke, und sie hauchten immer nur: ›Ah, c'est beau! Ah, c'est beau!‹ Das werde ich niemals vergessen.« Zatsch entschlüpft noch heute ein begeistertes Lachen, wenn sie daran denkt: »Das hat sie umgehauen, dass einer deutschen Designerin so etwas gelingt.«

Die beiden Grandes Dames waren natürlich nicht die einzigen Prominenten, die zur Eröffnung kamen. Modejournalistin Stefanie Schütte schrieb: »Als sie ihren repräsentativen Flagshipstore an der Avenue Montaigne eröffnete, schien die gesamte modisch interessierte Hautevolee der französischen Hauptstadt herbeizueilen, um sie zu ehren.«[16] Socialite und Bankerbin Marie-Hélène de Rothschild traf extra früh ein, um das Getümmel zu meiden. Die Schauspielerinnen Catherine Deneuve, Jeanne Moreau, Fanny Ardant und Charlotte Rampling kamen in großer Robe. Die französische Künstlerin Niki de Saint Phalle erschien ebenso wie die Agnellis, italienische Unternehmer und Erben des Fiat-Gründers.[17] Aus der Designerriege schaute sich die japanische Avantgardistin Rei Kawakubo das Spektakel an, ebenso wie Emanuel Ungaro, Jacqueline de Ribes und Martine Sitbon.[18]

Und dann zeigte sich der Pate der Pariser Haute-Couture: Hubert de Givenchy. Ein Name, den auch Zatsch noch einmal hervorhebt, denn dass sich Givenchy zur Eröffnung begab, kam einer Erhebung Sanders in den Adelsstand der französischen Modehauptstadt, ja der ganzen französischen Modebranche gleich.

Nur einer hielt sich fern: Sanders Landsmann, der gebürtige Hamburger Karl Lagerfeld, der bereits als Student in Paris Fuß gefasst hatte und mittlerweile für Chanel und Chloé designte. »Er schrieb mir einen Brief«, erinnerte sich Sander später gegenüber *Vanity-Fair*-Journalist Colacello: »Darin stand: Den Ort haben sie mir auch angeboten, aber ich habe ja schon mit Coco Chanel alle Hände voll zu tun. Ich konnte es nicht ertragen, auch noch Madeleine Vionnet zurück auf die Welt zu bringen.«[19]

Sanders Eröffnung findet parallel zur Modewoche statt und überschattet fast die Schauen. Den Bericht über die Modewoche, den die *New York Times* in ihrer Sonntagsausgabe vom 14. März 1993 brachte, zierte zwar ein großes Foto Lagerfelds im Kreise von Chloé-Designern, Models und dem damaligen Chanel-Manager Gilles Dufour. Doch obwohl Lagerfeld den Artikel beherrschte, machte Jil Sander ihm ernst zu nehmende Konkurrenz, im Text hieß es: »Die andere Boutique, die gerade jeder hier auschecken will, ist die elegante, sybaritische Villa auf der Avenue Montaigne, die der amerikanische Architekt Michael Gabellini für die deutsche Designerin Jil Sander entworfen hat. Sie befindet sich in jenem Haus, das einst die Modeschöpferin Madeleine Vionnet innehatte.«[20]

Dass Madeleine Vionnet (1876–1975) in all diesen Berichten immer wieder prominent erwähnt wird, liegt an der herausragenden Stellung dieser Modemacherin, nicht nur in Paris. Den Ort umwehte das Erbe der großen Ästhetin der Drappierung und weiblichen Entwürfe. In diesem Gebäude in der Avenue Montaigne hatte Vionnet ihr Geschäft, in den oberen Etagen des Hauses war ihre Schneiderei untergebracht.

Hier entwarf sie den Bias-Cut[21], eine Schnitttechnik, die es erlaubte, im Schrägschnitt entgegen der Webrichtung des Stoffes zu arbeiten. So entstanden Kleider, die sich natürlich an den Körper anschmiegten und der Silhouette schmeichelten, ohne Ober- oder Unterkörper in der Bewegung einzuengen.

Wie Coco Chanel arbeitete Madeleine Vionnet an Kleidern, die Frauen ohne Korsett tragen konnten. Im Gegensatz zu Chanel jedoch waren es keine Kleider, die sich die moderne Frau innerhalb weniger Minuten über den Kopf ziehen konnte, um zu ihren Terminen und Abenteuern loszustürmen. Wer Vionnet trug, brauchte zumeist eine geschickte Ankleiderin, die sich die Drappierungsrichtung für die Stoffbahnen merkte und diese am Körper der Trägerin wiederholen konnte. Modejournalistin Schütte erzählt die Anekdote, wie der Designer

Azzedine Alaïa rund vier Stunden benötigte, um die Stoffbahnen eines Vionnet-Kleids, das ohne Drappierungsanleitung Ausstellungskuratoren in einem Museum Rätsel aufgegeben hatte, wieder in die ursprünglich vorgesehenen Richtungen zu lenken.[22] Handgriffe, die nicht jede Trägerin sofort beherrschte, geschweige denn in kurzer Zeit selbst vollführen konnte.

Was Vionnet erdachte, sah nach eleganten, simplen Schnitten aus, war jedoch höchste Schneiderkunst. »Ich habe mich niemals nach der Mode gerichtet, sondern immer alles aus meinen Gedanken entspringen lassen«, sagte Vionnet. »Mein persönliches Motto ist, dass ein Kleid schön ist, weil es gut geschnitten ist.«[23] 1925 pries die britische *Vogue* sie als »vielleicht größten Geometer der französischen Couturiers«[24], also als größte Kennerin der Geometrie, und Vionnet wusste, wie man diese mathematische Disziplin auf die Schneiderkunst anwendete.

All dies geschah in der Avenue Montaigne Nummer 50, denn das Haus war so groß, dass es Madeleine Vionnets Werkstatt mit 1200 Näherinnen beherbergen konnte – die Vionnet im Übrigen als eine der ersten Designerinnen wie Menschen behandelte: Sie entfernte die Schemel, auf denen sie sonst saßen, und ersetzte sie durch Stühle, gab ihnen bezahlten Urlaub und Mutterschutz, hatte sogar einen Arzt und einen Zahnarzt für ihre Angestellten.[25]

Auch wenn Sander ästhetisch nicht in der Tradition Vionnets stand – die aufwendigen Drappierungen, das betont Feminine entsprachen nicht ihrem Stil –, so lässt sich doch eine Linie zwischen den beiden Designerinnen im handwerklichen Aspekt ziehen. Was Vionnet an Schnittpräzision für ihre

Stoffbahnen-Arrangements entwickelte, entsprach der Detailverliebtheit, mit der Sander neue Schnitte für Jacken und
Mäntel erdachte.

**Jil Sander am Schreibtisch ihrer ersten Schneiderwerkstatt in Hamburg,
25.09.1975.**

Und mit ähnlicher Detailverliebtheit war sie eben auch an die
Gestaltung der Repräsentationsflächen gegangen. »Die Boutique, das war auch alles sie, alles Jil«, sagt Zatsch. »Sie hat den
Architekten ausgesucht; das Konzept, der Style, das Design,
das ist alles sie. Exakt so, wie sie das haben wollte. Supermo-
dern, und alle Jil-Sander-Boutiquen weltweit wurden danach
von Gabellini umgestaltet.«

Im Jahr 1995 eröffneten zwei weitere von Gabellini Sheppard
gestaltete Boutiquen, diesmal in der Heimat des Architektur-
büros, in Amerika. Genauer gesagt in Chicago und New York.
Ursprünglich hätte Chicago bereits im März 1994 und New
York im September desselben Jahres fertiggestellt werden

sollen, doch die Eröffnung zog sich hin. New York eröffnete schließlich mit fast einem Jahr Verspätung im Februar 1995, Chicago kurz darauf. Dieses Geschäft in Chicago war das erste alleinstehende Sander-Haus in Amerika, geleitet von Joan Weinstein.[26] In New York übernahm Linda Dresner, die Sanders Kollektionen bis dahin in ihrer eigenen Boutique auf der Park Avenue verkauft hatte, die Leitung des Sander-Geschäfts. Es schloss direkt an ihren Shop auf der Park Avenue an, war also kein eigenes Gebäude wie sein Pendant in Chicago.

Die Boutique erweiterte damit die Möglichkeiten, Sanders Entwürfe in New York zu kaufen. Denn bislang hatte man Kleidungsstücke der deutschen Designerin zwar neben der Auswahl in Dresners Geschäft auch in den Luxuskaufhäusern Bergdorf Goodman und Barneys finden können, dort aber war das Angebot deutlich kleiner, als es jetzt der eigene Laden bereithielt.[27]

Dresner wiederum war eine der New Yorker Geschäftsfrauen, die selbst die beste Werbeträgerin für Jil Sander war, denn sie schwärmte auch privat von den Entwürfen der deutschen Designerin: »Jil Sander ist die Marke, nach der Frauen fragen und die sie auch tragen«, sagte sie.[28] Und sie machte kein Geheimnis daraus, dass sie selbst Anhängerin des aufkommenden Sander-Kults war: »Ich selbst trage ihre Sachen gern, und das ist in unserem Geschäft wirklich die Ausnahme, wir hassen eigentlich alles.«[29]

Und nicht nur New Yorker Geschäftsfrauen, Juristinnen oder Galeristinnen fanden mittlerweile an den klaren Designs aus Deutschland Gefallen. Sander hatte es in Amerika Mitte der Neunzigerjahre geschafft, auch die Pop-Avantgarde zu erreichen. Schauspielerinnen wie Winona Ryder, Holly Hunter und Uma Thurman, die Mitte der Neunziger zu den begehrtesten Talenten Hollywoods gehörten, trugen Jil Sander auf den roten Teppichen, bei Filmpremieren und Preisverleihungen wie den Golden Globes 1994.³⁰ Für sie war Sanders Stil wie gemacht: modern, schlicht und dennoch von höchster Eleganz.

Gerade Thurman, die dafür bekannt wurde, den roten Teppich mit schlichten Looks in Schwarz und Weiß zu betreten und das Diktum der überdekorierten großen Roben zu unterlaufen, fand Gefallen an Sander.

Aber auch Barbra Streisand und Martha Stewart gehörten zu den Frauen, die mehr als 2000 Dollar für Sanders exklusive Kleidungsstücke ausgaben.³¹ Und sie trugen sie obendrein gern privat, kann es ein größeres Lob für eine Designerin geben, die will, dass sich ihre Kundinnen vor allem in ihren Sachen wohlfühlen?

SANDER BLEIBT IN MAILAND

Der neue Flagshipstore in Paris warf große Fragen in der Modebranche auf. Würde Sander nun ihren Standort verlegen, sollte sie gar Italien den Rücken kehren und es abermals auf den Pariser Schauen mit ihren Kollektionen versuchen? Am 11. März 1993 spekuliert die *New York Times* in ihrem Bericht von der Modewoche in Mailand: »Frau Sander wird in der nächsten Woche in Paris eine Boutique eröffnen. Es wird erwartet, dass sie auch ihre Runway-Shows im nächsten Jahr dorthin verlegen wird, und damit eine gewichtige Stimme zum diversen Pariser Designermix hinzufügt.«³²

Doch bei Sander interessierte man sich für solche Spekulationen wenig. Man konzentrierte sich lieber auf etablierte Verbundenheiten, pflegte das Netzwerk bestehender Bindungen. Bereits im März 1992 hatte die Sander-Show im Mailänder

Castello Sforzesco alles übertroffen, was in dem Jahr sonst dort auf der Modewoche gezeigt wurde. Sie hatte den Hof des Gebäudes, ein imposanter Renaissancebau mit dicken roten Mauern, Säulengängen und mehreren massiven Türmen aus dem 15. Jahrhundert, mit Zeltplanen überspannen lassen und ihre Show in der Dämmerung gezeigt. Eine große künstlerische Lichtinstallation erhellte die Wände, machte die Mailänder Nacht zum Tag.

Sander schickte rund 35 Supermodels auf den Laufsteg, zeigte 125 Outfits und lud dafür mehr als 800 Journalisten, Einkäufer, Künstler und diverse europäische Adlige als Publikum ein. »Ich wollte, dass jeder da ist und alles sieht, was wir zu bieten haben. Alle Facetten«, sagte Sander.[33]

Die Show war ein großer Erfolg. Ein letztes Abschütteln des Pariser Traumas, ein Beweis dafür, dass Minimalismus nicht Langeweile bedeutete. Mailand hatte Sander mit Jubel empfangen, diesen Standort wieder aufzugeben, kam nicht infrage.

In den nächsten Jahren überraschte Sander das Modepublikum in Mailand ein ums andere Mal mit ihren Schauen. Von ihrer Winterkollektion 1994 in Mailand schwärmte die *New York Times*, sie sei »die glamouröseste Schau bislang in Mailand«[34] gewesen. »Diese Mode ist so sparsam, das einzige Accessoire, das man hier bekommt, ist Gänsehaut«, lobte Modekritikerin Amy M. Spindler überschwänglich. Sander geht in dieser Saison einen Schritt in Richtung Sexyness: Sie zeigt Anzüge in Samt, getragen, wie einst Bianca Jagger zu ihrer Hochzeit ritt: ohne ein Shirt darunter.

Wie so eine Modenschau in Mailand aussah, hatte 1996 der deutsche Schriftsteller Martin Mosebach als Modeneuling mit einem Blick von außen für das *Frankfurter Allgemeine Magazin* aufgeschrieben: »Das Ritual dauert zwanzig Minuten. Im Mailänder Palazzo delle Stelline ist kein Laufsteg aufgebaut. Helle Lampen verfremden das Tageslicht. Eine üppige, leicht impressionistische Popmusik, die mit Verkehrsgeräuschen, vor allem Autohupen, zusammengemischt ist, erfüllt den Raum mit einer unbestimmt gefährlichen Spannung.«[35]

Auch wenn Mosebach mit der Musik nicht sonderlich viel anfangen kann, auch dieses Detail, das die Stimmung einer Schau extrem beeinflussen kann, war das Ergebnis langer Arbeit und immer wieder erneuter Überprüfung der Zwischenergebnisse durch die Designerin. Gemeinsam mit dem französischen Musikproduzenten und Soundkünstler Frédéric Sanchez entwickelte Sander die Tonkonzepte für ihre Schauen; manchmal verbrachte sie ganze Nächte damit, auch hier das letzte Detail noch zu perfektionieren.

1988 hatte Sanchez mit dem Soundtrack zur Modenschau von Martin Margiela seine Karriere begonnen und arbeitete seitdem mit vielen großen Designhäusern die Konzepte für ihre Schauen aus. Die Kunst, die ihn in seiner Arbeit beeinflusste, war vielfältig, angefangen bei Richard Wagners Idee des Leitmotivs über die freie Tonalität von Arnold Schönberg bis hin zu Einflüssen aus der deutschen Elektroszene.[36] Seit 1991 steuerte er die Klangkonzepte zu Sanders Schauen bei. Seine Notizen zur Frühling-Sommer-Schau 1991[37] zeigen, wie assoziativ er dabei vorging. Tom Waits' »Sea of Love« findet sich neben dem Song »Africa« der spanischen Flamenco-Gruppe Ketama und dem Verweis auf einen Filmsoundtrack: »Diahnne Abbott in Martin Scorseses New York, New York«, ein Hinweis auf eine Szene aus dem Film von 1977, in der die Sängerin Abbott in einem Jazzclub auftritt. Eine wilde, unerwartete Mischung also, aus der am Ende die Musik für Sanders Modenschau werden sollte, die immer mehr war als nur Hintergrundklang. Sie gehörte zum Gesamtbild. Sander fand in Sanchez einen so guten Verbündeten, dass sie mit ihm auch für ihre Ausstellung 2017 im Frankfurter Museum Angewandte Kunst noch einmal zusammenarbeitete.

Von der kunstvollen Klanginstallation also etwas irritiert, setzte Mosebach seine Beobachtung der Schau fort: »Nun kommt aus dem weißen Tor ein blondes großes Mädchen und geht gerade durch die Gasse, die das im Schatten sitzende Publikum bildet. Eine Ameisenstraße aus jungen Mädchen formiert sich, die schweigend und ernst ihres Wegs ziehen, aus dem weißen Tor heraus und nach einem in eiserner Gleichmäßigkeit vollzogenen Gang wieder in das weiße Tor hinein. Kein Wort fällt. Kein Kleidungsstück wird eigens vorgeführt, kein Mantel wird geöffnet, keine Drehung und kein Tanzschritt unterbricht die Prozession. Kein Mädchen trägt Schmuck. Keine Blumen, keine Hüte, keine Schleifen. Vor allem keine Farben: Die ganze Kollektion ist weiß, schwarz und grau.«[38]

Begeisterter und detailreicher ging die amerikanische Modekritikerin Amy M. Spindler auf Sanders Kollektion ein: »Sie braucht keine Gimmicks oder Catchphrases, um ihre Kollektion relevant zu machen. Ihre Relevanz leitet sich aus ihrer Forschung ab, die sie sowohl in der Materialentwicklung betrieben hat (ein Polyester-Polyrethane-Polyamide wird hier behandelt wie Kaschmir) als auch hinsichtlich der Bedürfnisse.«[39] Ein Anzug aus weißem Leder findet ebenso lobende Erwähnung wie gegürtete Shirtkleider aus grauem Leder und Baumwolle.

Was Spindler hier feiert, ist, was Mosebach versucht zu verstehen, und in seiner Recherche gelingt es ihm auch fast: die Faszination dieser Mode für selbstständige Frauen. Obwohl Sander von Geschäftsfrauen mit Geschmack und Geld bereits seit Jahren verehrt wird, ist nun der Zeitpunkt gekommen, an dem selbst die deutsche Presse nicht mehr an ihr vorbeikommt.

BILDSPRACHE – DAS ERFOLGSREZEPT DER JIL-SANDER-WERBEKAMPAGNEN

Die Magazine umarmen sie, endlich auch in Deutschland. Das Hochglanzmagazin *Max* etwa widmet ihr in seiner Dezemberausgabe 1993 gleich acht Seiten.[40] Grund dafür sind auch die Werbebilder von Peter Lindbergh, mit dem Sander damals für ihr neues Parfüm N° 4 zusammenarbeitete.

Wie eng und freundschaftlich diese Kollaboration aussah, dokumentiert das Aufmacherbild jenes Artikels: Die Schwarz-Weißaufnahme zeigt Lindbergh und Sander eng aneinandergelehnt, sie hat eine Hand um seine Schulter geschlungen und lächelt in die Kamera, so befreit und offen, wie sie es auf kaum einem anderen offiziellen Bild tut. Die Aufnahmen entstanden während des Fotoshootings für den Parfüm-Werbefilm am Nordseestrand. Als Gesicht für den neuen Duft hatte Sander diesmal Supermodel Linda Evangelista gewonnen. Die Stimmung war ausgelassen, Evangelista hüpft auf einem Bild, Hand in Hand mit dem Fotografen Lindbergh, über den Strand.

Die Kombination aus Topmodel und Topfotograf, der ihre Ästhetik verstand, war ein Erfolgskonzept, das Jil Sander in den Neunzigern sowohl für ihre Werbekampagnen wie auch für die Kollektionshefte verfolgte.

Auch hier war ihr wichtig, ihre Vision in aller Tiefe zu kommunizieren: »Jil Sander sucht nicht nur Fotografen mit einer

Affinität zu ihrer Arbeit aus, sie tritt in einen intensiven Dialog mit ihnen, nimmt an den Shootings teil, kommuniziert mit dem Model, den Stylisten, den Haar- und Make-up-Künstlern und ruht nicht eher, bis eine kollektive Energie entsteht, aus der dank allen Beteiligten etwas Neues entstehen kann«, schreibt Ingeborg Harms anlässlich der Sander-Ausstellung »Präsens« 2017 in Frankfurt mit Blick auf ihre Modefotografie.

Diesen Zusammenarbeiten entspringen einige der ikonischsten Werbefotografien der Neunzigerjahre: Nick Knight fotografierte 1992 Topmodel Tatjana Patitz von den Falten eines hellen Kleides wie von Wellen umspült, den Kopf nachdenklich auf die Hand gestützt; Craig McDean fotografierte 1995 Amber Valletta vor einer orangeroten Wand in einem honigfarbenen Mantel, den Blick selbstbewusst nach vorn gerichtet; Peter Lindbergh hielt 1993 Linda Evangelista auch für Sanders Kampagne in schwarz-weißen Fotografien fest.

Gemein ist all diesen Bildern, dass sie Frauen anders inszenieren als damals auf Werbeplakaten üblich. Calvin Klein sorgte für Provokation, indem er die androgyne, fast schon kindlich dünne, kaum bekleidete Kate Moss für sein Parfüm Obsession abbilden ließ oder sie gemeinsam mit Mark Wahlberg, der damals noch als Rapper Marky Mark auftrat, nur in Unterwäsche auf Plakaten für seine Lingerie-Linie zeigte. Klein setzte auf nackte Haut und unverhohlenen Sex-Appeal, um auf seine Produkte aufmerksam zu machen. Seine Hochglanzanzeigen zogen sich mitunter über sechs bis acht Seiten in der amerikanischen *Vogue*, »die war damals immerhin mehrere Hundert Seiten dick«, erinnerte sich der Modedesigner 2017 in einem Interview mit der *New-York-Times*-Modekritikerin Vanessa Friedman.[41] »Es ging nicht immer um Sex, aber meistens gingen die Bilder in diese Richtung, so bin ich halt.«[42] Ausgesucht habe er die Motive bei den Fotoshootings allein nach der Prämisse: »Was lässt mein Herz schneller schlagen?«[43]

Kate Moss war Anfang der Neunziger für kurze Zeit seine Muse, gerade achtzehn Jahre alt und so schüchtern, wie sie auf den Plakaten wirkt. Sie war Teil jener Models, die mit ihren dünnen Körpern, verwuschelten Haaren und dunklen Schatten unter den Augen in den Neunzigerjahren den Heroin Chic mitbegründeten, einen Look, der nach durchzechten Nächten und Drogenmissbrauch aussah.

Sander hingegen setzte stattdessen auf den weiblich selbstbewussten Gegenentwurf. Ihre Models wirkten nicht mädchenhaft. Sie blickten auch nicht schüchtern oder neckisch-verführerisch in die Kamera. Ihre Models verkörperten Frauen, die wussten, was sie wollen, und ihrem Publikum geradewegs verwegen in die Augen sahen. Die Hände durften dafür auch gern mal in den Hosentaschen verschwinden, nicht aus Nachlässigkeit, sondern als Ausdruck eines »I don't care what you think«.

Doch nicht immer erreichte die Bildsprache genau, was Sander beabsichtigte. »Frau Sanders Katalog ist faszinierend, denn seine Bilder scheinen so ganz im Gegensatz zu der Rolle zu stehen, die die Designerin sonst als mächtige Karrierefrauen darstellt«[44], wunderte sich die amerikanische Modekritikerin Amy M. Spindler mit Blick auf den Katalog mit Amber Valletta. Sander erklärte der Presse, dass es sich hierbei um eine gewollte Dichotomie handele, in der ein »zartes Model den scharf geschnittenen, fast schon aggressiven Kleidern« gegenübersteht.[45] Für Sander war es eine Antwort auf den Zeitgeist, auf Models wie die fragile Amber Valletta zu setzen. »Wir befinden uns in einer Übergangsphase«, sagte sie Spindler. »Wir wollen Frauen so anziehen, dass sie sich modern fühlen. Ich will nicht, dass sie retro aussehen oder nach 8oer-Jahre-Luxe, da bin ich völlig dagegen. Das ist viel zu einfach.«[46]

Auch das in den Werbekampagnen verwendete (beziehungsweise: kaum verwendete) Make-up ruft Verwunderung hervor. Auf den Fotos von Craig McDean etwa sieht man Amber Vallettas Sommersprossen, ihre Lippen sind mit leichtem, mattem Glanz in natürlichem Farbton betont. Ist jetzt auch bei Sander der Heroin Chic angekommen? Den hatte wie gesagt Calvin Klein mit Kate Moss begründet. Besonders zu Beginn der Neunziger bekam er durch Filme wie das Drogendrama »Trainspotting« mit Ewan McGregor in der Hauptrolle als Heroinjunkie noch einmal einen zusätzlichen Popularitätsschub.

Der natürliche Look, bei dem man selbst die Poren der Models erkennen konnte, war jedoch keineswegs eine Anbiederung an einen flüchtigen Beauty-Trend, der ironisch mit durchzechten Nächten und Drogenpartys spielte.

Sander wollte mit solchen Anspielungen nichts zu tun haben, ihr Ansatz ging genau in die entgegengesetzte Richtung, wenn auch der Grundgedanke – Haut ohne viel Make-up zu inszenieren – ein ähnlicher war wie bei Calvin Klein. »Das Make-up hat nichts mit der Drogenszene zu tun«, erklärte Sander. »Es hat mit Sensibilität und Raffinement zu tun, einem Abschied von der alten Modewelt. Wir befinden uns nicht mehr in der alten Zeit und manchmal müssen wir den Strich etwas härter ziehen, um weiterzukommen. Wir können heutzutage nicht mehr zu den alten Schönheitsidealen zurückkehren.«[47]

DER NEUE MANN –
SANDERS ERSTE HERRENKOLLEKTION

Am 13. Januar 1997 stellte Sander ihre erste Herrenkollektion in Mailand vor. Sie ging damit einen weiteren logischen Schritt, folgte nicht nur der Entwicklung der eigenen Marke, sondern auch der der Branche, denn viele der aufstrebenden einflussreichen Designer haben Mitte der Neunzigerjahre bereits begonnen, die alten Modewochenzeitpläne über den Haufen zu werfen. Zuvor lief in den großen Modemetropolen Paris, Mailand, London die Männermode für die nächste Saison im Januar und Juni, gefolgt von den Entwürfen für die Frauen im März und Oktober. Die jungen Wilden der späten Neunziger änderten das radikal. Plötzlich sah man bei den Amerikanern Anna Sui und Marc Jacobs, dem Briten Alexander McQueen oder der Belgierin Ann Demeulemeester Frauen *und* Männer auf dem Laufsteg.

Sander hingegen blieb bei der klassischen Trennung, nahm sich für die Entwürfe ihrer Männerlinie aber genauso viel Zeit wie für die Frauenkleidung – etwas, das gerade die französischen Häuser lange vernachlässigt hatten. Der *New York Times* erzählte sie im Dezember 1996 vorab: »Die Männerseite ist fast schon prophetisch.«[48] Mehr als ein Jahr arbeitete sie an ihrer ersten Kollektion für Herren. »In gewisser Weise ist es ein einheitliches Denken. Für Frauen versuche ich feminin zu sein, für Männer natürlich und männlich, aber zugleich kommt bei beiden der künstlerische Weg durch, mit den Stoffen und Geweben zu arbeiten.«[49] Wie in ihrer Frauenmode geht es ihr auch hier um Bedürfnisse. Sie respektiere die Funktionen der Männermode und auch »die Sensibilität, nicht zu modisch« sein zu wollen.[50]

Für die Schauen der Herrenlinie 1997 lässt sie ihren Show-room in Mailand optisch etwas verkleinern. Er soll persönlicher wirken. »Wir nannten ihn Air-France-Lounge«, scherzte die Designerin.[51] Bei den Entwürfen, die sie zeigt, setzt sie wieder auf Innovationen. »Wir haben die Jacken 50 Prozent leichter gemacht, indem wir die Konstruktion der Rosshaar- und Canvas-Einlagen weniger schwer konzipiert haben. Damit haben wir die Form vollkommen erneuert. Denken Sie an unsere natürlich wirkende Schulter. Und plötzlich sahen die Männer modern aus. Da passte die intime, persönliche Präsentationsform.«[52]

Der Typ Mann, den Sander ansprechen will, ist ein »moderner Gentleman: kultiviert, individualistisch, karriereorientiert, global denkend, mit einer ›jungen‹ Einstellung und viel Energie, der sich seiner ›wahren Persönlichkeit‹ entsprechend kleiden, nicht verkleiden möchte«[53], konstatiert die Modewissenschaftlerin Gertrud Lehnert. Und stellt fest, dass die Kollektion Sanders Position in der internationalen Modeszene verfestigte: »In ihrer Mischung aus britischer Schneiderqualität mit modernen Hightech-Materialien und dem typisch Sanderschen Minimalismus katapultierte diese Kollektion sie sogleich in die erste Reihe der internationalen Männermodemacher.«[54]

Galten Sanders Entwürfe für die Frauenmode bereits zuvor bei einigen amerikanischen Einkäufern als unisex – heute würde man vielleicht von Genderfluidität sprechen –, so erweiterte die neue Kollektion dieses Spektrum. Man könne Männern wie Frauen nun Marken wie Costume National, Helmut Lang oder Jil Sander empfehlen, stellte Stan Tucker, Modechef beim amerikanischen Kaufhaus Saks Fifth Avenue, fest. »Sie alle haben die schmalen Hosen mit den flachen Vorderseiten, die

Jacketts, die in den Schultern nicht zu weit sind und näher am Körper sitzen, nun sowohl für Männer wie für Frauen im Angebot.«[55]

BIG IN JAPAN

Gegen Ende der Neunzigerjahre entwickelte Sander ihren Stil weiter, nahm neue Einflüsse in die Kollektionen auf. Die Kulturwissenschaftlerin Lehnert beobachtete:»In den Kollektionen seit dem Sommer 1997 ist ein japanischer Einfluss unverkennbar: schräge Drappierungen, wo man keine erwartet, bauschen das eigentlich gerade Kleid am Bauch oder der Hüfte auf, die Oberteile wirken so, als säßen sie nicht recht – aber der Gesamteindruck ist trotz allem immer noch einfach und schlicht. Die Sehnsucht nach Reinheit verheißt mehr als einfach nur gut angezogen zu sein; sie verheißt eine Metamorphose der Person in ihr schöneres Ich.«[56]

Schon zwei Jahre zuvor hatten amerikanische Modekritiker in Sanders Schauen exotische Einflüsse entdeckt:»Frau Sander zeigte innovative Interpretationen von Cheongsam-Kleidern aus tintenschwarzem Brokat, die vorne streng geschnitten und dann am Rücken tief ausgeschnitten waren, am Brustbein weit oder mit Kimonoärmeln, die um den Rücken gewickelt waren.«[57]

Auch andere Designer ließen zur gleichen Zeit japanische Stilelemente in ihre Kollektionen einfließen. So fanden sich etwa in Alexander McQueens legendärer Show »La Poupée«, auf Deutsch »Die Puppe«, die er im Herbst 1996 für das darauffolgende Frühjahr vorstellte, zahlreiche japanische Einflüsse. Er verwendete zarte rosafarbene japanische Seide für glänzende Hosen, Jacken und enge Kleider mit hohen Schalkragen, ließ Drachen und Kirschblütenornamente auf transparente Tops, Röcke und Kleider sticken, und er verbeugte sich mit an den Knien geschlitzten Hosen vor der Dekonstruktionskunst der japanischen Designerin Rei Kawakubo.

Kawakubo gehörte neben Issey Miyake und Yohji Yamamoto zu den japanischen Avantgarde-Designern, die Paris in den Achtzigerjahren mit ihren radikalen Ideen erobert hatten. »Ihr neuer Ansatz stellte die Kriterien infrage, die für Zuschnitt und Sitz eines Kleidungsstücks galten«, heißt es im Lexikon »Mode« der auf Stoffe und Kostüme spezialisierten Kunsthistorikerin Arianna Piazza.[58] Für Kawakubo, Miyake und Yamamoto war der Körper nur Bestandteil einer Gesamtskulptur, die durch die Kleidung erschaffen wurde. Sie warfen das westliche Konzept von Harmonie und Symmetrie über den Haufen, brachten etwas östlichen Wabi-Sabi (Schönheit findet sich auch im Unperfekten) dazu und kamen mit einem völlig neuen Konzept für Kleidung daher: der Dekonstruktion.

Sie zerlegten die Kleidungsstücke in ihre Einzelteile, »um sie auf unkonventionelle Weise neu zusammenzufügen«, heißt es in Piazzas Lexikon »Mode«.[59] »Dabei gingen sie von traditionellen japanischen Elementen aus, flachen, einfachen und sofort erkennbaren Formen, die den Körper bedecken, ohne seine Form zu verändern, und kombinierten sie mit der Schnitt- und Fertigungstechnik der westlichen Haute Couture.«[60] Was vorher beim Kleidungsstück im Verborgenen lag, wurde nun plötzlich ans Tageslicht befördert: »Bis dahin unsichtbare oder nur während der Fertigung sichtbare Füllungen, Heftnähte und Säume wurden zu Protagonisten, die vor Augen führten, dass der wahre Wert eines Kleidungsstücks in seinem Entwurf und seiner Ausführung liegt.«[61]

Meister darin war Yamamoto, der bereits 1981 seine Kollektion auf einer Pariser Modenschau präsentierte. Er hatte vier Jahre zuvor mit seinem Debüt in Tokio für Aufmerksamkeit gesorgt, wo er »mit asymmetrischen, zum Teil zerrissenen schwarzen Outfits aus feinen und groben Stoffen«[62] arbeitete. Die Fachpresse erfand dafür die Bezeichnung Hiroshima Chic, weil sie nach Kleidung »wie nach einer Atombombenexplosion« aussehe.[63] Yamamoto liebte zudem Experimente mit neuen Hightech-Materialien, der Stoff und seine Verarbeitung allein sollten das Ornament für das Kleidungsstück bilden, hier war keine zusätzliche Verzierung nötig.

Die Japanerin Rei Kawakubo, die ihr Haar immer in einem strengen scharfkantigen Bobschnitt trägt, eröffnete 1982 die erste Boutique ihres Tokioter Labels Comme des Garçons in Paris. Auch sie hatte sich dem Dekonstruktionsverfahren verschrieben, arbeitete ihre Stücke in einer dunklen Farbpalette von Anthrazit bis Schwarz aus. Sie bildete mit diesen schlichten Farben und den extravaganten Schnitten einen Kontrapunkt zu den glamourösen, bunten Looks, die die Pariser Traditionshäuser in den Achtzigerjahren entwarfen.

Würde man ein Bild der Einflusskreise von Modeströmungen zeichnen, so müssten sich die Kreise der Dekonstruktivisten mit dem von Jil Sander zumindest am Rand etwas überlappen: Sie dachten ihre Entwürfe zuerst vom Material her, sie verzichteten auf Ornamente und konzentrierten sich völlig aufs Wesentliche. Nur dass Sander aus der Bauhaus-Tradition kommend am Credo »Die Form folgt der Funktion« festhielt, während die Japaner dieses Motto eher als Aufforderung zum kreativen Spiel auffassten, das ist die Trennlinie zwischen ihnen.

Wie hat Jil Sander diese Einflüsse damals wahrgenommen? Hat sie sich überhaupt mit der Arbeit japanischer Designer beschäftigt? In einem Interview sagte sie: »Natürlich, die japanischen Designer Yohji Yamamoto und Rei Kawakubo von Comme des Garçons, die zur gleichen Zeit wie ich auftauchten, hinterließen Eindruck. Ihre Vorschläge waren in den Achtzigerjahren revolutionär, und sie brachten den dringend benötigten frischen Wind. Besonders ihrer experimentellen Reduktion fühle ich mich verbunden, es steckt eine Emotion in allem, was sie tun.«[64]

Japanische Designer beeinflussten mit ihren radikalen Ideen nicht nur ihre Kollegen in Westeuropa und Amerika. Japan mit seiner modeaffinen Jugend wurde in den Neunzigerjahren auch für westliche Labels zum interessanten Markt. Auch Sander expandierte nach Asien. 1995 hatte sie ihren ersten Flagshipstore in Tokio eröffnet, einer Mode- und Wirtschaftsmetropole. Ein Jahr darauf sollte ein weiterer in Japan folgen. Für diesen hatte Sander Osaka als Standort ausersehen, eine der größten Hafenstädte des Landes, ein Handels- und Technologiezentrum, das mit fast drei Millionen Einwohnern die drittgrößte Stadt Japans ist.

Das Land fasziniert sie, und doch macht Japan es einem Europäer auch nicht immer leicht. Die Kulturunterschiede sind groß, Sander wird das gut ein Jahrzehnt später feststellen, wenn sie das erste Mal eine Kollektion für die japanische Fast-Fashion-Marke Uniqlo entwirft. Im Gespräch mit der britischen Modekritikerin Suzy Menkes erinnerte sich die Designerin 2010 an ihre ersten Eindrücke beim Besuch des Landes: »Japan war zuerst ein Kulturschock. Ich musste mich erst einmal an die komplexen Hierarchiestrukturen gewöhnen, musste die impliziten Kommunikationsregeln begreifen und die soziale Rolle verstehen, die Frauen hier spielen. Aber im Blick auf die professionelle Zusammenarbeit fühlte ich mich hier schnell zu Hause. Japan hat einen großen Respekt für Qualität und Innovation.«[65]

ROBERT RYMAN, CY TWOMBLY & CO. – KÜNSTLER, DIE JIL SANDER BEEINFLUSST HABEN

Mode und Kunst gehören, zumindest wenn man Modemacher fragt, eng zusammen. Die einflussreichsten Designer des vergangenen Jahrhunderts liebten es, sich mit den Gemälden und Kunstgegenständen zu präsentieren, die sie inspirierten: Tommy Hilfiger etwa planscht in seinem Haus in Miami neben einer Keith-Haring-Skulptur[66], Yves Saint Laurent ließ sich unter seinem Matisse-Gemälde ablichten[67] und Valentino Garavani schwärmte so sehr von den »Schwingungen«, die ein Bronzino-Gemälde an ihn sendete, dass er es »um jeden Preis besitzen musste«.[68]

Nicht nur in den opulenten Kleidern Valentinos fand sich irgendwann eine Hommage an jenes Frauenporträt des manieristischen Florentiner Malers, auch Yves Saint Laurent ließ die »Schwingungen«, in die ihn sein Matisse versetzte, auf seine Kleider übergehen, dekorierte etwa eine ganze Kollektion mit abstrakten Matisse-Blätterformen.

Auch für Jil Sander war der Blick auf die Kunst eine stete Quelle neuer Ideen. Sie schwelgte aber weniger in der Vergangenheit, sondern suchte die Inspiration bei zeitgenössischen Malern. In ihrem Aufsatz über Modernität, der als Vorwort zu Elisabeth Wilsons Sachbuch »In Träume gehüllt. Mode und Modernität« 1989 erschien, schrieb sie: »In meinem Anliegen, Design auf Existenzielles zu reduzieren, ist mir der Maler Robert Ryman Vorbild. Er schuf mit einem Minimum an Mitteln ein Maximum an Aussage. Sein ganzes Leben lang beschäftigte er sich nur mit weißer Oberflächengestaltung.«[69] Der amerikanische Maler Ryman ist berühmt für seine monochromen

Bilder, weiße Farbe auf weißer Leinwand, die durch dicken Auftrag neue Strukturen und Kompositionen ermöglichte. Die unebene weiße Farbe schuf je nach Beleuchtung und Lichtverhältnissen neue Ebenen, ließ Betrachter die Bilder fast schon wie Skulpturen wahrnehmen. All das mit stärkster formaler Beschränkung auf die Nicht-Farbe Weiß.

Sander bewunderte diese Kühnheit, und wie jede gute Künstlerin sammelte auch sie über die Jahre des Erfolgs den Mut an, solche Verbindungen und Gedanken immer radikaler in ihre eigenen Entwürfe einfließen zu lassen. Fünf Jahre nachdem sie Ryman in ihrem Aufsatz gewürdigt hatte, schickte sie in Mailand 1994 Models über den Laufsteg in seidigen langen Kleidern, deren asymmetrische Säume sanft bei jeder Bewegung flatterten. »Sie schweben da draußen wie Engel«, sagte Sander der amerikanischen CNN-Style-Reporterin Elsa Klensch backstage während ihrer Modenschau.[70] Besonders ein Cocktailkleid sticht dabei heraus, in hellem Weiß, dessen Nuance eine Spur zu dunkel für die Assoziation »Unschuld« ist. Sander vergleicht die Farben dieser Kollektion gegenüber der Presse mit Getränken: »War die letzte Saison von einem Glas Wasser inspiriert, sehr unschuldig und leicht, so ist die Frau dieser Saison eher ein schöner Wein.«[71] Und zu dem weißen Cocktailkleid zieht sie abermals ihren Lieblingsmaler heran. Robert Rymans Konzept der »weißen Leinwand« habe sie zu dem Entwurf inspiriert.[72]

Überraschend ist hingegen ein Blick auf Bilder aus Sanders Wohnung Mitte der Siebziger. Da sitzt sie auf einem großen hellen Sofa und lächelt den Fotografen entspannt unter vier Monroe-Gemälden von Andy Warhol an.[73] Ein erstes Zeugnis für die Kunstleidenschaft der jungen Modemacherin und Beweis dafür, dass sie ihre Geschäfte bereits mit Anfang dreißig so gut führen konnte, dass Geld für solche Investitionen vorhanden war. Allerdings kostete ein Warhol-Gemälde damals noch nicht die Millionensummen, die es heute auf Auktionen aufruft. Wie das *Wall Street Journal* berichtete, kaufte noch 1967 ein Zeitungsmanager eine hellblaue Monroe von Warhol für nur 5000 Dollar.[74]

Jil Sander in ihrer Wohnung Mitte der Siebzigerjahre. Die vier Warhol-Bilder gehören ihr.

Die Warhol-Bilder verschwanden irgendwann aus ihrer Villa, sie soll sie ihrem Halbbruder Heino Baasch übergeben [75] und sich mehr ihrer Leidenschaft für minimalistische Kunst gewidmet haben.

Das muss kurz nach dem Foto unter den Warhol-Monroes gewesen sein, denn bereits 1981 antwortet sie im FAZ-Magazin auf die Frage nach ihrem Lieblingskünstler: »Michelle Stuart, Twombly und Beuys«.[76] Der *Vanity-Fair*-Reporter Bob Colacello stellt einen Zusammenhang mit der Eröffnung der Hamburger Galerie von Vera Munro 1977 her.

Die Fabrikantentochter Munro, die nach dem Kunstgeschichtsstudium zunächst als Model arbeitete, konzentrierte sich in der Auswahl der in ihrer Galerie präsentierten Kunst auf Vertreter der Avantgarde und der italienischen Arte Povera. Darunter eben auch die 1981 von Sander genannte amerikanischen Künstlerin Michelle Stuart und Cy Twombly sowie den deutschen Aktionskünstler und Bildhauer Joseph Beuys. Laut Colacello sammelte und besaß Sander zu Beginn der Neunzigerjahre Werke von »Ad Reinhardt, Cy Twombly, Mario Merz, Jannis Kounellis und Michelle Stuart«.[77] Munro sagte im Gespräch mit dem Reporter 1994, dass sie mit Sander über deren Mode bekannt wurde. »Ich habe ihre Sachen von Beginn an getragen«, so Munro. »Nicht weil sie eine Freundin war, sondern weil wir die gleiche Vorstellung von Kleidung hatten.«[78] Selbst am Tag ihres Interviews trug Munro einen Hosenanzug aus einer älteren Kollektion Sanders im dunklen Grauton von Holzkohle. »Jil ist wie ich«, schwärmte die Galeristin. »Ich liebe Menschen, die eine Obsession haben, die das Beste aus etwas herausholen wollen und sich nicht damit zufriedengeben, wenn etwas nur mittelmäßig ist.«[79] Nächtelang habe sie mit der Designerin über Mode und Kunst gesprochen und darüber, wie es gelingt, »einfach das Beste« zu machen.

Für einen der Besten hielt Sander zumindest in den späten Neunzigerjahren den modernen amerikanischen Maler Cy Twombly und seinen abstrakten Expressionismus. Als Sander 1998 ihre Villa an der Alster für die amerikanische *Vogue* öffnet und ein großes Fotoshooting in ihren privaten Räumen zulässt, ist die Vielfalt ihrer Kunstsammlung zu erkennen: Im Esszimmer hängen neun Gemälde des surrealistischen italienischen Malers Romolo Paganelli, an anderer Stelle ist eine Zeichnung Gustav Klimts zu finden, auf einer Terrasse blickt ein Stuhl des französischen Künstlerduos Les Lalanne in Form einer großen weißen Taube über den akkurat gestutzten Garten. Im Schlafzimmer aber, dem intimsten Raum der Villa, hängt gegenüber dem großen Himmelbett eine Zeichnung Cy Twomblys.[80]

Ursprünglich, so berichtet es der *Vogue*-Reporter Hamish Bowles in der Homestory aus Sanders Villa[81], hatte die Designerin vorgehabt, auch im riesigen Esszimmer Werke von Twombly und dem griechischen Arte-Povera-Künstler Jannis Kounellis aufzuhängen. Doch Architekt Mongiardino hatte andere Pläne für die mit weinroter Tapete bezogenen Wände. Er schlug vor, eine Serie surrealistischer Bilder bei seinem langjährigen Zuarbeiter, dem italienischen Maler Romolo Paganelli, zu beauftragen. Sander war strikt dagegen. Doch Mongiardino gab die Bilder nichtsdestotrotz in Auftrag.

Sie trafen nach Mongiardinos Tod ein, denn Sanders Villa war das letzte Projekt, das der Architekt noch vollendete. Sander hängte am Ende die Bilder nach Mongiardinos Wunsch im Esszimmer auf.

Dafür zog dann aber eben der Twombly ins Schlafzimmer.

Doch die Zusammenarbeit mit Künstlern erstreckte sich nicht nur auf Sanders privates Vergnügen und Engagement. Sie nutzte sie auch für Kooperationen beim Marketing. Im Dezember 1993 etwa brachte das deutsche Männermagazin *Max* seine Weihnachtsausgabe verpackt heraus: Sander hatte den für seine Verhüllungen bekannten Künstler Christo gebeten, das Heft als Werbung für ihren Männerduft »einzupacken«.[82]

WIE JIL SANDER VON DER PRESSE
GESEHEN WURDE
(IM WAHRSTEN SINNE DES WORTES)

Je erfolgreicher und bekannter die Marke wird, je einfluss-
reicher ihre Designs, desto mehr Artikel erscheinen, in deutschen wie englischsprachigen Medien, die dem Phänomen
Sander auf den Grund gehen wollen.

Auffällig ist dabei, dass viele Texte mit der Beschreibung
von Jil Sanders Aussehen beginnen und von diesem seltsame
Rückschlüsse auf ihr Können ziehen. Bob Colacello, der 1994
ein Porträt für die *Vanity Fair* schrieb und Sander mehrere Tage
in Hamburg und bei Reisen begleitete, beginnt seine Beschreibung mit den Worten, Sander sei »eine kleine, schmalkno-
chige, blauäugige Blondine um die 50 mit rundem Gesicht
und Stupsnase« und sehe so »eher aus wie eine verwegene
Waisenfee als wie Deutschlands führende Unternehmerin«.[83]

Noch grotesker werden diese Vergleiche in den deutschen
Medien. So beauftragte das oben schon einmal zitierte *Frankfurter Allgemeine Magazin* ausgerechnet den Schriftsteller Martin Mosebach damit, herauszufinden, was hinter dem Sander-
Hype stecke. Schon die Beschreibung der Modenschau zeugte
vom leicht verstörten Blick eines Modenschaudebütanten,
der für ein ebenso Modenschau-ungewohntes Publikum seinen Reiz haben kann. Doch wenn Mosebach dann versucht,
die Designerin selbst zu beschreiben, bedient er sich genau
der Klischees, die die deutsche Presse von Sander zeichnete:
Wenn Sander ihm offenbart, dass sie sich selbst als »stur« bezeichnen würde, so tut sie das für Mosebach »ernsthaft wie ein
wohlerzogenes Kind«.[84] Das Bild des Kindes bemüht er einige
Absätze später noch einmal, als Sander, wie sie das bei vielen

ihrer Besucher aus beruflichem Interesse tat, ihn darum bittet, kurz den Stoff seines Tweedjacketts befühlen zu dürfen, um dessen Beschaffenheit nachzuspüren: »Ihre Kinderhand mit den polierten Fingernägelchen packte fest das Schulterpolster meiner Jacke.« Wohlgemerkt ist dieses »Kind«, von dem Mosebach hier so herablassend schreibt, zum Zeitpunkt des Treffens bereits eine der erfolgreichsten deutschen Unternehmerinnen, immer noch die einzige Deutsche im Vorstand eines Aktienunternehmens, international anerkannt und obendrein zweiundfünfzig Jahre alt, also rund acht Jahre älter als Mosebach selbst.

Und da Mosebach nicht versteht, was er hier sieht, und anscheinend ebenso wenig fassen kann, dass eine Frau solchen Erfolg hat, beginnt er, sich über sie lustig zu machen. Offensichtlich unvertraut mit dem Ton, in den Menschen, die in internationalen Firmen arbeiten, mitunter verfallen, fasst er Sanders Ausführungen komprimiert zusammen und entstellt dabei so einiges: »Ich habe vielleicht etwas Weltverbesserndes. Mein Leben ist eine giving-story‹, sagt Jil Sander, ›ich habe verstanden, dass man contemporary sein muss, das Future-Denken haben muss. Meine Idee war, die hand-tailored-Geschichte mit neuen Technologien zu verbinden. Und für den Erfolg war mein coordinated concept entscheidend, die Idee, dass man viele Teile einer collection miteinander combinen kann.‹ ...« Das geht noch munter fünf weitere Sätze so, in denen Mosebach mit hochgezogenen Augenbrauen die englischen Begriffe in einer Passage verdichtet, als wären sie alle in einem langen Zitat gefallen. Am Ende fügt er gar noch ein Gedicht hinzu, als wolle er beweisen, dass immerhin er die deutsche Syntax und Sprache beherrscht.

Was Sander hier erleben musste, berichten andere deutsche Unternehmer, die sich auf dem internationalen Markt behaupten konnten, hinter vorgehaltener Hand immer wieder: Manche Vertreter der deutschen Presse machen sich gern darüber lustig, wenn der deutsche Akzent im Englischen durchscheint oder wenn die Sprache, wie bei Sander, zu international klingt. Wer Erfolg hat, zieht schnell Häme und Neider an. Ich habe erfolgreiche Unternehmerinnen in der Luxusbranche kennengelernt, die sich aufgrund solcher Erfahrungen weigerten, der Presse überhaupt Interviews zu geben, oder dies konsequent gleich nur auf Englisch taten.

Nun könnte man natürlich sagen, das sei empfindlich, was mache schon ein Artikel aus? Am Beispiel des Mosebach-Berichts lässt sich das gut aufzeigen, denn die hämische Passage machte solchen Wirbel, dass sie 1998 sogar in einem Artikel der *New York Times* über den Einzug des Englischen ins Deutsche Erwähnung findet: Als der Ökonomieprofessor Wolfgang Kramer (Uni Dortmund) jenen Artikel im Magazin der FAZ las, regte er sich über die Verunstaltung der deutschen Sprache bei Sander auf.[85] Das habe den Ausschlag gegeben, den Verein zur Wahrung der Deutschen Sprache zu gründen und Sander als Erste 1997 mit dem »Sprachpanscher«-Preis zu »ehren«. Die erwachsene Sichtweise der Moderne, etwa des großen Sprachkritikers Karl Kraus, es komme bei Stil und Ausdruck nicht auf den Wortbestand und das Vokabular an, sondern auf die Beweglichkeit und den Zusammenklang von Gemeintem und Gesagtem, ist bei derlei bürokratischer, im Grunde sprachfremder Oberlehrerei leider längst vergessen; da denkt man nach Schema und Lexikon – wie eine Chat-Software.

Gegenüber der Presse war Sander schon vorher scheu gewesen, lange Interviews gab sie nur selten. Ein langes Treffen mit ausführlichem Gespräch, wie sie es der deutschen Zeitschrift *Max* 1993 einräumte[86], war die Ausnahme, immerhin widmete ihr *Max* für diese Gunst gleich acht Seiten der

Dezemberausgabe. Sechs davon nehmen ganzseitige Schwarz-Weiß-Fotos ein, die beim Dreh zum Werbefilm des Damenparfüms N° 4 entstanden waren – Anlass und Umfeld des Gesprächs hatte Sander also als geschickte Werbung für ihren neuen Duft zu nutzen gewusst. Interviews ohne einen solchen »Aufhänger« sind in der deutschen Presse vor allem ab den Neunzigerjahren rar. Zu den amerikanischen Zeitungen hatte sie mehr Zutrauen. Die Modekritikerin Suzy Menkes erhielt regelmäßig Gelegenheit zu langen Gesprächen, wenn sie über Sander schrieb, dann mit Achtung, ja Respekt vor der Arbeit und der Vision der Designerin. Auch dass amerikanische Zeitschriften wie *Vanity Fair* und *Vogue* Zugang zu exklusiven Homestorys bekamen, deren Reporter Sander also über einen längeren Zeitraum im Privaten, zu Hause in der Villa in Hamburg oder sogar auf dem Gut am Plöner See, besuchen durften, zeigt das Vertrauen und die entspanntere Beziehung zur Presse aus den USA. Wenn in Deutschland über sie geschrieben wurde, dann vor allem auf den Modeseiten von Zeitungen und Magazinen und im Kontext ihrer Schauen, zu denen sie den Journalisten im Backstage-Bereich nach der Show knappe Umrisse ihrer Idee für die nächste Saison skizzierte.

Erst mit der Ausstellung in Frankfurt am Main, die ab November 2017 im Museum Angewandte Kunst gezeigt wurde, ändert sich auch der Blick auf Sander in der deutschen Presse. Zahlreiche Interviews und Porträts erscheinen anlässlich der Ausstellungseröffnung. *Der Spiegel* feiert sie als »visionäre Designerin«, vergessen sind die peinlichen Fragen, die *Spiegel*-Reporter der erfolgreichen Unternehmerin noch in den Achtzigerjahren stellten (»Wahrscheinlich haben Sie das Geld (für die Eröffnung der ersten Boutique, Anm. der Autorin), da Sie Sicherheiten ja nicht bieten konnten, mit Ihrem Gesicht bekommen«[87] oder »Verstehen Sie, was der Computer Ihnen sagen will?«[88]). Selbst die *taz* ist beeindruckt vom Blick auf das Werk und Leben Jil Sanders und stellt verwundert fest: »Wer klammheimlich hofft, irgendwo versteckt auf eine schöne Geschmacklosigkeit zu stoßen, wird enttäuscht.«[89]

ÜBERNAHMEN UND FUSIONEN – DIE ENTSTEHUNG DER LUXUSKONZERNE

1999 war das Jahr der großen Marktbereinigung im Luxussektor. Der Aktienmarkt hatte sich gerade vom Einbruch der Finanzkrise in Asien erholt, die zwei Jahre zuvor Thailand, Südkorea und Indonesien in politische, finanzielle und soziale Unruhen gestürzt hatte. Die ersten Konglomerate griffen um sich, und jene Großkonzerne, deren Namen heute den kompletten Luxusmarkt bestimmen, begannen sich im Bieterstreit um die bestehenden Traditionshäuser mit kostspieligen Namen und mal mehr, mal weniger guten Geschäftsbilanzen zu reißen, immer in der Hoffnung auf weiteres Wachstum.

Der französische Unternehmer Bernard Arnault hatte im Herbst 1999 bereits Christian Dior, Givenchy, Celine, Christian Lacroix, Loewe, Louis Vuitton, Dom Pérignon und die Parfümmarke Sephora unter seiner Marke LVMH Moët Hennessy – Louis Vuitton zusammengebunden. Die südafrikanische Milliardärsfamilie Rupert, der die Luxusgruppe Vendôme gehörte (heute im Schweizer Richemont-Konzern aufgegangen), hatte die Schmuckhersteller Cartier und Van Cleef & Arpels sowie das Tabakunternehmen Alfred Dunhill aufgekauft. Und der französische Milliardär François Pinault versammelt unter dem Dach Pinault-Printemps-Redoute die Luxusdesigner Yves Saint Laurent und Gucci.[90]

Eine von der *New York Times* zitierte Studie des Beratungsunternehmens Pambianco zeigte auf, dass sich die Übernahmen und Fusionen in der Modeindustrie weltweit im Jahr 1999 mehr als verdoppelt hatten: Hatte man im dritten Quartal 1998 noch 42 Erwerbungen verzeichnet, kamen in den ersten drei Quartalen 1999 bereits 91 Transaktionen zusammen.[91] Die italienische Wirtschaftskorrespondentin der *International Herald Tribune*, Sara Gay Forden, zitiert in dem Zusammenhang Armando Branchini, den Vizepräsidenten der Mailänder Beratungsfirma für Luxusgüter Intercorporate, der das Lied des Wachstums begeistert singt: »Das Hauptproblem ist das Wachstum. Am besten wachsen Luxusmarken, wenn sie andere Marken in ihrem Sektor aufkaufen. Andernfalls riskieren sie, ihren Namen zu schwächen.«[92]

Unternehmens-Tycoons kauften Luxusunternehmen und »verwandelten die Traditionshäuser in Marken, homogenisierten alles: die Läden, die Uniformen, die Produkte bis hin zu den Kaffeebechern bei den Meetings«[93], schreibt Modejournalistin Dana Thomas in ihrem Buch »Deluxe« über den Niedergang von Luxusmarken. »Die Idee, so erklärten es die Manager, war es, Luxus zu ›demokratisieren‹, ihn ›zugänglicher‹ zu machen.«[94] Was edel klang, war keineswegs aus irgendwelchen romantisch-demokratischen Grundgedanken geboren: »Es war so kapitalistisch, wie man es sich nur vorstellen kann: Das Ziel war ganz einfach, so viel Geld wie nur irgend möglich zu machen.«[95]

Gegend Ende der Neunziger begann also das große Bieten um die Designermarken. Luxushäuser wollten ihre Marktstellung sichern und verleibten sich »kleinere« Designhäuser ein, Finanzinvestoren und -Strategen gewannen Oberwasser. Eine Shoppingtour der Superlative begann, die am Ende einer Marktbereinigung gleichkam.

Es war also nur eine Frage der Zeit, bis auch bei Sander Interessenten anklopften, um lukrative Angebote für das florierende Unternehmen aus Deutschland zu unterbreiten. Vor allem bei Prada hatte man ein Auge auf die beiden deutschen Marken Helmut Lang und Jil Sander geworfen. Und damit begann einer der letzten Modekrimis des 20. Jahrhunderts. In der Theorie klang es wie eine völlig logische Schlussfolgerung: Lang, Sander und Prada, drei für ihren modernen, minimalistischen Avantgardestil berühmte Marken unter einem Dach. Die Presse sprach von einer »Verbindung Gleichgesinnter«.[96]

Doch die Traumhochzeit wurde schnell zum kreativen Albtraum. Im August 1999 kaufte Prada 75 Prozent der Aktien an der Marke Jil Sander. Die Designerin sollte weiterhin mit ihren Entwürfen für den Erfolg der Marke sorgen, doch bereits im März 2000 kündigte sie an, das Unternehmen zu verlassen.

Was war geschehen? Darüber kann man nur spekulieren. Die Beteiligten schweigen. Was wir kennen können, sind die Verlautbarungen an die Presse. Ein Blick in die Archive deutscher, amerikanischer und italienischer Zeitungen fördert die Entwicklung des Modekrimis so zu Tage: Im Januar 2000 lobte Sander noch die Zusammenarbeit mit Bertelli; als Unternehmer sprächen beide die gleiche Sprache.[97] Sander hatte sich aus dem Joint Venture (eine Wortwahl, die sie in Interviews immer wieder betonen wird) einen Ausbau ihrer Accessoire-Linien versprochen[98], auf bis zu 30 Prozent sollte der Verkauf von Schuhen, Taschen und anderen Lederkleinwaren angehoben werden. Obwohl Sander bereits 1982 ihre ersten Brillenlizenzen und zwei Jahre später die erste Taschenlizenz herausgebracht hatte, lag ihr Fokus immer auf den Kleidern, der Schneiderkunst, was ihre Marke Ende der Neunzigerjahre zu einem der wenigen florierenden Luxushäuser machte, die neunzig Prozent ihres Umsatzes allein über Kleidung erwirtschafteten. Andere Luxusmarken hatten sich längst auf das Geschäft mit billigeren Kleinwaren spezialisiert.

Noch im Januar 2000 trug dieser Ansatz erste Früchte, denn bei den Männermodenschauen in Mailand zeigte Jil Sander eine neue Schuhlinie. Und obwohl sie in jenem Januar noch von Unternehmern, die die gleiche Sprache sprechen, redete, waren schon skeptische Untertöne zu hören. Gegenüber der *International Herald Tribune* sagte sie, sie habe das Unternehmen und dessen Luxusprodukte, seit sie es 1989 an die Börse gebracht hatte, so weit entwickelt, wie es ihr als Individuum möglich war. Auf die Frage, ob sie die Partnerschaft mit Prada, die nur vier Monate zuvor geschlossen worden war, noch einmal eingehen würde, wich sie schon damals aus: »Das kann ich ehrlicherweise nicht beantworten. Da werden wir abwarten müssen und schauen, was passiert.«[99]

Einer der Gründe für ihren Missmut, so spekulierten damals Industrieinsider, seien Preisrestrukturierungen gewesen, die Prada anregte. Sanders Mode war durch die exklusiven Stoffe und Herstellungsmethoden extrem teuer. Leichte Pullover etwa kosteten zwischen 800 und 900 Dollar. Die Spekulation, dass man diese Kosten ändern wollte, scheint nicht allzu weit hergeholt, klingt es doch logisch, dass auf der Suche nach Profitmargen als Erstes geschaut wird, ob nicht billiger – sowohl was Arbeitskräfte als auch das Material angeht – produziert werden könnte. Ein solcher Gedanke stand konträr zu allem, was Sander aufgebaut hatte, war doch unter ihrer Leitung 1989 extra ein Teil ihrer Produktionsstätten nach Deutschland verlegt worden (andere Stücke wurden noch immer in Norditalien hergestellt). Und auch dass ihre Stücke die Qualität hatten, für die sie geliebt und zu diesen Preisen gekauft wurden, lag an der von ihr verlangten Auswahl des besten Materials, das man finden konnte. In beiden Punkten Kompromisse einzugehen, hieß, die Marke im Kern zu missachten. Einige »Businessinsider« vertraten die Meinung, Bertelli mische sich aber genau in diesen Bereichen in Sanders Entscheidungen ein. Andere sagten, die beiden Führungsköpfe seien aneinandergeraten, weil sie zu unterschiedlich im Temperament seien, wobei Sander als kühl und geordnet, Bertelli als der emotionalere Entscheider dargestellt wurde.[100]

Was auch immer am Ende den Ausschlag gegeben haben mag: Am Montag, den 24. Januar 2000, gaben die Unternehmen Sander und Prada eine Pressemitteilung heraus, in der Sanders Abschied mitgeteilt wurde. Man verfolge eine »neue strategische Geschäftspolitik« mit dem Ziel, »die Gewinne und Profite zu verbessern und dadurch ebenso den Unternehmenswert der Firma«.[101] Sander habe sich dazu entschieden, die Implementierung dieser neuen Industrie- und Verkaufsstrategie einem neuen Management zu überlassen und als Vorsitzende der Jil Sander AG zurückzutreten. Sie bleibe jedoch »eine bedeutende Anteilseignerin der Unternehmensaktien«.[102]

Sander hielt sich an jenem Tag dem Vernehmen nach in Meetings in Hamburg auf und war für keine weiteren Pressestatements erreichbar. Bertelli befand sich zum Zeitpunkt der Veröffentlichung der Pressemitteilung auf dem Weg ins neuseeländische Auckland, wo er einem Prada-gesponsorten Yachtrennen beiwohnen wollte.[103]

EINE ÄRA GEHT ZU ENDE

»Sander ist in einer ähnlichen Position wie Armani«, schreibt Modekritikerin Suzy Menkes am 1. Oktober 1999, also kurz nach dem Joint Venture mit Prada, in der *International Herald Tribune*.[104] »Sie hat ihren Namen und ihren Ruf mit einem sehr zurückgenommenen Stil verbunden, der wie eine Reinigung nach einer Periode des Übermaßes durch die Mode fegte.« Doch nun, mit Blick auf das neue Jahrtausend, müsse Sander einen Weg finden, ihre Arbeit mit Neuem anzureichern.

Tatsächlich hatte sie bereits damit begonnen, neue Techniken auszuprobieren, mehr Innovationen im Styling zu versuchen. »In den vergangenen Schauen präsentierte sie komplexe Biesen und Falten im Origamistil. Für das Frühjahr 2000 hatte sie ihre Kleider an Hals oder Schulter auf ein überschaubares Millefeuille aus Stoff reduziert.«[105] Diese Kleider dekorierten, ein völlig neuer Vorstoß, Blütendrucke und silberne Sterne. Sander selbst erklärte backstage, dass sie »Hawaii-Prints auf einem Hemd« ausprobiert hatte, um »etwas anderes« zu versuchen. »Wir müssen uns verändern«, sagte sie.[106]

Obwohl Menkes hier voller Bewunderung für die grafische Idee ist, Blumendrucke am Computer zu bearbeiten, eine Neuigkeit, mit der noch nicht viele Designer arbeiteten, und sie zu invertieren, oder wie Sander selbst sagte: »Sie zum Körper zu drehen«[107], sah sie hier doch eine Unentschlossenheit. Von den Prints nicht zu hundert Prozent überzeugt, lobte sie lediglich, dass Sander zwischen all den femininen Anklängen (Godet-Akzente an einem Rock, freie Rücken) klare moderne Linienführung beibehielt. Menkes zog den Vergleich zu Rei Kawakubo, die kurz zuvor mit ihren Entwürfen für Comme des Garçons für Aufsehen gesorgt hatte: »Sander kopiert

Comme nicht, aber der Gedankenprozess, der beide dorthin brachte, scheint identisch: Nimm die unerwartetste Idee für dieses Haus und gehe ihr nach.«[108]

Mit diesen Experimenten war 2000 dann Schluss. Bereits wenige Monate nach der Hawaii-Blüten-inspirierten Schau in Mailand lud Sander zum Abschied. Und den gestaltete sie mit der ihr eigenen nordischen Gelassenheit nach außen hin: »Brust raus, Schultern zurück, immer nach vorne schauen«, so stand es auf einer Programmnotiz zur Abschiedskollektion im Februar 2000. Ein anderes passendes Motto wäre wohl gewesen: Kämpfe trägt man nicht in der Öffentlichkeit aus.

Fünfzig Gäste hatte Sander vor Beginn ihrer Show in ihren weißen Showroom geladen, um ein paar Worte des Abschieds und zu ihrer Show an sie zu richten. Darunter Cathy Horyn, Modekritikerin der *New York Times*, die Sanders Worte festhielt: »Ich kann gar nichts zu der ganzen Sache sagen, das ist nicht mein Stil. Heute will ich, dass sich jeder gut fühlt, dass wir hier alle voller Energie rausgehen. Das Leben hat seine Tiefen. Ich hoffe, es wird alles gut gehen.«[109] Und es geht gut, zumindest für diese Show. Sander lässt optimistische Musik der deutschen Gruppe Sound Center spielen, sie will keinen schmerzhaften Abschied, sie will noch einmal alles geben, alles zeigen, was sie kann. Es gelingt: Horyn bezeichnet die Schau als »eine der besten, die Sander in Jahren gezeigt hat, modern hinsichtlich der Proportionen, der Passform und im Blick nach vorn in die Zukunft«.[110]

Sander trägt zur Präsentation eine dunkle Sonnenbrille, »um ihre Emotionen zu verstecken«, vermutet Modekritikerin Suzy Menkes.[111] Was Sander gelingt, ist nicht allen Anwesenden gegeben. Menkes berichtet von Modeprofis, die während der

Abschiedskollektion in Tränen ausbrechen, weil sie meinen, eine Ära sei zu Ende. »Sander wusste instinktiv, was moderne Frauen wollen, weil sie selbst eine ist«, schrieb Menkes.[112] Die letzten Entwürfe zeigen noch einmal das gesamte Repertoire der Designerin: »Ein schwarzer Pullover, der zu einem baiserleichten Rock getragen wird, oder schwarze Chiffonkleider, deren Schichten wie die Häutchen einer Zwiebel übereinanderliegen. Die Farben waren Graphit oder Kreide, gelegentlich huschten Rosa oder Orange über die Oberfläche.«[113] Sander hat noch einmal alles in diese Entwürfe gelegt, ihren Stil, ihre Vision in eine Schau kondensiert. An ein Ende kann die amerikanische Modekritikerin bei so viel Energie nicht glauben. Und mit dem Instinkt der jahrelangen Modekorrespondentin gibt Menkes ihrem Bericht die Überschrift: »Her Light and Fresh Collection Leaves Doubt That This Is End« – ihre leichte und frische Kollektion lässt Zweifel aufkommen, dass dies schon das Ende sei. Sie sollte recht behalten.

Doch zunächst musste die Marke hinnehmen, dass nach Sanders Rückzug gelinde gesagt kreatives Chaos ausbrach. Prada versäumte es, für die nächste Kollektion einen Nachfolge-Designer zu verpflichten. Entsprechend sah die Schau aus.

Menkes blieb eine strenge Verfechterin des Sanderschen Erbes. Als am 5. Oktober 2000 ihr Bericht aus Mailand in der *International Herald Tribune* erschien, titelte sie: »Titan Armani Celebrates, But Jil Sander Loses Its Soul« (Titan Armani feiert, aber Jil Sander hat seine Seele verloren). Scharf geht sie darin mit der neuen Sander-Kollektion, der ersten ohne Jil Sanders persönliche Beteiligung, ins Gericht: »Und die Jil-Sander-Kollektion ohne ihre Gründerin war von trübseliger Bemühtheit, bei der Komplexität für Kreativität gehalten wurde – sie hat die Marke ohne Seele zurückgelassen.«[114] Was in Mailand un-

ter dem Namen Jil Sander gezeigt wurde, sei ein »Desaster«
gewesen, das »von Sanders Team und ein paar Stylisten« zu-
sammengestellt wurde. Die Silhouetten wirkten für Menkes
künstlich, die Farben düster, alles ohne die Integrität und die
elegante Nüchternheit, die Sanders Design seit dreißig Jahren charakterisiere. »Die Show konzentrierte sich auf unbe-
schreiblich unförmige und schlechtsitzende Kleider; Knöpfe
sind über schlichte Shirtkleider versprengt, Trenchcoats stehen seltsam wulstig hervor und Röcke liegen als gebauschte
Röhren um die Hüften. Was haben Frauen getan, um das zu
verdienen?«[115]

Schaut man sich Videos der Fashionshows für Herbst 2000
und Frühjahr 2001, also die letzte Kollektion mit Sander und
die erste ohne sie, an, so ist der Schock der Berichterstatterin-
nen und Einkäufer sofort verständlich. Sanders Abschieds-
schau ist ein Bild reiner Perfektion, jede Jacke, jede Bluse, jede
Hose sitzt akkurat, keine Falten an der falschen Stelle, keine
verkehrten Proportionen. Jedes Teil ist für das jeweilige Model
angepasst. Als Gisele Bündchen in einem schlichten, engen
schwarzen Shirt mit einem weißen Rock erscheint, sieht sie
aus, als könne sie in dieser schlichten Kombination die Welt
erobern. Ihre Haare sind wie die aller Models zu lässigen Pfer-
deschwänzen gebunden, die locker fallen, aber dennoch Sorgfalt im Styling, Gepflegtheit nahelegen.

Ganz anders ein halbes Jahr später, schon die Frisuren der
Models sehen aus, als hätte das Stylistenteam keine Zeit mehr
gehabt, Kämme zu suchen. Mit verwuschelten Dutts, die vom
Wind zerzausten Vogelnestern gleichen, schleichen die jungen
Frauen vors Publikum. Auch vom selbstbewussten Gang, den
Sander ihren Models auf den Laufsteg mitgab, ist nichts mehr
übrig. Und was die Frauen am Leib tragen, verdient tatsäch-
lich das Wort Desaster: Die Kleider stehen an unmöglichen

Stellen ab, schlecht beziehungsweise gar nicht angepasst, als hätte man sie unfertig übergeworfen. Die Taillen weisen zu viel Stoff auf, der sich in unschöne Falten legt, die Baumwolle mancher Kleider ist so geknittert, als hätte man sie gerade aus irgendeinem Korb gezogen, die Ärmel der Blusen sind mal zu lang, mal zu kurz, von Nähten und Rocksäumen wollen wir gar nicht erst reden. Jeder Designstudent wäre wohl lieber im Boden versunken, als solche Entwürfe vor einem Publikum zu zeigen.

Besonders Bertellis Entscheidung, keinen neuen Designer als Ersatz für Sander bei dieser Show zu präsentieren, ruft bei Einkäufern wie Journalisten Unmut hervor. Wirkte es auf die Anwesenden doch als Affront, in etwa so wie heute Meldungen vom Ersetzen von Journalisten durch ChatGPT-Programme, also als könne man Mode ohne Handwerk, ohne Idee, ohne kreative Kräfte machen. Über den Umstand, keinen neuen Designer an Sanders statt präsentieren zu können, lässt sich Menkes in ihrem Bericht mit spitzen Worten aus, wie selbst Patrizio Bertelli sie nicht auf sich sitzen lassen will.

Am 12. Oktober 2000 erscheint deshalb eine presserechtliche Stellungnahme und Korrektur des Prada-Chefs in der *Tribune*: »... nachdem Frau Suzy Menkes die in Mailand präsentierte Sanderkollektion zu Beginn dieses Monats gesehen hatte, bestätigte sie, dass ›Patrizio Bertelli von Prada bekanntlich erklärt hat, dass er keinen Designer brauche, als er das Modehaus gekauft hat und Jil Sander feuerte. Er sollte an seinen Worten ersticken.‹ – Ich habe niemals gesagt, dass ›das Sander-Haus keinen Designer mehr benötigt‹. Im Gegenteil habe ich bei mehreren Anlässen – besonders während der Hauptversammlung der Aktionäre in Hamburg am 12. Juli 2000 vor dem großen Publikum der Aktionäre – bestätigt, dass es unmöglich wäre, Frau Sander über Nacht zu ersetzen, da Frau Sander erst am 15. März ihre Absicht kundgetan hatte, ihre Aktivität als Designerin nicht mehr fortsetzen zu wollen. Zweitens ist Frau Sander nicht von mir oder irgendjemand anderem aus dem Haus, das sie gegründet hat, gefeuert worden, sondern hat selbst beschlossen, die Firma zu verlassen.«[116]

Der Weggang Sanders bleibt für die Marke, die ihren Namen behalten wird, nicht ohne Folgen. Für die nächste Kollektion verpflichtet Prada den gerade einmal einunddreißig Jahre alten Designer Milan Vukmirovic, der zuvor knapp ein Jahr Tom Ford bei Gucci assistierte. Ab 2001 war er nun Kreativchef der Marke Sander, konnte die großen Fußstapfen, die die Designerin hinterlassen hatte, jedoch nicht füllen. Auch wenn er versuche, dem Erbe Sanders gerecht zu werden und ihrem Weg der minimalistischen Mode zu folgen, kämen seine Entwürfe doch nicht an Sanders Vorgaben heran, so die *International Herald Tribune* nach Vukmirovics erster Schau im März 2001.[117] Backstage habe man den Designer gelobt, doch in den Lobbys der Hotels, wo sich die Einkäufer und Journalisten nach der Schau trafen, habe sich »intensive Verachtung« breit gemacht, gar von einer »Tragödie« hätten manche gesprochen, kolportiert die *New York Times.*[118] Und noch härter gingen andere Modekritiker mit seinen Ideen zu Gericht. »Jeden Morgen, wenn der Wecker klingelt, wacht Milan Vukmirovic auf und merkt, dass er immer noch nicht Jil Sander ist«, schrieb etwa das Modefachblatt *Women's Wear Daily* mit beißendem Spott.[119]

Auch die Zahlen entwickeln sich entsprechend. Die Modejournalistin Stefanie Schütte fasste es in ihrer 2005 erschienenen Monografie »Die großen Modedesignerinnen« kurz und bündig so zusammen: »Nach dem Krach mit Bertelli und ihrem

Weggang rutschte das Unternehmen, das durch die Investitionen für neue Läden und die Herrenkollektion schon belastet war, tief in die roten Zahlen ab.«[120] Es war das Ende einer Ära, doch das neue Jahrtausend sollte noch einige Überraschungen bereithalten.

»MICH INTERESSIERT DAS NEUE, DAS ERST KOMMT.« – DAS NEUE JAHRTAUSEND

JIL SANDER KEHRT ZU »JIL SANDER« ZURÜCK, ERSTER TEIL

Milan Vukmirovic wird es nicht gelingen, an den Erfolg Jil Sanders anzuschließen. So kehrt die Designerin, zur Überraschung vieler, im Jahr 2003 als Kreativdirektorin zur Marke Jil Sander zurück. Der *New Yorker* stellte die Vermutung auf, dass Prada-Chef Bertelli entweder erwachsen geworden sei oder Angst habe[1], anders konnte man sich die Rückkehr der Chefin nach dem Zerwürfnis nicht erklären.

In der Tat stand es um die Marke Jil Sander nach dem Weggang der Designerin nicht gut. Führungs- und visionslos drohte sie in der Bedeutungslosigkeit zu verschwinden. »Gerade als die Umsätze in den Sander-Boutiquen auf ein gefährliches Niveau sanken, da passierte etwas Ungewöhnliches in der Branche. Frau Sander kehrte zurück, als Anteilseignerin – und als Chefdesignerin. Welche Mutter würde ihr Kind im Stich lassen für einen großen Batzen Geld, wenn es dem Kind schlechtgeht?«, fragte ICON-Chefredakteurin Inga Griese.[2]

Auch Modekritiker Alfons Kaiser sah in der Rückkehr zur

eigenen Marke vor allem persönliche Stärke: »Das zeigte auch, dass sie sich nicht einfach rausdrängen lassen wollte. Sie hatte einfach eine Idee davon, wie ihre Marke aussehen sollte, und wollte diese Idee sehr stark durchsetzen.«

Jil Sander mit einer Stoffmuster-Kollektion zu Beginn ihrer Karriere. Von ihrem Perfektionsanspruch wird Jil Sander nie lassen. Dies mag einer der Gründe sein, warum die Marke »Jil Sander« ohne Jil Sander nicht schlüssig funktioniert.

Wie also sah die Rückkehr von Jil Sander zu »Jil Sander« eigentlich aus? Die britische Modekritikerin Suzy Menkes feierte das Comeback im Oktober 2003 in Mailand als »eine Renaissance in mehrfachem Sinne«[3]: Zum einen sei es die Wiedergeburt der Designerin, die 2000 zurückgetreten war, zum anderen bezog sie den Renaissance-Verweis auf die von Sander für die Kollektion verwendeten Stoffe, die Muster aus dem 15. Jahrhundert zierten. Die Mailänder Sommermode für das Jahr 2004 war geprägt vom Mustertrend, Sander verband ihn mit einer Kollektion, die für all das stand, was die Designerin ihrer Marke als DNA mitgegeben hatte: Integrität, Gelassenheit, Reinheit, so Menkes.[4] Auch die *Vogue* stimmte in den Jubel ein: »Sander hat sich verändert, aber ohne sich dabei selbst zu verlieren.«[5]

Schon der Eröffnungslook sprach von einer neuen Leichtigkeit. Sander präsentierte ein zartes weißes ärmelloses Baumwollkleid mit ausgestelltem, leicht schwingenden Rockteil. Von der Hüfte bis zur Taille schimmerten sepiafarbene Blüten unter durchsichtigem weißen Stoff – feinsinnig, aber nicht verspielt. Überhaupt ist die Sommerkollektion durchzogen von einer sanften Freundlichkeit: plissierte Seidenröcke, weich fallende helle Trägerkleidchen in Ecru und Weiß, manchmal ockergelb oder hellgrau bedruckt.

Die vielen Muster waren neu. Sander erzählte den Journalisten nach der Show im Backstage-Bereich: »Ich habe mich in den drei Jahren verändert. Meine Familie sagt, ich sei erwachsen geworden.«[6] Sie habe sich mit der Idee, was es bedeutet, eine Frau zu sein, neu auseinandergesetzt in der Zeit, habe die Freude darin wiederentdeckt. »Mit etwas Abstand die Welt anzuschauen, hat mir ein neues Gefühl von Leichtigkeit verschafft.«[7]

Die Leichtigkeit bewahrt sie sich auch in der Herbstshow 2004. Sie zeigt scharfgeschnittene helle Mäntel mit hohem Kragen oder Lederdetails an Ärmeln und Schultern. Da ist ein smarter schwarzer knielanger Rock, über den sich von der Taille ein silberner Streifen wie ein Wasserfall ergießt. Und da sind zahlreiche Bustierkleider, schlicht, elegant und zeitlos. Die *Vogue* schwärmt von der perfekten Materialverarbeitung und empfiehlt ihren Leserinnen: »Sanders Kunden konnten sich immer darauf verlassen, dass sie den Albtraum der komplizierten Outfit-Zusammenstellung für einen geschäftigen

Tag abschaffte. Jetzt haben sie eine ebenso befriedigende Lösung für Abendtermine: Ziehen Sie Sanders trägerloses, subtiles cremefarbenes Kleid an – ohne Schmuck, Pelz oder Accessoires –, und Sie werden alle Blicke auf sich ziehen wie eine moderne Audrey Hepburn in einem Raum voller aufgemotzter Matronen.«[8]

Gleiches Lob erhält ihre Männerkollektion im Juni 2004, mit kurzärmeligen Hemden, schmalen Gürteln in Neonpink und Hosen, die jungen Bankern, Juristen und Beratern versprechen, vom Büro bis zum Abendtermin als eleganter, moderner Gentleman zu erscheinen. In der *Vogue* schreibt Tim Blanks: »Sanders idealisierte Interpretation des Americana der Fünfzigerjahre liefert weiterhin eine der ergreifendsten zeitgenössischen Visionen davon, wie sich Männer kleiden können.«[9]

Die ICON-Chefredakteurin Inga Griese besucht Sander im Oktober 2004 im Firmensitz in Mailand. Zur gleichen Zeit tummeln sich hier die Einkäufer, die aus der ganzen Welt angereist sind, um die Stücke zu bestellen, die auf den Schauen gefallen haben. »Die Auswahl fällt ihnen schwer, weil die Kollektion schon wieder so gut ist«, schreibt Griese. »Niemand hätte solche Spielereien erwartet. Rüschenkaskaden am Hemd. Goldknöpfe! Auf dem Trench. Der Mantel gilt schon jetzt als ›Musthave‹, wie die Fashionistas kreischten. Hütchen! Und Handtaschen in Hermès-Qualität in allen Farben und Formen.«[10] Das Geschäft läuft gut, seit Sander wieder an Bord ist. Die Modeleute und Sander-Fans können seit der Rückkehr nicht genug von ihr bekommen.

Doch lange soll das kreative Zwischenspiel nicht dauern. Im Februar 2005 gehen nur wenige Einladungen an ausgesuchte Modejournalisten für die Herbstkollektion. Die Atmosphäre ist bedrückend. Abermals schaut man auf die Reste von Ideen, die ein Team ohne die Designerin versucht hat, fertigzustellen. »Die intellektuelle Analyse hört nun auf«, konstatiert die *Vogue*. Die Sander-Ära sei jetzt endgültig vorbei, und »was das Haus hervorbringt, wird nun vorerst nur an seinem kommerziellen Erfolg gemessen werden«.[11]

Jil Sander hatte »Jil Sander« abermals verlassen.

AUS FÜR ELLERAU

Produktionsstätten in Deutschland, keine dreißig Kilometer von der Firmenzentrale entfernt? Das klingt heute undenkbar, haben große Modehersteller ihre Produktion doch längst nach Südosteuropa oder gleich wegen der noch billigeren Arbeitskräfte nach Asien verlegt. Der Trend begann bereits in den Achtzigerjahren, die Auslagerung der Produktionsstätten ins Ausland nahm aber stetig zu. Deutsche Textilunternehmen suchten günstigere Fertigungsorte und fanden sie erst in Südeuropa und der Türkei, nach dem Fall der Sowjetunion auch im ehemaligen Ostblock und dann vor allem in Asien. Im Bericht zum »Status deutscher Mode« des Fashion Council Germany aus dem Januar 2021 heißt es: »Noch in den frühen 2010er-Jahren – zwischen 2010 und 2012 – verlagerten 17 % der deutschen Textilhersteller Produktionskapazitäten ins Ausland und haben keine Kapazitäten wieder ins Inland verlegt (›Reshoring‹).«[12] Damit lagen die Modeunternehmen noch vor anderen Branchen wie zum Beispiel Elektronikherstellern.

Jil Sander blieb eine Ausnahme in der Modebranche. Sie hatte nach der misslungenen Indien-Produktion in den frühen Siebzigern für sich und ihre Marke entschieden, dass Qualität immer vorgehen müsse. Als sich ihr also 1989 die Gelegenheit bot, die Textilwerke in Ellerau, rund dreißig Kilometer nördlich von Hamburg, zu übernehmen, ging sie in die Verhandlung.

In Ellerau hatte die Mantelfirma erle ZF ihren Hauptsitz. Das ZF stand für »zierliche Frau«, man hatte sich auf schmale, gutsitzende Damenmäntel spezialisiert. 1946 von Artur A. Erlhoff gegründet, kann erle ZF fast exemplarisch für die Textilindustrie in Deutschland im 20. Jahrhundert gelten.

Kurz nach dem Zweiten Weltkrieg, als auch in Ellerau viele Kriegsflüchtlinge untergekommen waren, gründete Erlhoff sein Werk. Zunächst nähte man aus alten Militärdecken Mäntel. Der Betrieb beschäftigte in Glanzzeiten 1200 Mitarbeiter. Doch mit der Globalisierung wurde auch für erle ZF das Geschäft schwerer. Die dicken, schweren Wollmäntel kaufen in den Achtzigern immer weniger Kundinnen, das Design der Entwürfe entsprach nicht mehr dem Zeitgeist. Auch andere Aufträge brachen dem Unternehmen weg. Als dann auch noch Wolfgang Joop im Mai 1988 seine Herstellung im Textilwerk beendete, musste die Firma wenige Monate später 1989 Konkurs anmelden.

Hier trat Sander auf den Plan. Sie hatte 1988 einen Jahresumsatz von 200 Millionen Mark erwirtschaftet und war mitten in den Vorbereitungen, ihr Unternehmen an die Börse zu führen, als sich die Gelegenheit bot, Ellerau als eigene Produktionsstätte zu erwerben. Bislang kamen ihre Kleider allesamt aus italienischer Produktion. Ende der Achtzigerjahre aber beklagten sich viele deutsche Kleiderfabrikanten darüber, dass die Produktion in Italien so teuer geworden sei wie in Deutschland.[13] Warum also nicht gleich in Deutschland produzieren?

Die Lage der Werke in Ellerau direkt vor der Haustür und der damit verbundene sofortige Zugriff auf die Lieferung der Ware mögen ein zusätzlicher Vorteil gewesen sein. Zudem brachte der Erwerb eines Unternehmens im Konkurs einige Vorteile mit sich, wie der *Spiegel* 1989 berichtete: »Rund acht Millionen Mark wird Jil Sander das Kleiderwerk kosten. Knapp eine Million steuert die Regierung von Schleswig-Holstein bei.«[14]

Sander setzt auf die Fertigkeiten der Näherinnen, übernimmt von den 185 Angestellten vor allem die ausgebildeten Arbeiterinnen aus der Produktion; Näherinnen und Schneiderinnen bleiben, Management und Verwaltung werden ausgetauscht.

Fortan produziert Ellerau exklusiv für Sander. Vor Ort entsteht ein Outlet, in dem manche Luxusstücke für weniger als die Hälfte der Boutiquepreise angeboten werden. Selbst Hamburgerinnen fahren dafür bis in die Kleinstadt.

Für etwas mehr als zehn Jahre hat Sander damit das Leben der Werkstätten verlängert. Doch mit dem Joint Venture mit Prada und ihrem Weggang als Designerin müssen auch die deutschen Näherinnen um ihre Arbeitsplätze fürchten. An einem grauen, nassen Mittwoch im Jahr 2005 überbringt der damalige Jil-Sander-Vorstand Giacomo Ferraris den Mitarbeitern die Hiobsbotschaft: Prada will das Werk schließen, die hundertdreißig Mitarbeiter werden entlassen, außerdem will man neunzig Stellen in Hamburg streichen.

Es ist der 9. März, zwei Tage später stehen die Arbeiterinnen im Schneeregen vor den Toren ihres Werkes und protestieren gegen die plötzliche Schließung. Die Identifikation mit der Marke war groß, umso größer ist nun die Enttäuschung, dass Sander selbst nichts unternehme: »Jil Sander hängt zwar noch in Überlebensgröße als Foto bei uns an der Wand. Doch wir sind von ihr zutiefst enttäuscht«, sagte eine Näherin einem Reporter des *Hamburger Abendblatts*.[15] Dass Sander zu der Zeit längst nur noch als Kreativdirektorin bei dem Unternehmen arbeitet, das ihren Namen trägt, und selbst diesen Posten gerade wieder im Begriff ist zu räumen, hat hier noch niemand verstanden.

Eine etwas kühlere Einschätzung liefert der damals ebenfalls bei den Protesten anwesende IG-Metall-Gewerkschafter Peter Seeger: »Es ist gegenüber den Mitarbeitern eine Unverschämtheit, dass das Unternehmen jahrelang Miese gemacht hat und nichts passiert ist.«[16] Jil Sander habe in den vier Jahren seit 2001 ein Defizit von 104 Millionen Euro produziert. Das Unternehmen hätte eher einlenken müssen, um das Werk zu erhalten.

Die Schließung ist im März 2005 nicht mehr abzuwenden. Das Werk Ellerau wird nach sechzig Jahren zugemacht. Prada verlegt die Produktion der Jil-Sander-Kleidung nach Italien.

QUEEN OF LESS FOR LESS – ZUSAMMENARBEIT MIT UNIQLO

Nachdem Jil Sander ihr eigenes Unternehmen 2005 zum zweiten Mal verlässt, vermuten viele, dass sie sich nun aus der Mode zurückziehen werde. Die Designerin ist mittlerweile zweiundsechzig Jahre alt, manch anderer würde sich jetzt in einen zeitigen Ruhestand begeben, sich ins Private zurückziehen. Sie nutzt die Zeit auch tatsächlich, um sich zu sammeln. Entdeckt Yoga für sich. Unternimmt Reisen, für die sie zuvor keine Zeit hatte, besucht Afrika, kauft ein Ferienhaus.[17]

Doch das Kreative, ihre Liebe zum guten Design treibt sie weiter um. Das, was sie gern als »missionarischen Zug« in ihrem Charakter beschrieb, ist noch immer stark, noch immer will sie die Welt schöner, ästhetischer gestalten. Die Mode lässt Sander nicht in Ruhe. Und die nächste Gelegenheit, sich kreativ zu verwirklichen, kommt aus Japan.

2009 unterzeichnet Sander einen Beratungsvertrag mit der japanischen Bekleidungskette Uniqlo. Die 1974 gegründete Marke hatte sich damals zu einem der weltweit größten Fast-Fashion-Unternehmen etabliert. Mit mehr als zweitausendsechshundert Mitarbeitern, mehr als siebenhundert Geschäften auf drei Kontinenten und einem Umsatz von knapp drei Milliarden Euro war Uniqlo Asiens Antwort auf H&M, Gap und die Inditex-Gruppe (zu der unter anderem Zara gehört).

Fünf Jahre zuvor hatte H&M begonnen, exklusive Kollektionen in Zusammenarbeit mit Luxusdesignern herauszubringen. 2004 machte Karl Lagerfeld den Auftakt, große Namen wie Stella McCartney, Roberto Cavalli und Victor&Rolf folgten. Die Kollektionen waren limitiert, beschränkten sich auf wenige Stücke in begrenzter Auflage, der Hype war dadurch programmiert. Die Kundinnen prügelten sich in den Läden fast um die günstigen Stücke aus Designerhand. Ein ähnliches Konzept dürfte auch Uniqlo vorgeschwebt haben, als sie Sander anfragten.

Jil Sander ließ sich künstlerische Freiheit zusichern und baute sich ein eigenes kleines Team auf, mit dem sie die +J-Kollektion entwarf. »Es war übrigens das erste Mal in meinem Leben, dass ich nicht der Boss war. Ich war alle sechs Wochen in Tokio, dort haben wir die Linie aufgebaut«, erzählt Sander.[18] Das Pendeln genießt sie, bringt es doch neue Perspektiven: »Die japanische Kultur hat mich schon immer fasziniert.

Und dann diese Modernität, diese Bahnhöfe, an denen am Tag zwei Millionen Menschen aussteigen! Als ich dann wieder nach Mailand flog, kam mir der Flughafen wie eine Busstation vor.«[19]

Im Laufe der Kollaboration werden ihre Trips nach Tokio weniger, das japanische Team kommt nun öfter nach Deutschland. Doch am 11. März 2011 befindet sich die Designerin mal wieder in Japans Hauptstadt. Um 14.46 Uhr beginnt die Erde zu beben. Eine Tsunamiwelle überflutet kurz darauf Hunderte Kilometer der Pazifikküste des Inselstaats. Als sie das Kernkraftwerk Fukushima erreicht, ist sie noch vierzehn Meter hoch. Die Schäden am Kraftwerk führen zu einer Kernschmelze in mehreren Reaktoren. Doch davon ahnt man im rund dreihundert Kilometer südöstlich entfernt liegenden Tokio noch nichts, als die Erdbebenwellen auch hier zu spüren sind. Sander ist an jenem Nachmittag im Hauptquartier des Uniqlokonzerns in Tokio Midtown. Das Beben schüttelt hier die höchsten Wolkenkratzer Japans durch. Auf dem zwei Kilometer entfernten Fernsehturm Tokio Tower verbiegt es die Spitze.[20] Sander aber bleibt ruhig und optimistisch, als sie das Gebäude verlassen muss. So berichtet es ein Bekannter der Designerin, der dabei war, später dem Branchenblatt *Women's Wear Daily*.[21] Und fügt gegenüber den Reporterinnen des Branchenblatts bewundernd hinzu, Sander habe niemals Angst vor Erdbeben oder anderen Naturkatastrophen gehabt, und er erzählt außerdem von der Solidarität, die Sander gegenüber ihren japanischen Mitarbeitern zum Ausdruck gebracht habe, und von den Spenden für die Opfer der Katastrophe.[22]

Vor diesen dramatischen Erlebnissen in Tokio aber liegen zwei Jahre guter, ruhiger Zusammenarbeit. Mit Uniqlo kehrt Sander zu ihrer Anfangsidee zurück: schöne, einfache Kleidung, gut geschnitten, zu günstigen Preisen für die Massen produziert. Nach mehr als dreißig Jahren hat sie die Gelegenheit, mit einem großen Partner ihre Vision endlich umzusetzen, und ist überrascht, wie gut es gelingt. Ihre Entwürfe sind in den chinesischen Fabriken, die Uniqlo beliefern, gefertigt worden, so präzise, wie sie es sich vorgestellt hat. Es seien »gute Basics« mit »der richtigen Qualität und den richtigen Proportionen«, so Sander.[23]

Sie arbeitet hier wieder mit derselben Präzision, mit der sie ihre eigene Marke an die Spitze gebracht hatte: Sie sucht Fotografen und Stylisten für ihre +J-Kollektion und findet sie in alten Weggefährten aus den Neunzigerjahren. Joe McKenna, der mit dem Fotografen David Sims damals für Sander gearbeitet hatte, ist wieder an Bord und nicht überrascht, dass Sander bei den Anproben der günstigen Kleidung für Uniqlo dieselbe Perfektion an den Tag legt wie früher. Drei- bis viermal lässt Sander ein Kleidungsstück anpassen, bis auch das letzte Detail stimmt. Stylist McKenna kennt das noch von seinen früheren Kollaborationen mit der Designerin, sie ist unverändert, hält an ihrem Arbeitsethos fest. »Es ist dieselbe Exaktheit, die gleiche Disziplin – jeder Faden, jeder einzelne Knopf ist hier wichtig, genauso war es auch bei Jil Sander«, sagt McKenna.[24]

Inspiration zog Sander aus den Dingen, die sie selbst nach der Pause vom eigenen Unternehmen für sich entdeckt hat: Walken, Yoga, Pilates.[25] Ihr schwebte eine sportliche Kollektion vor, die das junge Publikum von Uniqlo ansprechen kann. Sie recherchierte Sportbekleidung, besuchte Outdoor-Ausstatter und fand dort eine Anregung für leichte Daunenjacken, wie sie Bergsteiger komprimiert im Gepäck mitnehmen können. Ginge so etwas nicht auch für die +J-Kollektion umzusetzen?, fragte sie sich. Und wird damit einen Trend anstoßen, der Uniqlo noch über Jahre gute Verkaufsergebnisse beschert: »Die leichten Daunenjacken sind heute nicht mehr wegzudenken«, so Sander.[26]

»Das war Jils Handschrift, unverkennbar«, bemerkte auch das ehemalige Model Renata Zatsch. »Als sie diese Linie für Uniqlo annahm, dachte ich mir noch, in dem Alter würde ich es nicht mehr machen, aber wenn man etwas so liebt, dann macht man weiter, so wie auch ein Schriftsteller nicht einfach aufhören kann zu schreiben.«

Die Idee mit den Daunenjacken wird das Aushängeschild der Kollektion. Elegant aktualisiert mit metallischem Finish, waren es diese Entwürfe, die in den meisten Artikeln der Modemagazine zur Ankündigung der neuen Kollektion abgebildet wurden. Hundert verschiedene Stücke hatte Sander für Uniqlo entworfen, von Basics wie einem schlichten dunkelgrauen Mantel über scharfgeschnittene weiße Hemden und graue Strickjacken bis zu ausgefalleneren, aber dennoch zeitlosen Stücken wie einem Trenchcoat in warmem Bordeauxrot und einem Männerjackett aus Samt.

Als die Kollektion in New York City am 1. Oktober 2009 in die Läden kam, zog sich die Schlange der Modeliebhaber bereits um sieben Uhr morgens über mehrere Blocks, obwohl die Geschäfte von Uniqlo erst drei Stunden später öffnen sollten. Die *Glamour*-Reporterin Tracey Lomrantz Lester berichtete begeistert: »Jedes Stück passt wie angegossen. So viele Designer-Kollaborationen klangen bislang nur auf dem Papier gut und waren dann total enttäuschend, als man die tatsächlichen Stücke in der Hand hielt.«[27] Hier war das anders. Sander hielt, was ihr Name versprach.

Die Schlangen bildeten sich nicht nur in New York, auch in den europäischen und asiatischen Filialen war der Andrang groß. Grund war vor allem die Bepreisung der Artikel. Zwischen 25 und 200 Euro kostete die Kleidung, gerade einmal ein Zehntel des Preises, für den ähnliche Pullover, Blusen und Mäntel früher in Sanders Boutiquen verkauft wurden. Luxus zu günstigen Preisen, gutsitzende, langlebige Stücke für die Massen: Sanders alter Traum ging also tatsächlich in Erfüllung. »Das hat mir viel Spaß gemacht, diese demokratische Haltung, dass Mode für alle ist. Niemand sagte, was ich mein Leben lang gehört hatte: ›Aber das ist so teuer!‹«[28], freute sich die Designerin. »+J als Mode für jeden – diese Idee hat mich begeistert. In New York habe ich mitbekommen, dass eine Frau 17 Tüten mit meinen Sachen kaufte!«[29]

Zwei Jahre bleibt Sander als Beraterin bei Uniqlo, Ende 2011 beendet sie die Kooperation. Das gemeinsame Statement dazu liest sich wie die öffentliche Erklärung zweier prominenter Ehepartner, die beschließen, Freunde zu bleiben. Man sei sich »darin einige, die Möglichkeiten der kreativen Kollaboration vollkommen ausgeschöpft zu haben und erreicht zu haben, was man vorhatte zu erreichen«.[30] Die beiden Parteien beschlossen, Sanders Beratungstätigkeit mit der letzten Herbstkollektion zu beenden. Ein Anruf der Reporterinnen des Fachblatts *Women's Wear Daily* im Hamburger Büro von Sander bestätigt die gute Laune auf beiden Seiten. Sander sei glücklich über alles, was sie erreicht habe, und wolle die Zusammenarbeit mit einer gelungenen Kollektion mit großartigen Kaschmirteilen beenden.[31] Neue Projekte stünden nicht an, so die Sander-Sprecherin gegenüber den Reporterinnen, doch Sander »liebe Herausforderungen«.[32]

Ob dies eine Aufforderung an potenzielle Gesprächspartner

für neue Angebote war? Lange sollte Sander nicht ohne neues Projekt bleiben. Obwohl sie bereits siebenundsechzig Jahre alt ist, denkt sie nicht daran, sich zur Ruhe zu setzen.

JIL SANDER KEHRT ZU »JIL SANDER« ZURÜCK, ZWEITER TEIL

»Raf Simons geht, Jil Sander kehrt zurück«[33], vermeldet die Deutsche Presse Agentur am 27. Februar 2012 und spricht von einer »Sensation in der Modewelt«. Als Überschrift wählt man beim Nachrichtendienst ein wenig zurückhaltendes »Halleluja!«. Die Meldung platzte mitten in die Mailänder Modewoche, bei der Raf Simons eine Show präsentierte, von der nun klar wurde, dass es seine letzte für die Marke sein sollte.

Dem belgischen Designer Simons war es nach Sanders zweitem Rückzug gelungen, die Marke wieder auf einen Designkurs zu bringen, der ihrem Kern am nächsten kam. Er bediente die minimalistische Ästhetik, erweiterte sie nicht um Spielereien, sondern arbeitete weiter mit der Farbpalette, die Sander bereits Ende der Neunzigerjahre zart erweitert hatte. Im opulenten »Mode«-Buch der Kunsthistorikerin Arianna Piazza heißt es: »Unter Raf Simons wurden die Konturen weicher, und insgesamt schlichen sich, wie für die Mode des neuen Jahrtausends typisch, einige Elemente aus dem Streetstyle in den Stil des Hauses.«[34] Simons, der als Kreativchef von 2005 bis 2012 den Stil bei Jil Sander bestimmen konnte, brachte also etwas mehr Muster, zartere Farben und ein paar neue Schnitte zur Marke. Am schönsten lassen sich seine kreativen Entwürfe noch heute im italienischen Film »I am Love« von Luca Guadagnino aus dem Jahr 2009 bestaunen. Darin hat er die Garderobe für Tilda Swinton entworfen. Sie spielt die Hauptrolle, eine russischstämmige Industriellengattin, die in eine reiche Mailänder Textilunternehmerfamilie eingeheiratet hat und dort ein nach außen hin perfektes, aber eben nicht ganz glückliches Eheleben führt – und sich im Laufe des Films in einen Koch verlieben wird. Die Kleidung unterstreicht ihren gesellschaftlichen Status: elegante, aber locker sitzende Shiftkleider in Rot- und Violetttönen, geradlinige kragenlose Mäntel in Taubengrau, schlichte Hosen, die betontes Understatement wahren.

Als Jil Sander 2012 zur großen Überraschung vieler Modejournalisten zurückkehrt, zeigen sich einige skeptisch, ob sie denn wisse, worauf sie sich einließe. »In den letzten Jahren haben in der Branche unglaubliche Beschleunigungsprozesse stattgefunden. Die Designer müssen immer mehr Kollektionen entwerfen. Und der mediale Druck hat durch die elektronischen Medien weiter zugenommen. Es wird spannend sein zu erleben, wie sich Jil Sander heute in diesem System zurechtfindet«, prognostizierte Michael Werner, Chefredakteur des deutschen Branchenmagazins *TextilWirtschaft*.[35]

Es wird auch diesmal kein langes Engagement. Bereits ein Jahr später, 2013, tritt sie aus privaten Gründen als Kreativdirektorin zurück. Ihre letzte Kollektion ist die für das Frühjahr 2014.

»Ich erinnere mich noch genau an diesen letzten Abschied von ihr«, sagt Alfons Kaiser. »Da stand auch ich in einer sehr langen Schlange in ihrem Showroom in Mailand, wo sie immer die Schauen abhielt.« Sonst, so erinnert sich Kaiser, war Sander bei Schauen immer sehr zurückhaltend: »Sie ist ja eigentlich eine sehr fragile Person, nicht groß, nicht mächtig, relativ zurückhaltend, vielleicht sogar ein bisschen schüchtern.

Und dann hat sie so eine starke Aussage modisch gemacht, das finde ich schon bemerkenswert. Und es zeigt auch so ein bisschen, dass Modemacher sich oft nicht so gut darstellen können, sondern sich durch die Mode darstellen.«

Das zurückhaltende Verhalten sei eine Eigenschaft, die er vor allem bei Designerinnen beobachtet habe, die Männer in dieser Branche reagierten immer anders. »Bei Gabriele Strehle war es ähnlich, das war mir bei den Modeschauen sofort aufgefallen. Wenn Sander oder Strehle nach der Show rauskamen, haben sie nur kurz gewunken, so wie das heute noch Miuccia Prada macht. Kurz rausschauen, vielleicht drei Sekunden, vier Sekunden, fünf Sekunden und sie sind wieder weg«, beobachtete Kaiser. Bei den Herren hingegen herrsche Präsentationsstolz: »Guck dir alle Männer an, von Tommy Hilfiger bis Karl Lagerfeld, von Lacroix bis Gaultier, von Ralph Lauren bis Lutz Huelle. Alle laufen auf den Laufsteg, begrüßen und küssen noch mal die Leute in der ersten Reihe, lassen sich abbilden mit Models.« Sanders Mailänder Konkurrent Armani habe diesen Auftritt perfektioniert, so Kaiser. »Der stellte sich noch mal mit den ganzen Mädchen oder den Jungs auf, um sich noch mal fotografieren zu lassen. Alle Pressefotografen stürmten dann nach vorne, nahmen sie sozusagen in ihrer ganzen Glorie noch mal auf. Und Jil Sander war da genau das Gegenteil. Sie hat kurz hervorgelugt, schüchtern gegrüßt, und weg war sie also. Sie wollte eigentlich nur durch ihre Mode sprechen.«

Bei der letzten Sander-Schau aber kommt sie nicht umhin, die Wünsche und Worte der Wartenden entgegenzunehmen. In der Schlange in ihrem Showroom stehend, bemerkte Kaiser: »Die Leute haben sich alle tränenreich von ihr verabschiedet. Das war ein sehr emotionaler Moment.«

Der Abschied Sanders von der eigenen Marke, von dem Unternehmen, das sie über Jahrzehnte aufgebaut hatte, wird diesmal endgültig sein.

Auf Sander folgt bei Jil Sander der Italiener Rodolfo Paglialunga. Kein Neuling diesmal, keine Notlösung, sondern jemand, der eine eindrucksvolle Modelaufbahn vorzeigen konnte: für Vionnet, Romeo Gigli und Prada hatte er bereits gearbeitet. Paglialunga bleibt fünf Jahre. 2017 verlässt er das Haus. Seitdem entwirft das Designerduo und Ehepaar Lucie und Luke Meier, sie Schweizerin mit deutschem Vater, er gebürtiger Kanadier, als kreative Doppelspitze die Mode bei Jil Sander.

ANGELICA »DICKY« MOMMSEN

»Ich war eine der ersten, die ihre Boutique in Hamburg besuchte«, erzählte Angelica Mommsen 1994 dem *Vanity-Fair-*Reporter Bob Colacello.[36] Am Tag der Eröffnung sei sie bereits dorthin gegangen, sagte die Tochter eines Versicherungsunternehmers. Doch es habe bis 1982 gedauert, bis sie Sander tatsächlich privat kennengelernt habe. »Ich gebe jeden Sommer eine Party in meinem Haus, wenn auf der Insel im Plöner See die Seemöwenküken aus den Eiern schlüpfen. Und dazu hatte ich Jil eingeladen«, erzählte Mommsen Colacello. Sander ist Ende dreißig, als sie die Einladung zu der Sommerparty erhält, und sie nimmt sie an, fährt auf das Landgut rund hundert Kilometer nordöstlich von Hamburg. Schon bald darauf sind die beiden Frauen ein Paar.

Mehr als dreißig Jahre wird die Beziehung halten, wie in einer Ehe, die Homosexuellen damals in Deutschland noch verwehrt war, bis zum Tod. Sander teilte ihr Leben scharf in Öffentlichkeit und Privates. Und das Private versuchte sie, so

gut es ging, vor dem neugierigen Zugriff der Presse zu schützen. Es war kein Geheimnis, dass sie eine lesbische Beziehung
mit Angelica Mommsen führte, die »Dicky« genannt wurde
(manchmal taucht als Schreibweise auch »Dickie« auf). Doch
sie ließ keine Details darüber nach außen dringen.

Was weiß man also über die langjährige Lebensgefährtin?
Angelica Mommsen war vor der Beziehung mit Jil Sander
zweimal verheiratet, aus der ersten Ehe stammten drei Söhne.
»Jil Sander hat keine Kinder, aber sie liebt die drei Söhne
und die drei Enkeltöchter ihrer Lebensgefährtin Dickie (sic!)
Mommsen wie ihre eigenen«, schrieb ICON-Chefredakteurin
Inga Griese 2004 in einem Porträt.[37]

Als die britische Modekritikerin Suzy Menkes Jil Sander
einmal in ihrer Hamburger Villa zum Gespräch trifft, will
sie in den barocken Einrichtungselementen und den antiken Büchern auch Mommsens Handschrift erkennen, deren
Geschmack literarisch und musikalisch geprägt sei.[38] »Frau
Mommsen definiert für sich Vergnügen als Besuch eines Kon-
zerts von Daniel Barenboim, wenn sie ihre Kinder in Berlin
besucht«, schreibt Menkes.[39]

Auf Gut Ruhleben am Plöner See, dem Geburtshaus von
Mommsen, verbrachte das Paar viel Zeit. Regelmäßig fährt
Sander mit ihrer Lebensgefährtin hierher. Wenn beide die
Zeit dafür finden, verbringen sie sogar jedes Wochenende hier.
Mommsens Vater, ein Versicherungstycoon, hatte das Gut ei-
nem Adligen um die Jahrhundertwende abgekauft, schreibt
Vanity-Fair-Reporter Colacello. Mommsen selbst beschreibt
er bei seinem Besuch auf dem Gut 1994 als große, auffällige
Frau mit rabenschwarzen Haaren. Auf einem der wenigen
öffentlichen Schnappschüsse, die es von ihr auf Abendveran-
staltungen an der Seite Sanders gibt, überragt sie die Designerin um einen halben Kopf.[40] Das Foto aus dem Jahr 1994 zeigt

Mommsen mit strahlendem Lachen, in der Hand ein Champagnerglas. Sie trägt eine weiche rostrote Jacke, die Ärmel hat sie lässig umgeschlagen, um den Hals eine Perlenkette, am Finger einen dicken Goldring. Ihr Stil war auffälliger als Sanders, wirkt neben ihr fast schon opulent. Man versteht, wie Menkes zu dem Schluss kam, dass die barocken Einrichtungselemente der Villa auf Mommsens Einfluss zurückgehen könnten.

Sander hat auf dem Gut am Plöner See einen großen Garten angelegt, Rosen gezüchtet (Sanders Blick auf die Natur wird im nächsten Kapitel näher beleuchtet). Die Leidenschaft fürs Gärtnern teilte sie mit der Lebensgefährtin. Manches Mal saßen die beiden auf einer der Bänke zwischen den Blumen, ruhten sich aus, betrachteten das Werk. Manchmal schnitten sie gemeinsam die zahlreichen Rosen.[41] In der Ausstellung im Frankfurter Museum Angewandte Kunst 2017 wird Sander dem Garten einen eigenen Raum mit einer Videoinstallation widmen. Die Kamera fliegt in Drohnenperspektive über den Garten, eine Wasserfontäne spritzt hinauf ins Sonnenlicht, das Licht bricht sich, ein Regenbogen leuchtet auf. Dieses Video sei sehr persönlich, »spirituell oder meditativ«[42], erzählt sie Journalisten, denn es sollte kein Dokumentarfilm werden, vielmehr ein intimer, kleiner Abschiedsgruß an die Lebensgefährtin, die die Ausstellung in Frankfurt leider nicht mehr erleben konnte.

Als Sander sich 2013 abermals als Kreativchefin bei Jil Sander zurückzieht, tut sie es offiziell »aus privaten Gründen«.[43] Sie will der Lebensgefährtin beistehen, bei der eine Krebserkrankung diagnostiziert worden war. Obwohl sie ihr Privatleben nicht der Öffentlichkeit preisgeben will, berichten einige Medien von der Erkrankung der Freundin. Später wird Sander darüber sagen: »Mein ganzes Leben habe ich versucht, meine Privatsphäre zu schützen. Nichtsdestotrotz hat die Bildzeitung

2013 Schlagzeilen darüber geschrieben, dass Frau Mommsen erkrankt ist und ich meine Arbeit bei Jil Sander beschlossen hatte, aufzugeben. Ich weiß nicht, woher die das erfahren haben. Ich wollte das nicht.«[44]

Sander steht der Lebensgefährtin in den letzten Monaten bei. Am 1. Juni 2014, im Alter von zweiundsiebzig Jahren, stirbt Angelica Caritas Mommsen Mutzenbecher, wie ihr vollständiger Name in der Traueranzeige lautet, die Sander in den *Kieler Nachrichten* und der *Frankfurter Allgemeinen Zeitung*[45] schalten lässt. »Jil Sander hat ihre Karriere unterbrochen, um in den letzten Monaten bei meiner Mutter zu sein. Das war wunderbar für sie«, wird Mommsens ältester Sohn, Dominic von Werthern, damals zweiundvierzig Jahre alt, (ausgerechnet) gegenüber der *Bild am Sonntag* erzählen.[46]

Sander selbst wird sich dazu nicht äußern. Sie hat alles, was zu sagen ist, in die Traueranzeige geschrieben: »Möge dein Weg dir stets entgegenkommen / der Wind dir stets im Rücken sein / möge die Sonne dein Gesicht erwärmen / der Regen sanft auf deine Felder fallen / und bis wir uns wiedersehen / hält dich Gott in seiner Hand.« – die Worte eines alten irischen Reisesegens begleiten Angelica Mommsen auf ihrer letzten Reise.[47]

DIE LANDSCHAFTSGESTALTERIN

Das Gut in Plön war für das Paar ein Rückzugsort. Manchmal luden sie hierher Gäste ein. Bob Colacello wurde 1994 ein Rundgang durch die Gartenanlage gewährt: »Sander zeigt in Richtung der Insel und des Plöner Schlosses, als wir vom japanischen Garten, den sie fünf Jahre zuvor angelegt hat, an

einem weißen Gartenpavillon im französischen Stil vorbei-
laufen, einer Ergänzung, die erst im vergangenen Sommer
hinzukam. Dann geht es eine Allee frisch gepflanzter Linden-
bäume hinab zu ihrem aktuellem Projekt: ein formaler Garten,
der von Penelope Hobhouse, der englischen Gartenberaterin
und Autorin, entworfen wurde.«[48] Klar und symmetrisch geht
es in diesem Garten zu: »Hier werden vier Räume entstehen,
alle durch Hecken abgeteilt«, erzählte Sander.[49] »Ein Teil soll
ein Rosengarten werden, dort wird ein Blumengarten entstehen, ein Gemüsegarten und ein Kräutergarten.« Es könne bis
zu fünfzehn Jahre dauern, bis die Bäume und Pflanzen dem
endgültigen Ziel nahekämen, prognostizierte Sander.

In der Ausstellung im Frankfurter Museum Angewandte
Kunst kann man 2017 das Ergebnis in einer Videoinstallation
bewundern. In einem abgedunkelten Raum mit schwarzen
Wänden läuft als Loop ein kleiner Blick in ihre Gartenwelt:
Eine Drohne fliegt über die strenge Symmetrie, in der sich
das üppige Grün der Morgensonne präsentiert. Bäume sind in
perfekte Kugeln geschnitten, Hecken grenzen Beete ein, struk-
turieren das Bild. Kurz möchte man meinen, man sei hier im
prototypischen Garten eines englischen Herrenhauses gelandet. Dann blendet das Video über in die Ansicht eines großen
Teiches, rote Goldfische huschen unter Seerosenblättern entlang. Eine weiße Holzbrücke überspannt die Wasserfläche.
Man sieht Sander am Ufer des Teichs spazieren. Eine Fontäne
fährt aus einem Springbrunnen hervor ins Sonnenlicht. Der
dunkle Raum und das meditative Video lassen die Zuschauer
in den Anblick der Natur versinken, so als würden sie tatsächlich gerade im Garten spazieren.

Auf der Rückseite der Videoinstallation hängt auf schwar-
zem Grund ein kleines, rund dreißig Zentimeter breites
Bild aus dem Jahr 1415: »Oberrheinischer Meister: Das

Paradiesgärtlein.« Es ist eine Leihgabe des Frankfurter Städel Museums. Darauf sitzt die Gottesmutter im lapislazuliblauen Gewand lesend im Garten, zwischen Tulpen und Wilderdbeeren spielt das Jesuskind auf einer Laute, unter einem Baum ruhen Engel und Heilige aus. Der Garten ist von einer Mauer umgrenzt. Die Natur ist drinnen, doch sie ist nicht wild, sie ist gezähmt, kultiviert. Das Bild kann als Schlüssel für das Gartenideal Jil Sanders gelesen werden. Auch sie sucht die Natur zu ordnen, nach eigenen Vorstellungen zu formen. Nicht umsonst überschreibt die Ausstellung den Gartenabschnitt mit dem Zitat: »Einen Garten anzulegen, das ist wie die Suche nach einer besseren Welt.«[50]

Die Gartenarbeit ist Sanders Leidenschaft. Auch auf ihrem Anwesen auf Ibiza ging sie der Gestaltung der Gartenflächen nach, ließ Olivenbäume setzen und produzierte daraus ihr eigenes Öl.[51] Und doch hat Gartenarbeit für Sander augenscheinlich nicht die gleiche Bedeutung wie für manchen Hobbygärtner. Es geht nicht in erster Linie darum, sich durch Säen und Harken an der frischen Luft mal etwas Abwechslung vom Büroalltag zu verschaffen. Nein, der Garten in Plön, die Bäume auf Ibiza, das alles spricht einmal mehr für einen starken Gestaltungswillen, eine Kreativität, die sich auch in der Natur Bahn bricht. Wir erinnern uns an Baudelaires Grundsatz, dass Schönheit dem Ideal der »erhabenen Umgestaltung der Natur«[52] nachstrebt. Auch dies ein Wesenszug der Moderne: Das Chaos gilt es zu ordnen.

Diese Ordnung, die beharrliche Ausdauer und Vision, zeigt sich heute im Ergebnis des Gartens in Plön. Besucher beschreiben ihn als Äquivalent zu Englands Sissinghurst, dem legendären Gartengelände in Kent, auf dem sich über mehrere Hektar zehn abgeschlossene, bis in letzte Details ausgestaltete Gärten erstrecken. Im Ausstellungskatalog zu Sanders Werkschau »Präsens« in Frankfurt beschreibt Ingeborg Harms die Gartenanlage so: »In einer nach englischer Art gestalteten Landschaft vier heckengerahmte Quadrate; eines beherbergt die Rosen, eines die Obstbäume, das nächste Beeren-, Schnitt- und Nutzgärten. Doch das vierte blieb leer: ein rasenbedecktes Karree – Jil Sanders Verbeugung vor der asiatischen Leere, die in den Tempelgärten der Zenreligion ihre entschiedenste Ausformung findet.«[53]

»PRÄSENS« – WERKSCHAU IN FRANKFURT

Im Vorwort zu Elisabeth Wilsons »In Träume gehüllt. Mode und Modernität« schrieb Sander im Jahr 1989: »Zum Thema Kunst möchte ich kurz einen Aspekt der Mode aufgreifen, der die Herausforderung an die heutigen Designer um einen weiteren Anspruch vergrößert: nämlich die Entwicklung von Mode-Design zur Kunstform, parallel zu seiner ursprünglichen Funktion. Engagierte Museen öffnen der Mode immer mehr Raum. Die Kreationen eines Issey Miyake zum Beispiel sind kaum noch eindeutig zu definieren: Mode oder Kleiderkunst?«[54]

Damals hätte sie sich wahrscheinlich nur in ihren kühnsten Träumen den Gedanken erlaubt, später selbst einmal zu jenen Modemachern zu gehören, deren Kreationen Museen ganze Ausstellungen widmen. Achtundzwanzig Jahre später aber ist es so weit: Am 4. November 2017 eröffnet das Museum Angewandte Kunst (MAK) in Frankfurt die Ausstellung »Jil Sander. Präsens«. Bis in den Mai des Folgejahres sind der Designerin, ihren Entwürfen und ihrer Geschichte hier mehrere Etagen gewidmet.

Typisch für Sander ist, dass sie keine Retrospektive wünscht. Rückblick liegt ihr fern, wenn, dann schaut sie nach vorn, in die Zukunft. Und so scheint der Titel der Ausstellung »Präsens« ein Kompromiss. Denn natürlich ist die Ausstellung auch eine Werkschau, die Entwürfe aus mehreren Jahrzehnten des Sanderschen Schaffens aus den Archiven holt und dem Publikum anhand des Designs die Grundideen Sanders nahezubringen versucht.

In neun Bereiche unterteilt, widmet sich die Ausstellung verschiedenen Gebieten der Designerin: Kollektionen, Runway, Backstage, Studio, Accessoires, Kosmetik, Fotografie und Kampagnen, Mode und Kunst sowie Architektur, Landschaftsgestaltung und Gärten. Multimedia-Installationen zeigen Videos mit Eindrücken der Schauen. Einige Kleider sind an Puppen präsentiert, das Dreidimensionale, das Sander so gern betont, soll den Besuchern vor Augen geführt werden. Ein Entwurf ergibt erst Sinn, wenn er im Raum, am Körper zu sehen ist.

Die Aufgänge des MAK zieren überlebensgroße Fotografien der Werbekampagnen. An den Wänden ausgeschnittene Sprüche, Leitmotive der Designerin (»Mich interessiert das Neue, das erst noch kommt«) wie ein Moodboard, eine Collage für eine kommende Kollektion.

Der Klangkünstler Frédéric Sanchez, mit dem Sander seit 1991 die Musik für ihre Schauen gestaltete, erarbeitete eine Klangwolkeninstallation, die dank Digitaltechnik durch die Räume wanderte und waberte.

Eine Abteilung, die komplett der Kunst gewidmet ist, erinnert an eine Installation, die Sander 1996 auf der Florenz-Biennale gemeinsam mit dem italienischen Arte-Povera-Künstler Mario Merz entwickelt hatte. Oberhalb der Stadt hatten die beiden einen fünfzehn Meter langen und sechs Meter hohen

Metallzylinder anbringen lassen. Wer hindurchblickte, sah die Stadt wie durch eine Kameralinse. An den Enden aber war der Zylinder mit durchsichtigem Gewebe verschlossen. Im Innern wirbelten Blüten und Blätter herum.

»Es ging um den wissenschaftlichen Blick, der durch ganz einfache Mittel in eine poetische Stimmung versetzt wird«, sagte Sander.[55]

In einem anderen Raum stellte die Ausstellung eine weitere Schnittstelle zwischen Mode und Kunst her, indem sie zeigte, dass die Designerin durchaus mehr als nur gute Handwerkerin war. Eine Installation mit drei Schaufensterpuppen nahm ein Thema des italienischen Arte-Povera-Künstlers Alighiero e Boetti aus dem Jahr 1987 auf: Ein buntes Getümmel, wie ein Blick durchs Kaleidoskop eingefangen, bildete den Hintergrund, davor trugen die drei Puppen Kleider im gleichen Muster, verschwanden, je nach Blickwinkel, fast im Hintergrund – eine optische Täuschung durch modische Camouflage.

Als Vorlage diente Boettis Werkserie Tutto, die, wie Sander selbst beschrieb, »von ihm entworfene und von afghanischen Frauen gestickte Teppiche mit kunterbunten, abstandslos aneinandergefügten abstrakten und figürlichen Motiven aus aller Welt«[56] umfasste. 2013 hatte sie für ihre letzte Kollektion bei der Marke Jil Sander für das Frühjahr 2014 ebenjenes Muster zur Inspiration genommen und sich damit an Stoffe in Allover-Print gewagt. In Frankfurt verwandelte sich die Mode nun wieder in Kunstobjekte zurück.

COMEBACK BEI UNIQLO

Das Rückkehren, weil noch Dinge zu erledigen sind, scheint in Jil Sanders Natur zu liegen. 2020 verkündete die japanische Modekette Uniqlo stolz, dass es eine Fortsetzung der Kollaboration mit Jil Sander geben würde – und die Modepresse reagierte euphorisch. »Als wäre sie niemals weg gewesen«, titelte die *Welt am Sonntag* am 1. November 2020. »Alles auf Anfang«, schrieb das Magazin *Frankfurter Allgemeine Quarterly*.

Die *Vogue* zeigte sich erstaunt darüber, woher Sander diesmal ihre Inspirationen nahm: »Überraschend nannte Jil Sander die Natur und ihren Garten als Inspiration für +J, ihre mit Spannung erwartete Comeback-Kollektion für Uniqlo. Für sie hat die Mode viel gemeinsam mit der Naturpflege. Beide verlangen Aufmerksamkeit und Geduld, Einsatz und Vertrauen.«[57] Sander selbst sagte, sie fühle sich mit der britischen Gärtnerin Gertrude Jekyll verbunden: »Die Rhythmen der Natur ähneln denen der Mode. Wie im Garten ist man auch in der Mode immer auf der Suche nach der Essenz des Augenblicks.«[58]

Diese Essenz fand sie in einer Weiterentwicklung von Oversize-Silhouetten, die bereits die veränderten Bekleidungswünsche der durch die Pandemie verstörten Kundschaft berücksichtigte. Die Welt befand sich mitten im Corona-Chaos, Grenzen waren kurzzeitig geschlossen worden, Büroarbeit ins Homeoffice verlegt, Lockdowns beschränkten die soziale Interaktion. Nachrichten meldeten täglich neue Infektions- und Todeszahlen, Erkenntnisse zu Schutzmaßnahmen und Fortschritte in der Impfstoffentwicklung. Kurzum, man sehnte sich nach Sicherheit und der Rückkehr zur Normalität. Sander entwirft Mode, die diesem Bedürfnis nachkommt. Die

Wintermäntel laden zum Einkuscheln ein, die Pullover aus flauschiger Merinowolle ebenso, Hemden und Blusen sind mehr als hüftlang, aber nie unförmig – perfekte Begleiter für die Onlinekonferenzen, in denen man professionell aussehen und sich trotzdem wohlfühlen will. Die Stücke der Kollektion geben Halt in einer Zeit der Verunsicherung.

Zudem kehrte Sander in einem weiteren Aspekt bei der Arbeit für Uniqlo noch einmal komplett zu ihren Anfängen zurück. Mit fast fünfzig Jahren Verspätung sollte sich der Kreis zur Indien-Kollektion endlich schließen. Waren aus der ursprünglichen Idee, in Indien günstige, aber gut geschnittene Kleidung für die Massen produzieren zu lassen, nur die Health-T-Shirts aus ägyptischer Baumwolle übriggeblieben, so hatte dieses spezielle Stück Sander doch niemals in Ruhe gelassen: »In den Verhandlungen für meine aktuelle +J-Kollektion, die ich mit Uniqlo realisiert habe, habe ich für eine Neuauflage dieser T-Shirts gesorgt«, sagte Sander stolz 2021 dem *Quarterly*-Magazin.[59] Diese T-Shirts hatten einen runden Kragenabschluss und lockere Ärmel, die bis auf die Oberarme reichten. Ein Basic für jeden Kleiderschrank, das sich mühelos mit jeder vorhandenen Garderobe kombinieren ließ, ja sogar als eigenständiges Oberteil bestehen konnte. Warum hatte ausgerechnet ein T-Shirt Sander über all die Jahre keine Ruhe gelassen? Gegenüber dem Lifestyle-Magazine von Uniqlo erklärte sie es. Auf die Frage, welches ihr Lieblingskleidungsstück sei, wenn sie sich allein auf ein einziges festlegen müsse, antwortete Sander: »Das wäre ein perfekt sitzendes weißes T-Shirt. Ich habe in meiner Garderobe eine große Auswahl davon, ich trage die unter allem. Es muss aus feiner ägyptischer Baumwolle gemacht sein. Am Beginn meiner Karriere habe ich solch ein T-Shirt entworfen, und ich kann nicht mehr ohne es leben.«[60]

Im Gegensatz zu den zehn Jahre zuvor eingespielten Abläufen in der Zusammenarbeit, also in regelmäßigen Abständen nach Japan zu fliegen und sich mit dem Team zu treffen, mussten während der Pandemie neue Wege der Kommunikation ausprobiert werden. Das Land hatte sich über Monate für ausländische Besucher komplett abgeriegelt. Blieb nur die Verbindung über das Internet. Von ihren Büros in Hamburg aus hielt Sander also, wie so viele andere, per Zoom Besprechungen ab.

Dass sie sich selbst im Alter von knapp siebenundsiebzig Jahren noch einmal mit diesen neuen Kommunikationstechniken beschäftigte und sie für ihre Kreativität adaptierte, zeugt von dem ungebrochenen Willen zur Innovation, der sie stetig vorwärtstreibt.

Sander war eine der ersten Unternehmerinnen in Deutschland, die das Büro auf Computertechnik umstellten. Mitte der Achtzigerjahre bereits zeigte sie in einem Interview auf die Frage, warum in ihrem Unternehmen überwiegend Frauen und so wenige Männer arbeiteten, auf ihren Computer und sagte mit trockenem Witz: »Ein Computer hat doch mehr im Kopf als hundert Männer.«[61]

Und Reportern vom *Spiegel* hatte sie 1987 ihre Begeisterung auch mit der gewachsenen Größe ihres Unternehmens erklärt: »Erst einmal geht es darum, unsere handgestrickte Innenorganisation der Größenordnung anzupassen. Wir haben bisher auf Zuruf gearbeitet, von einem Kärtchen aufs andere umgetragen, unheimlich mühselig bei unserem Geschäftsumfang. Jetzt haben wir gerade die Umstellung auf Computer bewältigt.«[62]

Dass sie schon damals begriff, dass ein Computer nicht nur für das ordentliche Abheften von Karteikärtchen da ist, sondern Auswertungen erstellen kann, die ihrer Unternehmensführung und zukünftigen Verkaufsstrategien dienen könnten, erwähnte sie ganz nebenbei und selbstverständlich: »Ich habe da einen Code, und wenn ich wissen möchte, ob unser Kunde in London mein Lieblingsteil gekauft hat, kann ich mir das anschauen. Auch Strömungen sind gut zu erkennen. Aber ich habe dieses Gerät auch hier, um meinen Mitarbeitern zu demonstrieren, dass die neue Methode etwas Positives ist, und das meine ich wirklich, denn ich war zunächst skeptisch.«[63]

Diese Offenheit gegenüber Technik zeigte sich nicht nur in der Umstellung auf Computer, sie findet sich auch im beständigen Wunsch, die Resultate neuester Forschung in der Stoffherstellung auszuprobieren. Und sie kam Sander eben auch mitten in der Pandemie zugute, als es darum ging, mit den Geschäftspartnern in Japan in Verbindung zu bleiben.

Wieder einmal wird Sander in Interviews kurz darauf eine nachvollziehbare Rechtfertigung der Preise und Qualität abgeben: »Wenn man ein Leben lang im Luxusbereich tätig war, hat man oft gehört: ›Das kann ich mir nicht leisten, das ist zu teuer.‹ So ist es hier nicht; die einzelnen Stücke kosten zwischen dreißig und zweihundertfünfzig Euro. Einen handgefertigten Doubleface-Kaschmir-Wollmantel beispielsweise gibt es für 220 Euro, aber er sieht um ein Zehnfaches wertvoller aus. Außerdem ist es reizvoll, eine Kollektion zu entwerfen, die mit jeweils circa 35 Teilen für Männer und Frauen in unterschiedlichen Stoffen viel komprimierter und konzentrierter ist als eine High-Fashion-Kollektion. Und diese Kooperation profitiert enorm von meiner Erfahrung im Luxussegment.«[64]

Sie trifft abermals den Nerv der Kunden. Als die Kollektion in Japan in die Läden kommt, bilden sich Schlangen. Die Uniqlo-Filialen in Tokio werden von den Kunden förmlich gestürmt. Auf Fotos, die danach im Internet kursieren, sind

Menschenmassen zu sehen, die sich fast um Kaschmirpullover und Mäntel prügeln. Schaufensterpuppen sind auseinandergenommen, damit Menschen die Ausstellungskleider mitnehmen können. Einige Fenster gingen zu Bruch.

Wer ein Stück aus der +J-Kollektion ergattern konnte, hält es in Ehren. Das stelle ich fest, als ich Jil Sanders ehemaligen Kampagnenberater Marc Ascoli in seinem Studio in Paris treffe, es soll ein erstes Kennenlernen werden, kein offizielles Gespräch, Ascoli hat keine Zeit für ein langes Interview. Es ist Juni, mittags steht die Hitze in den engen Pariser Straßen, aber in Ascolis Studio mit seinen hohen Decken und den knarrenden Altbaudielen ist es angenehm kühl. Es liegt im zweiten Arrondissement, unweit des Palais Royal, ich bin von einem anderen Termin hierhergelaufen und fächele mir nun unauffällig Luft zu, während ein Assistent mir Wasser und Espresso anbietet und versichert, dass Ascoli gleich eintreffen wird. Es ist die Woche der Männerschauen; jeder, der in der Stadt etwas mit Mode zu tun hat, rennt hektisch von einem Termin zum nächsten. So auch Ascoli, er ist Creative Director eines Modemagazins und überhaupt eine lebende Legende in der Modebranche. Er hat 1984 angefangen, für den japanischen Designer Yohji Yamamoto zu arbeiten, erdachte für dessen Kampagnen provokante Bildmotive, engagierte Naomi Campbell für Yamamotos Herbst-Winter-Katalog 1987, arbeitete mit Cerruti, Hugo Boss und Chloé zusammen. Und er hat einige der eindrucksvollsten Kampagnen zu Beginn der Neunzigerjahre mit Jil Sander konzipiert. Ascoli war der Art Director für die Herbst-Winter-Kampagne 1992, wählte mit Sander die Bilder von Supermodel Christy Turlington aus, die am Ende im Lookbook landeten. Er betreute in gleicher Funktion die Herbst-Winter-Kampagne 1995, für die der Fotograf Craig McDean das rothaarige amerikanische Model Amber Valletta aufnahm und ein Jahr darauf die Fotostrecke mit dem frechen Model Guinevere van Seenus, die mit ihren hohen Wangenknochen das Bild der starken, unabhängigen Sander-Frau in den Neunzigerjahren mit prägte. In den von ihm betreuten Kampagnen wagten sich Fotografen auch erstmals aus dem Studio hinaus in die Natur, nahmen etwa 1997 Models am Meer auf, ließen sie durch Strandhafer laufen. Den Modebildern stellte Ascoli Detail-Aufnahmen von kahlen Ästen bei, ließ die Kampagne von Schönheit, Stärke und Askese sprechen.

Die Lookbooks dieser Kollektionen waren mehr als bloßes Werbematerial, es waren Stilbibeln, die nicht nur Mode zeigten, sondern das ästhetische Gefühl der Saison transportierten. Unter Modefans und Designliebhabern sind diese Bücher heute noch heiß begehrt, auf Internetplattformen zahlt man dafür mitunter einen hohen dreistelligen Betrag. Auch wenn Ascoli schon lange nicht mehr für Sander arbeitet, von ihren Entwürfen ist er noch immer begeistert. Bei unserem Treffen trägt Ascoli ganz selbstverständlich eine schwarze Jil-Sander-Jacke aus der Uniqlo-Kollektion, wie er mir zeigt, als er das Kragenschildchen nach außen kehrt.

Selbst von einem günstigen Hersteller geliefert, versprechen Sanders Entwürfe noch immer Zeitlosigkeit und Qualität. Ich selbst habe mir einige Stücke der +J-Kollektion bei Uniqlo bestellt, auch wenn ich sonst Fast-Fashion-Ketten meide. Doch ich war neugierig, ob die Qualität tatsächlich Sanders hohen Ansprüchen genügen könnte. Für die beiden leichten Kaschmirpullover in Fuchsia-Pink und Violettblau, die ich im Pandemiewinter gekauft habe, erhielt ich seitdem zahlreiche Komplimente. Ich trage sie nun schon einige Jahre, vom Herbst bis zum Frühjahr, ja sogar an einigen kalten Sommertagen gehören sie zu den ersten Teilen, nach denen ich greife. Und sie sehen trotz häufigem Tragen und Waschen noch immer tadellos aus. Welche Jacke, welcher Pullover eines Fast-Fashion-Unternehmens hält sonst schon länger als eine Saison?

Legenden unter sich: Donatella Versace, Vivienne Westwood und Jil Sander bei der Verleihung des »Fashion Legend«-Awards der Fashion Group International in New York im September 1996.

WAS BLEIBT:
JIL SANDER ALS VORBILD

Die Frage, ob Deutsche Mode machen können, stellt sich nach Jil Sander nicht mehr. Warum aber so selten große Designer aus Deutschland Erfolg haben, ja ob es jemanden wie Jil Sander überhaupt heute noch geben kann, diese Frage bleibt.

Jil Sander sagte in einem Interview, nach dem Modegeschmack der Deutschen befragt: »Die Deutschen sind nicht an sich formlos. Man denke an das Bauhaus, die strengen Fünfzigerjahre, die Tradition der Trachten und Zunftgewänder. Deutschland war immer kleinstaatlich. Daher gibt es nicht die Renommierkleidung der politischen Zentren. Die Formlosigkeit hat mit der Auflösung der Kleidungscodes zu tun. Aber das hat auch Vorteile. Man macht sich nicht durch Dekor lächerlich. Es ist bei uns nicht so üblich zu blenden.«[1]

Besonders mit Blick auf die internationale Mode, die ähnliche Wege wie Sander ging, fällt der Unterschied auf. Der Soziologie Tilman Allert betonte dies in seinem Porträt für das *Frankfurter Allgemeine Magazin*: »Jil Sander ist uns näher, als wir es im Abstand der Zeiten vielleicht wahrhaben wollen. Das Nationaltypische fällt besonders dem auf, der ihre

Arbeiten im Licht der quirlig anarchistischen Kombinatorik der Prada-Entwürfe sieht, einer Mode, die mit dem Wagnis des Neuen spielt.«[2]

Wie genau dieses Neue aussah, verdeutlicht eine Anekdote, die der japanische Designer und Dekonstruktivist Yohji Yamamoto 2013 einmal im Interview der *Welt am Sonntag*-Chefreporterin Dagmar von Taube erzählte. Als er bei einem Besuch in Paris auf der Avenue Montaigne unterwegs war, kam er an einer großen Schaufensterfront vorbei. Bewundernd blieb er stehen. Und denkt: »Das sieht ja wahnsinnig gut aus.«[3] Er geht näher, betrachtet die Auslage und stellt fest: »Sieht eigentlich aus wie meine Schnitte, aber es sind bessere Materialien, bessere Verarbeitung. Alles besser, sogar besserer Preis.«[4] Das Geschäft, das ihn hier so überraschte und faszinierte, war, man ahnt es schon: »Es war ein Jil-Sander-Geschäft, und ich möchte an dieser Stelle sagen, Jil Sander hat mich nicht kopiert, sie hat mich verbessert.«[5]

Was also war dieses Neue bei Sander, wie hat sie es geschafft, besser zu sein als die japanischen Avantgarde-Designer? Man kann diese Frage nicht beantworten, ohne die Tatsache zu berücksichtigen, dass Sander eben als Frau in das Modegeschäft eintrat und damit einen anderen Blick auf die Kundschaft mitbrachte, für die sie designte. Die amerikanische Designerin Anna Sui sagte 1997 der *New York Times*: »Einer der Erfolge der weiblichen Designer gerade jetzt ist, dass sie sich auf realistische Kleidung konzentriert haben. Weil wir selbst die Entwürfe tragen, sind wir etwas feinfühliger dafür, was funktioniert. Sind die Taschen funktional? Ist der Rock zu groß, um darin zu laufen? Ist das Stück bequem? Wie kann man ein Kleid so schneidern, dass es sexy ist, ohne dabei vulgär zu wirken?«[6]

Gerade Designerinnen pflegen diesen Ansatz. Als ich Grit Seymour, die ehemalige Chefdesignerin von Hugo Boss und Donna Karan, im Sommer 2022 in ihrer Wohnung in Berlin zum Interview treffe und sie frage, ob Frauen für Frauen anders designen, bestätigt sie dies sofort: »Das ist etwas anderes. Ich habe beispielsweise alles anprobiert, was ich designt habe. Später habe ich erlebt, auch Donna Karan hat alles selbst probiert. So sieht man nicht nur, wie das Stück fällt, man fühlt auch, wie es sich trägt. Kann ich mich darin bewegen? Was für ein Gefühl vermittelt das Stück mir? Ist es angenehm zu tragen?« Grit Seymour trägt an diesem heißen Sommertag ein ärmelloses Kleid, der Schnitt ist geradlinig, die Farbe ein hypnotisches Violett. Es erinnert in seiner Eleganz ein wenig an die Entwürfe, die Seymour als Kreativdirektorin bei Hugo Boss um die Jahrtausendwende erdachte. Seymour ist groß, schlank, blond und bewegt sich mit der Präzision eines gelernten Models. Denn so begann Seymours Karriere Anfang der Achtzigerjahre in der DDR. Sie lernte das Schneiderhandwerk beim Qualitätsmodelabel Exquisit, der Luxusmarke der DDR, und stand als Model für die Modezeitschrift *Sibylle*, die *Vogue* der DDR, vor der Kamera. 1987 wanderte sie in die BRD aus, studierte Mode an der renommierten Designhochschule Central Saint Martins College in London und wurde dann selbst Designerin. Sie arbeitete bei Max Mara und Donna Karan und baute als Kreativchefin die Damenlinie von Hugo Boss auf. Das alles erzählt sie mir über einem Kaffee am runden Tisch in ihrer Küche. Dann fügt sie hinzu: »Den Namen Jil Sander habe ich erst gehört, als ich in den Westen gekommen bin. Ich begann mich mit Designerinnen zu beschäftigen, es gab so wenige, die an der Spitze des Modegeschäfts gelandet sind. Meine Vorbilder waren Donna Karan und Jil Sander.«

Frauen designen anders. Das zeigt sich schon in dem kleinen Detail, das die Designerin Anna Sui gegenüber der *New York Times* aufbrachte, als sie die Frage aufwarf:»Sind die Taschen funktional?«[7] Diese Frage kann nur von einer Frau kommen, die das Problem der nichtfunktionalen Taschen an ihren Kleidungsstücken selbst erleben musste. Über lange Zeit sind Taschen beim Entwerfen der Kleidung für Frauen völlig vernachlässigt worden. Kleider, Röcke, ja selbst Hosen verfügten maximal über Verzierungen, die den Anschein von Taschen geben sollten. Dahinter verbarg sich jedoch kein Stoff, in den man tatsächlich Gegenstände hätte stecken können. Um ein Kleidungsstück für Frauen zu entwerfen, das den Körper ansprechend betont, dabei aber auch noch praktisch ist, braucht es viel Geduld, Beharrlichkeit und den Willen, sich in die Trägerinnen hineinzuversetzen. Sander hatte all diese Dinge in ihren Entwürfen stets berücksichtigt. Ihre Mode war tragbar, elegant und praktisch.

»Einzigartig für Jil Sander ist auch, dass sie das alles selbst hinbekommen hat«, fügte Lagerfeld-Biograf und FAZ-Journalist Alfons Kaiser beim Gespräch über die Designerin hinzu. Wir saßen dafür in seinem Büro im 16. Stock des neugebauten FAZ-Towers neben der Frankfurter Messe und blickten über das Europaviertel mit seinen Möchtegern-Park-Avenue-Apartmentblocks. Von unten pfiff der Wind durch den schmalen Schlitz des geöffneten Fensters. Gegenüber von Kaisers Schreibtisch hängt eine der Karikaturen, die Lagerfeld für das *Frankfurter Allgemeine Magazin* malte, wo sie unter dem Titel »Karlikatur« als regelmäßige Rubrik erschien. »Lagerfeld war ja mehr ein Söldner, der so von einer Marke angezogen war und seine eigene Marke darüber gar nicht so richtig aufgebaut hat. Sie hingegen hat eigentlich nur unter ihrem Namen gearbeitet. Das ist natürlich auch egoistisch, aber ein sehr produktiver Egoismus.« Neben dieser Durchsetzungsfähigkeit, ja Sturheit steht für Kaiser bei Sanders Mode vor allem »das feministische Programm« im Vordergrund. »So wie auch Coco Chanel die Frauenbefreiung vorangetrieben hat, durch simplere Kleider ohne Korsett, das einen in Ohnmacht fallen lässt, hat auch Sander diese durch das Adaptieren der männlichen Mode für den weiblichen Gebrauch vorangebracht.« Kleidung für die Businessfrauen, die Sicherheit gab und in Geschäftsverhandlungen intelligent wirkte, das war neu. Heute jedoch sieht Kaiser kaum noch eine Notwendigkeit dafür: »Seit den 2010er-Jahren hat sich auch modisch sehr viel verändert. Heute ist es nämlich nicht mehr so, dass die Bankerin oder die Staatsanwältin unbedingt im Hosenanzug ins Büro kommen muss. Die können sich freier kleiden, auch mal wieder ein Kleid tragen, wenn sie Lust haben, oder einen Rock oder eben auch eine bunte Bluse.« Die Zeiten, die Sander bereichert habe, seien Zeiten gewesen, in denen es mit der Beteiligung der Frauen an solchen Jobs und überhaupt am Berufsleben aufwärtsgegangen sei. »Aber das hatte damals noch so ein bisschen kampffähigen Charakter: Wir müssen so sein wie die Männer. Die Zeiten sind vorbei. Frauen können, so, wie sie sind, Karriere machen.«

Haben sich die Zeiten tatsächlich so stark geändert? Wäre eine Karriere, wie Sander sie hingelegt hat, heute überhaupt noch möglich? Jil Sander hat sich im Alter von nur vierundzwanzig Jahren selbstständig gemacht, mit der Idee, Mode zu verkaufen und zu kreieren. Sie hat ihr Unternehmen geschickt um Beautyprodukte erweitert und es an die Börse gebracht, in Deutschland die erste Frau, der das gelang. Heute, 2023, sind von 705 Vorstandsmitgliedern in deutschen Aktiengesellschaften 109 Frauen.[8] Diese Zahl zeigt, dass es damals wie heute Stärke,

Durchsetzungskraft, aber anders als bei Männern, die Karriere machen, auch Willen zu gesellschaftlicher Veränderung erforderte und erfordert, um eine solche Position zu erreichen.

Und wahrscheinlich braucht man außerdem eine gute Portion Kompromisslosigkeit und Perfektionismus, um ein internationales Unternehmen wie Jil Sander aufzubauen, also lauter Eigenschaften, die besonders den amerikanischen Unternehmern des 19. Jahrhunderts, die den Eisenbahnbau, das Stahlgeschäft vorantrieben, gern zugeschrieben werden. Immer wieder findet sich in den Beschreibungen zu Sander, in den Porträts ihrer Person, aber auch in den Gesprächen mit ehemaligen Mitstreitern ein Hauch Kritik an dieser Kompromisslosigkeit, an dieser Stärke, diesem bedingungslosen Durchsetzungswillen. Würden wir das auch so kritisieren, wenn sie ein Mann wäre, oder wären genau diese Charakterzüge etwas, das man lobend hervorheben würde?

Im Blick auf das 19. Jahrhundert verdeutlicht sich ein Punkt, der Sanders Aufstiegsgeschichte zu einem Ausnahmephänomen macht: Wäre eine solche schnurgerade Erfolgsgeschichte heute überhaupt noch möglich, selbst für einen Mann?

Luxus ist heute Sache großer Konzerne. Kering und LVMH haben mittlerweile den Markt unter sich aufgeteilt, die meisten großen Designhäuser, die über Jahrzehnte in Frankreich, Italien, Deutschland, Belgien und den Vereinigten Staaten gewachsen waren, gehören heute entweder zum einen oder zum anderen Konzern. Wer nicht dazugehört, ist in der Bedeutungslosigkeit versunken. Und nicht nur Luxushäuser waren für die Konzerne von Interesse. Selbst das 1774 gegründete deutsche Traditionsunternehmen Birkenstock, das für bequeme Sandalen berühmt ist, verkauften die Inhaber 2021 für vier Milliarden an den Luxuskonzern LVMH.[9]

Was bedeutet das für den Mode-Nachwuchs? Wolfgang Joop erzählt in seinen Memoiren von einer Begegnung mit Vivienne Westwood, als sie gerade ihre Abschlussschau als Gastprofessorin an der Hochschule der Künste in Berlin abhielt. Westwood erspähte ihn nach der Schau, ergriff ihn am Arm und fragte: »Tell me, do you have something to offer to my students? No? But where shall they go? Here in Germany? JOOP! is sold, Helmut Lang is gone – Jil Sander is gone, too!«[10] Joop zitiert in seinem Buch ihre bestürzten englischen Sätze: Wohin sollten ihre Studentinnen und Studenten sich wenden, wenn sie in Deutschland arbeiten wollten? Joops Unternehmen war verkauft, Helmut Lang gab es nicht mehr, Jil Sander ebenso. Was also bleibt für die neuen Modemacher zu tun? Aufstrebende junge Designerinnen und Designer, die es sich in den Kopf setzen, ein eigenes Label zu gründen, schaffen es meistens nur, auf einem regional stark begrenzten Raum erfolgreich zu sein. Sobald sie größer werden, wird sie entweder ein Konzern für viel Geld für das Design eines Luxushauses abwerben wollen, wo er oder sie dann mit großem Budget unter enormem Erfolgs- und Verkaufsdruck Kreationen entwerfen muss, oder das kleine Label wird gleich geschluckt und dann nach den Vorgaben des Konzernmanagements aus- und umgebaut. Ziemlich ernüchtert zog der Brite Alexander McQueen Bilanz, nachdem er als Chefdesigner bei Givenchy angefangen hatte und sein eigenes Label von der Gucci-Gruppe (heute Kering) übernommen worden war: »All diese großen Firmen interessieren sich nicht ein bisschen für deine Person. Du bist nur ein Rohstoff und ein Produkt für sie, so viel Wert wie die letzte Kollektion.«[11]

Wer sein kleines Label behalten will, ohne sich diesem Druck zu beugen, ist dazu verdammt, im kleinen Kreis der örtlichen Anhängerschaft, maximal mit überschaubarem Webshop, seine Designs zu verkaufen. Ein Aufstieg, wie er Sander in den Siebziger- und Achtzigerjahren gelang, als es diese Strukturen noch nicht gab, und der in den Neunzigern einen den Markt dominierenden Höhepunkt erlebte, ist heute für eine junge Designerin wie einen Designer mit ausgefallenen Avantgarde-Ideen einfach unvorstellbar. Der Kapitalismus hat die Kreativität gefressen.

Was bleibt, ist die Inspiration, die Sanders Gradlinigkeit jungen Designschülern vermitteln kann, der Wunsch, Schönheit zu kreieren, allen Widrigkeiten zum Trotz. Auf die Frage, ob sie heute noch immer die Welt verschönern wolle, sagte Sander 2021: »Was Schönheit betrifft, sind die Ansprüche verschieden, obwohl die Natur Momente bietet, die jeden berühren, wie jüngst der unerwartete Wintereinbruch – ich war fasziniert von dem klaren Licht hier im Norden und dem extrem reinen Schnee. Die Natur ist uns allen voraus, auch als Designerin. Über mich würde ich lieber sagen, dass ich die Dinge ordnen und auf das Wesentliche des Augenblicks reduzieren möchte. Und das Wesentliche ist eine Funktion der Zeit und verändert sich. Schönheit ist auch das Gefühl, die Gegenwart in der eigenen Existenz angemessen zu reflektieren.«[12]

DANK

In den vergangenen Jahren habe ich mich in dieser Recherche vergraben, versucht, so viele Informationen wie möglich zusammenzutragen. Ich bin vielen Menschen zu Dank verpflichtet, denn diese Recherche wäre nicht ohne zahlreiche Personen möglich gewesen, die mir in Paris, Mailand, Hamburg, Berlin, Frankfurt, Wien und New York geholfen haben mit Tipps, Adressen, Kontaktvorschlägen, Empfehlungen oder einfach mit ihrer Zeit und klugen Gesprächen, in denen sich Ideen und Thesen weiterentwickeln konnten. Ihnen und Euch allen: Herzlichen Dank für alles!

Mein großer Dank gilt außerdem:

Henriette Gehrig und Frank Polley für erste Impulse und lange Gespräche, sowie Renata Zatsch, Maxime De Laurentis, Grit Seymour, Saskia Dijkstra und Frédéric Malle für ihre Zeit und ihre Offenheit.

Jennifer Wiebking, Alfons Kaiser, Dagmar von Taube, Maria Hunstig und Laura Sodano für ihre Mode-Expertise und kluge Hinweise.

Florian Siebeck für schnelle Archivhilfe und sein unerschöpfliches Designwissen.

Den Pressestellen, Alumnibüros und Archivmitarbeiterinnen

und -mitarbeitern der Hochschule Niederrhein und der Universität für Angewandte Kunst Wien – sowieso generell den Zeitungen und Zeitschriften, allen voran der *Frankfurter Allgemeine Zeitung* und der *New York Times*, die ihre Archive digitalisiert haben und so das Suchen in historischen Zeitzeugnissen erleichterten.

Dana Thomas für ihr Buch »Deluxe. How Luxury lost its Luster«, Angela Steidele für die »Poetik der Biographie« sowie Julian Barnes für »The Man in the Red Coat« und für das »We cannot know«.

Kais Harrabi, der mir Julian Barnes geschickt hat (und danke besonders für den Hegel-Lesekreis!), Nicole Kienitz und Violeta Tankova für die besten Gespräche und spontanen Weineinladungen, wenn es nicht weiterging.

Meiner Familie, wie immer, sowieso für alles (und diesmal vor allem für schnelle Hilfe in botanischen Fragen).

Kai Spanke für musikalische Beratung.

Andrew Eldritch, thank you for the best music and lyrics to listen to on endless repeat while writing.

Und Dietmar Dath, danke für die Diskussionen über Ästhetik und Moderne und Modetheorien, für die vielen Bücher und Filme, die ich nie ohne dich entdeckt hätte, für das schnellste Gegenlesen, und immer wieder für uns.

QUELLEN

Die Tür ins Private immer nur einen Spalt öffnen

1   »Sehr wichtig, Stärke durch meine Mode für mich zu erarbeiten«, in: ZDF heute Journal, abgerufen am 27.01.2023 via https://twitter.com/heutejournal/status/926853909167124480?lang=en

2   Suzy Menkes: Jil Sander Bathes in the Glow of Uniqlo. In: The New York Times, 07.06.2010.

3   Jil Sander: »Sie gehörte zu unserer Riege.« In: Zeit, 02/2023, abgerufen am 25.01.2023 via https://www.zeit.de/2023/02/vivienne-westwood-mode-punk-tod

4   Ebd.

5   International Herald Tribune: What they're reading. 14.07.1995.

6   Georg Hensel und Volker Hage (Hg.): Indiskrete Fragen – Der Fragebogen des FAZ-Magazins. Stuttgart: Deutsche Verlags-Anstalt 1985, S. 167.

7   Hamish Bowles: More for Less. In: Vogue USA, 09/1998, S. 594ff.

»Meine Persönlichkeit ist tief in Norddeutschland verwurzelt.«
– Wo alles begann

1   Ingeborg Harms: Jil Sander, In: Matthias Wagner K (Hg.): Jil Sander. Präsens. München: Prestel Verlag, 2017, S. 254.

2   Christian Meurer: Dithmarscher Legenden. In: FAZ, 26.11.2013.

3   Ebd.

4   Ebd.

5   Die Aufnahmen entstammen einem Privatarchiv und wurden vom Foto-

grafen Henning Bode am 21.11.2013 bei Recherchen in Norddeutschland dokumentiert.

6   Bob Colacello: The Queen of Less wants More. In: Vanity Fair, 10/1994, S. 201ff., abgerufen am 15.01.2023 via https://archive.vanityfair.com/article/1994/10/the-queen-of-less-wants-more

7   Christian Meurer: Dithmarscher Legenden. In: FAZ, 26.11.2013.

8   Historische Wetteraufzeichnungen des 27.11.1943, abgerufen am 17.12.2022 via https://weatherspark.com/h/d/68301/1943/11/27/Historical-Weather-on-Saturday-November-27-1943-in-Hamburg-Germany#Figures-CloudCover

9   Tilman Allert: Mit der Zeit gegen die Zeit. In: FAZ Magazin, 14.09.2013, S. 58ff.

10   Christine Weißenborn: Stille Revolutionärin. In: Handelsblatt, 01.09.2008, abgerufen am 19.12.2022 via https://www.handelsblatt.com/unternehmen/management/jil-sander-stille-revolutionaerin/3014592.html

11   Christian Meurer: Dithmarscher Legenden. In: FAZ, 26.11.2013.

12   Tilman Allert: Mit der Zeit gegen die Zeit. In: FAZ Magazin, 14.09.2013, S. 58ff.

13   Suzy Menkes: Jil Sander Bathes in the Glow of Uniqlo. In: The New York Times, 07.06.2010.

14   Inga Griese und Ingeborg Harms: Das Gespräch. In: Welt am Sonntag, 25.10.2015, S. 18.

15   Frank Omland: Hitlers Wähler – Das Beispiel Dithmarschen. Der Aufstieg der NSDAP in Dithmarschen 1924–1933 aus Sicht der historischen Wahlforschung. Online-Sonderveröffentlichung des AKENS e.V. Kiel/Hamburg 2014, abgerufen am 20.06.2023 via http://www.akens.org/akens/texte/diverses/dithmarschen2014.pdf

16   Frank Omland: Warum wählt der Schleswig-Holsteiner nationalsozialistisch? Wahlen, Wählerherkünfte und Wählerwanderungen in Schleswig-Holstein 1928-1933. In: Zeitschrift der Gesellschaft für Schleswig-Holsteinische Geschichte, hrsg. von Detlef Kraack, 2008, Nr. 133, S. 165.

17   Christian Meurer: Dithmarscher Legenden. In: FAZ, 26.11.2013.

18   Ebd.

19   Inga Griese und Ingeborg Harms: Das Gespräch. In: Welt am Sonntag, 25.10.2015, S. 18.

20   Vgl. dazu: https://www.scheidung.org/schuldprinzip/, abgerufen am 24.01.2023.

21   Bob Colacello: The Queen of Less wants More. In: Vanity Fair, 10/1994, S. 201ff., abgerufen am 15.01.2023 via https://archive.vanityfair.com/article/1994/10/the-queen-of-less-wants-more

22   Inga Griese und Ingeborg Harms: Das Gespräch. In: Welt am Sonntag, 25.10.2015, S. 18.

23   Bob Colacello: The Queen of Less wants More. In: Vanity Fair, 10/1994, S. 201ff., abgerufen am 15.01.2023 via https://archive.vanityfair.com/article/1994/10/the-queen-of-less-wants-more

24   »Ich möchte aufrütteln: Seht doch genau hin.« In: DER SPIEGEL, 27/1987, abgerufen am 13.12.2022 via https://www.spiegel.de/kultur/ich-moechte-aufruetteln-seht-doch-genau-hin-a-fa08dbda-0002-0001-0000-000013526027

25   Inga Griese und Ingeborg Harms: Das Gespräch. In: Welt am Sonntag, 25.10.2015, S. 18.

26   Christine Höckmann: Hanseatischer Modepurismus. In: FOCUS, 01/2009, S. 67.

27   Tilman Allert: Mit der Zeit gegen die Zeit. In: FAZ Magazin, 14.09.2013, S. 58ff.

28   Ebd.

29   Suzy Menkes: Jil Sander Bathes in the Glow of Uniqlo. In: The New York Times, 07.06.2010.

30   »Ich möchte aufrütteln: Seht doch genau hin.« In: DER SPIEGEL, 27/1987, abgerufen am 13.12.2022 via www.spiegel.de/kultur/ich-moechte-aufruetteln-seht-doch-genau-hin-a-fa08dbda-0002-0001-0000-000013526027

31   Julia Christian: Einfach Jil. In: BrigitteWIR, 1/2020, S. 26.

32   Suzy Menkes: Jil Sander Bathes in the Glow of Uniqlo. In: The New York Times, 07.06.2010.

33   Julia Christian: Einfach Jil. In: BrigitteWIR, 1/2020, S. 26.

34   Suzy Menkes: Jil Sander Bathes in the Glow of Uniqlo. In: The New York Times, 07.06.2010.

35   Christine Höckmann: Hanseatischer Modepurismus. In: FOCUS, 01/2009, S. 67.

36   Geschichtsüberblick auf der Webseite der Hochschule Niederrhein, abgerufen am 27.06.2023 via https://www.hs-niederrhein.de/textil-bekleidungstechnik/fachbereich/geschichte/

37   Ebd.

38   Hello Jil. In: Uniqlo LifeWear Magazine, abgerufen am 29.06.2023 via https://www.uniqlo.com/jp/en/contents/lifewear-magazine/archives/20fw/jil-sander/

39   Ebd.

40   Ebd.

41   Julia Christian: Einfach Jil. In: BrigitteWIR, 1/2020, S. 26.

42   Marc-Oliver Rehrmann: Wie das Düsenzeitalter für Hamburg begann. In: NDR, 11.06.2021, abgerufen am 30.01.2023 via https://www.ndr.de/geschichte/schauplaetze/Als-das-erste-Duesenflugzeug-in-Hamburg-landete,duesenflugzeuge100.html

43   Suzy Menkes: Jil Sander Bathes in the Glow of Uniqlo. In: The New York Times, 07.06.2010.

44   Ferdinand Protzman: In Germany, the Ceiling's Not Glass, It's Concrete. In: The New York Times, 17.10.1993, Section 3, S. 16.

45   Julia Christian: Einfach Jil. In: BrigitteWIR, 1/2020, S. 26.

46   Hello Jil. In: Uniqlo LifeWear Magazine, abgerufen am 29.06.2023 via https://www.uniqlo.com/jp/en/contents/lifewear-magazine/archives/20fw/jil-sander/

47   Ebd.

48   Charlie Gillett: Los Angeles 1960s overview. In: Encyclopaedia Britannica, abgerufen am 27.01.2023 via https://www.britannica.com/topic/rock-Los-Angeles-1960s-overview-1371259

49   Hello Jil. In: Uniqlo LifeWear Magazine, abgerufen am 29.06.2023 via https://www.uniqlo.com/jp/en/contents/lifewear-magazine/archives/20fw/jil-sander/

50   Sebastian Frenzel: Design heißt auch Weglassen. In: Monopol, 11/2017, S. 87.

51   Hello Jil. In: Uniqlo LifeWear Magazine, abgerufen am 29.06.2023 via https://www.uniqlo.com/jp/en/contents/lifewear-magazine/archives/20fw/jil-sander/

52   Vgl. David Riesman: The Lonely Crowd. Yale: University Press, 2020.

53   Suzy Menkes: Jil Sander Bathes in the Glow of Uniqlo. In: The New York Times, 07.06.2010.

54   Christine Höckmann: Hanseatischer Modepurismus. In: FOCUS, 01/2009, S. 67.

55   Alfons Kaiser: Karl Lagerfeld. München: C. H. Beck Verlag, 2020, S. 95f.

56   Ebd., S. 98.

57   Christine Höckmann: Hanseatischer Modepurismus. In: FOCUS, 01/2009, S. 67.

58   Georg Hensel und Volker Hage (Hg.): Indiskrete Fragen – Der Fragebogen des FAZ-Magazins. Stuttgart: Deutsche Verlags-Anstalt, 1985, S. 166.

59   Ingeborg Harms: Sie hat mit dicker Schrift die Mode verändert. In: Iconist, 25.10.2015.

60   Ebd.

61   Alfons Kaiser: »Man macht sich etwas vor, wenn man meint, es komme nicht darauf an, was man anzieht.« In: FAZ-Magazin, 09.09.2017, S. M78.

62   Wolfgang Joop: Die einzig mögliche Zeit. Hamburg: Rowohlt, 2021, S. 176.

63   Ebd.

64   Julia Christian: Einfach Jil. In: BrigitteWIR, 1/2020, S. 26.

65   Alfons Kaiser: »Man macht sich etwas vor, wenn man meint, es komme nicht darauf an, was man anzieht.« In: FAZ-Magazin, 09.09.2017, S. M78,

66   Chemical Attraction. In: Exhibitor, abgerufen am 21.06.2023 via https://www.exhibitoronline.com/topics/article.asp?ID=2722

67   Jil Sander: Die rasante Entwicklung der Mode. In: Reinhard Appel (Hg.): 50 Jahre Bundesrepublik. Erinnerungen und Perspektiven. Köln: H&L Verlag, 1999, S. 186-189.

68   Ebd.

69   Ebd.

70   Sander im Interview mit dem SPIEGEL: »Ich möchte aufrütteln: Seht doch genau hin.« In: DER SPIEGEL 27/1987 abgerufen am 13.12.2022 via https://www.spiegel.de/kultur/ich-moechte-aufruetteln-seht-doch-genau-hin-a-fao8dbda-0002-0001-0000-000013526027

71   Bob Colacello: The Queen of Less wants More. In: Vanity Fair, 10/1994, S. 201ff., abgerufen am 15.01.2023 via https://archive.vanityfair.com/article/1994/10/the-queen-of-less-wants-more

72   Ingeborg Harms: Sie hat mit dicker Schrift die Mode verändert. In: Iconist, 25.10.2015.

73   Bob Colacello: The Queen of Less wants More. In: Vanity Fair, 10/1994, S. 201ff., abgerufen am 15.01.2023 via https://archive.vanityfair.com/article/1994/10/the-queen-of-less-wants-more

74   »Ich möchte aufrütteln: Seht doch genau hin.« In: DER SPIEGEL, 27/1987, abgerufen am 13.12.2022 via https://www.spiegel.de/kultur/ich-moechte-aufruetteln-seht-doch-genau-hin-a-fao8dbda-0002-0001-0000-000013526027

75   Ebd.

76   Ferdinand Protzman: In Germany, the Ceiling's Not Glass, It's Concrete. In: The New York Times, 17.10.1993, Section 3, S. 16.

77   Inga Griese und Ingeborg Harms: Das Gespräch. In: Welt am Sonntag, 25.10.2015, S. 18.

78   Historie des Bürgervereins vor dem Dammtor, abgerufen am 21.06.2023 via http://bv-dammtor.de/content/historie/historie.html

79   Oliver C. Schilling: Warum Pöseldorf auf einmal wieder cool ist. In:

Iconist, 24.10.2015, abgerufen am 21.06.2023 via https://www.welt.de/iconist/article147982174/Warum-Poeseldorf-auf-einmal-wieder-cool-ist.html

80   Inga Griese und Ingeborg Harms: Das Gespräch. In: Welt am Sonntag, 25.10.2015, S. 18.

81   Vivienne Westwood und Ian Kelly: Vivienne Westwood. Köln: Eichborn, 2014, S. 177.

82   Ebd.

83   Jil Sander: »Sie gehörte zu unserer Riege.« In: Zeit, 02/2023, abgerufen am 25.01.2023 via https://www.zeit.de/2023/02/vivienne-westwood-mode-punk-tod

84   https://www.instagram.com/p/Cmx8E7hNeg2/?utm_source=ig_web_copy_link, abgerufen am 31.12.2022.

85   Daniel Peres, Janet Ozzard und Jessica Kerwin: Blonde Ambition. In: Women's Wear Daily, 18.09.1996, abgerufen am 07.07.2023 via https://wwd.com/fashion-news/fashion-features/article-1134167/

86   Ebd.

87   Jil Sander: »Sie gehörte zu unserer Riege.« In: Zeit, 02/2023, abgerufen am 25.01.2023 via https://www.zeit.de/2023/02/vivienne-westwood-mode-punk-tod

88   Ebd.

89   Verena Lueken: Am Ende muss es leicht sein. In: Frankfurter Allgemeine Sonntagszeitung, 29.10.2017, S. 43.

90   Ebd.

91   Alfons Kaiser: »Man macht sich etwas vor, wenn man meint, es komme nicht darauf an, was man anzieht.« In: FAZ-Magazin, 09.09.2017, S. M78.

92   Ebd.

93   Bob Colacello: The Queen of Less wants More. In: Vanity Fair, 10/1994, S. 201ff., abgerufen am 15.01.2023 via https://archive.vanityfair.com/article/1994/10/the-queen-of-less-wants-more

94   Stefanie Schütte: Die großen Modedesignerinnen. Von Coco Chanel bis Miuccia Prada. München: Verlag C.H. Beck, 2005, S. 78.

95   Georg Hensel und Volker Hage (Hg.): Indiskrete Fragen – Der Fragebogen des FAZ-Magazins. Stuttgart: Deutsche Verlags-Anstalt, 1985, S. 167.

96   Maud Gabrielson: 5 choses à savoir sur Jil Sander qui fait un carton chez Uniqlo. In: Les Echos Weekend, 13.11.2020.

97   Ingrid Loschek: Mode im 20. Jahrhundert. Eine Kulturgeschichte unserer Zeit, München: Verlag F. Bruckmann, 1978, S. 256.

98   »Ich möchte aufrütteln: Seht doch genau hin.« In: DER SPIE-

GEL, 27/1987, abgerufen am 13.12.2022 via https://www.spiegel.de/kultur/ich-moechte-aufruetteln-seht-doch-genau-hin-a-fa08dbda-0002-0001-0000-000013526027

99   Ebd.

100   Ebd.

101   Alex Bohn: Alles auf Anfang. In: Frankfurter Allgemeine Quarterly, 02/2021, S. 164.

102   Ebd.

103   Julia Christian: Einfach Jil. In: BrigitteWIR, 1/2020, S. 27.

104   Alex Bohn: Alles auf Anfang. In: Frankfurter Allgemeine Quarterly, 02/2021, S. 164.

105   »Ich möchte aufrütteln: Seht doch genau hin.« In: DER SPIEGEL, 27/1987, abgerufen am 13.12.2022 via https://www.spiegel.de/kultur/ich-moechte-aufruetteln-seht-doch-genau-hin-a-fa08dbda-0002-0001-0000-000013526027

106   Stefanie Schütte: Die großen Modedesignerinnen. Von Coco Chanel bis Miuccia Prada. München: Verlag C.H. Beck, 2005, S. 59.

107   Francine du Plessix Gray: Prophests of Secution. In: The New Yorker, 04.11.1996, abgerufen am 20.01.2023 via https://www.newyorker.com/magazine/1996/11/04/prophets-of-seduction

108   Ebd.

109   Ebd.

110   Branda Polan und Roger Tredre: The Great Fashion Designer. New York: Berg, 2009, S. 103f.

111   15. April 2010 – Vor 40 Jahren: Erster Auftritt einer Frau mit Hosen im Bundestag. In: WDR, 15.04.2010, abgerufen am 05.01.2023 via https://www1.wdr.de/stichtag4530.html

112   Zitiert nach dem DVD-Booklet der restaurierten Filmfassung von 2020.

113   Constance C.R. White: New Generation of Women Defines Mood of the 90's. In: The New York Times, 22.07.1997, Section A, S. 16.

114   Tilman Allert: Mit der Zeit gegen die Zeit. In: FAZ-Magazin, 14.09.2013, S. 58ff.

115   Jil Sander: Die rasante Entwicklung der Mode. In: Reinhard Appel (Hg.): 50 Jahre Bundesrepublik. Erinnerungen und Perspektiven. Köln: H&L Verlag, 1999, S. 188.

116   Tilman Allert: Mit der Zeit gegen die Zeit. In: FAZ-Magazin, 14.09.2013, S. 58ff.

117   Ebd.

118   Caroline Börger, Adriano Sack und Dagmar von Taube: Mit ihrem expres-

siven Glamour war sie ihrer Zeit voraus. In: Iconist, 08.07.2018, abgerufen am 18.12.2022 via https://www.welt.de/iconist/mode/article178941912/ Nachrufe-Mit-ihrem-expressiven-Glamour-war-sie-ihrer-Zeit-voraus. html

119 Ebd.

120 Ebd.

121 Bob Colacello: The Queen of Less wants More. In: Vanity Fair, 10/1994, S. 201ff., abgerufen am 15.01.2023 via https://archive.vanityfair.com/article/1994/10/the-queen-of-less-wants-more

122 Ebd.

123 Aus einem Interview, das mit Frank Polley und Henriette Gehrig im Dezember 2021 geführt wurde.

124 Ebd.

125 Ebd.

126 »Ich möchte aufrütteln: Seht doch genau hin.« In: DER SPIEGEL, 27/1987, abgerufen am 13.12.2022 via https://www.spiegel.de/kultur/ich-moechte-aufruetteln-seht-doch-genau-hin-a-fa08dbda-0002-0001-0000-000013526027

127 Ebd.

»Nicht modisch, sondern modern.«
– Die Siebziger

1 Ferdinand Protzman: In Germany, the Ceiling's Not Glass, It's Concrete. In: The New York Times, 17.10.1993, Section 3, S. 16.

2 Inga Griese und Ingeborg Harms: Das Gespräch. In: Welt am Sonntag, 25.10.2015, S. 18.

3 Ebd.

4 Ebd.

5 Ferdinand Protzman: In Germany, the Ceiling's Not Glass, It's Concrete. In: The New York Times, 17.10.1993, Section 3, S. 16.

6 Lea Egerer: 22 Vogue Editors-In-Chief Reveal Their Most-Treasured Wardrobe Staples. In: Vogue, 06.02.2020, abgerufen am 15.11.2021 via https://www.vogue.co.uk/fashion/article/vogue-editors-in-chief-treasured-wardrobe-staples

7 Ebd.

8 Wolfgang Joop: Die einzig mögliche Zeit. Hamburg: Rowohlt, 2021, S. 260.

9 Aus einem Interview mit Renata Zatsch, das die Autorin im Juni 2022 in Paris führte.

10 Interview mit Saskia Dijkstra im Dezember 2023.

11 Gespräch in Hamburg am 24.01.23.

12 Dieses und alle folgenden Zitate von Maxime De Laurentis wurden während eines Interviews im Juni 2022 in Paris aufgenommen.

13 Ebd.

14 Anne Lee Phillips: The Ultimate Chic Fashion Nerd. In: Papercitymag, 26.10.2017, abgerufen am 15.01.2023 via https://www.papercitymag. com/fashion/maxime-de-laurentis-chic-fashion-nerd/

15 Timo Frasch: Hannelore Elsners Kleid auf rebelle.com. In: FAZ.NET, 13.11.2021.

16 Vgl.: Stefanie Schütte: »Paris se reveille«: das Zittern der Franzosen. In: Susanne Becker und Stefanie Schütte (Hg.): Magisch angezogen. Mode. Medien. Markenwelten. München: C.H. Beck, 1999, S. 73.

17 Ronja Ebeling: Haute Couture – Die hohe Schneiderkunst. In: Rundschau für internationale Damenmode, 23.01.2023, abgerufen am 23.06.2023 via https://www.muellerundsohn.com/allgemein/haute-couture-die-hohe-schneiderkunst/

18 Ebd.

19 Tina Isaac-Goizé: As He Steps Away From Fashion, Consultant Jean-Jacques Picart Dispenses His Best Career Advice. In: Vogue, 16.11.2015, abgerufen am 24.01.23 via https://www.vogue.com/article/jean-jacques-picart-fashion-advice

20 Bob Colacello: The Queen of Less wants More. In: Vanity Fair 10/1994, S. 201ff., abgerufen am 15.01.2023 via https://archive.vanityfair.com/article/1994/10/the-queen-of-less-wants-more

21 Modeseitenhieb von Ines de la Fressange. In: Bunte, 24.02.2014, abgerufen am 15.01.2023 via https://www.bunte.de/meldungen/angela-merkel-mode-seitenhieb-von-ines-de-la-fressange-74048.html

22 Bob Colacello: The Queen of Less wants More. In: Vanity Fair, 10/1994, S. 201ff., abgerufen am 15.01.2023 via https://archive.vanityfair.com/article/1994/10/the-queen-of-less-wants-more

23 Ebd.

24 Tina Isaac-Goizé: As He Steps Away From Fashion, Consultant Jean-Jacques Picart Dispenses His Best Career Advice. In: Vogue, 16.11.2015, abgerufen am 24.01.2023 via https://www.vogue.com/article/jean-jacques-picart-fashion-advice

25 Ebd.

26 Barbara Vinken: Mode nach der Mode. Frankfurt: Fischer, 1993, S. 96.

27 Ebd.

28 Bob Colacello: The Queen of Less wants More. In: Vanity Fair, 10/1994, S. 201ff., abgerufen am 15.01.2023 via https://archive.vanityfair.com/article/1994/10/the-queen-of-less-wants-more

29 Alfons Kaiser: »Man macht sich etwas vor, wenn man meint, es komme nicht darauf an, was man anzieht.« In: FAZ-Magazin, 09.09.2017, S. M78.

30 »1976 Beginning of the Fashion Shows at the Inter-Continental«, abgerufen am 30.01.2023 auf der Webseite des Musée Yves Saint Laurent Paris via https://museeyslparis.com/en/biography/debut-des-defiles-a-lintercontinental

31 Alfons Kaiser: »Man macht sich etwas vor, wenn man meint, es komme nicht darauf an, was man anzieht.« In: FAZ-Magazin, 09.09.2017, S. M78.

32 Ebd.

33 Bob Colacello: The Queen of Less wants More. In: Vanity Fair, 10/1994, S. 201ff., abgerufen am 15.01.2023 via https://archive.vanityfair.com/article/1994/10/the-queen-of-less-wants-more

34 Yuniya Kawamura: Fashion-ology. In: Gertrud Lehnert, Alicia Kühl und Katja Weise (Hg.): Modetheorie. Klassische Texte aus vier Jahrhunderten. Bielefeld: transcript Verlag, 2014, S. 178.

35 Alfons Kaiser: »Man macht sich etwas vor, wenn man meint, es komme nicht darauf an, was man anzieht.« In: FAZ-Magazin, 09.09.2017, S. M78.

36 Gertrud Lehnert: Frauen machen Mode. Berühmte Modeschöpferinnen von Coco Chanel bis Vivienne Westwood. München: Piper Verlag, 2000, S. 158.

37 Ebd.

38 Ebd., S. 156.

39 Charles Baudelaire: Das Schöne, die Mode und das Glück. Constantin Guys, der Maler des modernen Lebens. Berlin: Alexander Verlag, 1996, S. 37.

40 Ebd., S. 38.

41 Ebd.

42 Ebd., S. 20

43 Andrew Eldritch: On modernism and post-modernism. Abgerufen am 22.01.2023 via https://www.the-sisters-of-mercy.com/gen/rrr2.htm

44 Gertrud Lehnert: Frauen machen Mode. Berühmte Modeschöpferinnen von Coco Chanel bis Vivienne Westwood. München: Piper Verlag, 2000, S. 158.

45 Verena Lueken: Am Ende muss es leicht sein. In: Frankfurter Allgemeine Sonntagszeitung, 29.10.2017, S. 43.

46 Christina Lodder: Searching for Utopia. In: Christopher Wilk (Hg.): Modernism. Designing a new World. London: V&A Publications, 2006, S. 24.

47 Ebd.

48 Walter Benjamin: Denkbilder. Frankfurt am Main: Suhrkamp Verlag, 1994, S. 127.

49 Ebd., S. 128.

50 Jil Sander. In: The Fashion Book. London: Phaidon Press, S. 407.

51 Jil Sander: Vorwort. In: Elisabeth Wilson: In Träume gehüllt. Mode und Modernität. Hamburg: Ernst Kabel Verlag, 1989, S. 9.

52 Ebd., S. 10.

53 Alex Bohn: Alles auf Anfang. In: Frankfurter Allgemeine Quarterly, 02/2021, S. 165.

54 Bein am Boden. In: DER SPIEGEL, 13/1982.

55 Ebd.

56 Interview mit Saskia Dijkstra im Dezember 2022.

57 Ingrid Loschek: Mode im 20. Jahrhundert. Eine Kulturgeschichte unserer Zeit. München: Verlag F. Bruckmann, 1978, S. 304.

58 Nina Garcia: The Little Black Book of Style. New York: HarperCollins, 2007, S. 12.

59 Garance Doré: Love x Style x Life. London: Simon & Schuster, 2015, S. 50.

60 Christa Ströhlein-Högen: Die unkonventionellen Kreativen. In: Verband der Berliner Bekleidungsindustrie (Hg.): DOB Mode in Deutschland 1945 bis heute. Berlin/Köln: Verband der Berliner Bekleidungsindustrie, 1982, S. 141.

61 Ebd.

62 Bein am Boden. In: DER SPIEGEL, 13/1982.

63 Ingrid Loschek: Mode im 20. Jahrhundert. Eine Kulturgeschichte unserer Zeit. München: Verlag F. Bruckmann, 1978, S. 298.

64 Jennifer Steinhauer: Does She Like It? Hate It? Is It Cute? In: The New York Times, 30.11.1997, Section 9, S. 1.

65 Ebd.

66 Nico Binde und Daniel Schäfer: Frühere Jil-Sander-Villa zu verkaufen. In: Hamburger Abendblatt, 11.12.2016, abgerufen am 30.01.2023 via https://www.abendblatt.de/hamburg/article208953507/Fruehere-Jil-Sander-Villa-zu-verkaufen.html

67 Ebd.

68 Ebd.

69 Suzy Menkes: Jil Sander Bathes in the Glow of Uniqlo. In: International Herald Tribune, 07.06.2010.

70 Munzinger Internationales Biographisches Archiv 2018.

71   Hamish Bowles: More for Less. In: Vogue USA, 09/1998, S. 605.

72   Interview Polley.

73   Hamish Bowles: More for Less. In: Vogue USA, 09/1998, S. 594.

74   Martin Mosebach: Jil Sander. In: FAZ-Magazin, 22.03.1996, S. 26.

75   Hamish Bowles: More for Less. In: Vogue USA, 09/1998, S. 604.

76   Suzy Menkes: Jil Sander Bathes in the Glow of Uniqlo. In: International Herald Tribune, 07.06.2010.

»Düfte kamen damals aus Paris.«
– Die Achtziger

1   Aus dem Interview mit Renata Zatsch, das die Autorin im Juni 2022 in Paris führte.

2   Sebastian Frenzel: Design heißt auch Weglassen. In: Monopol, 11/2017, S. 87.

3   Frankfurter Allgemeine Zeitung: Jil Sander in der Hochstraße, 26.09.1984, Ausgabe S, S.42.

4   Ebd.

5   Ebd.

6   Ebd.

7   Ferdinand Protzman: In Germany, the Ceiling's Not Glass, It's Concrete. In: The New York Times, 17.10.1993, Section 3, S. 16.

8   Fashion Notes. In: The New York Times, 12.04.1983, Section D, S. 23 (National edition).

9   Ebd.

10   Ebd.

11   Fashion Notes. In: The New York Times, 19.02.1985, Section C, S. 24 (National edition).

12   »Sehr wichtig, Stärke durch meine Mode für mich zu erarbeiten.« In: ZDF heute Journal, abgerufen am 27.01.2023 via https://twitter.com/heutejournal/status/926853909167124480?lang=en

13   Fashion Notes. In: The New York Times, 19.02.1985, Section C, S. 24 (National edition).

14   Das Gespräch wurde im Juni 2023 geführt, alle Zitate von Ute Huber-Leierer sind ihm entnommen.

15   Aus dem Podcast »Our House« – Der SALON Podcast, Nr.19 Florian Geyer Hof, Giebelstadt mit Otto Drögsler und Jörg Ehrlich von Odeeh, 10.11.2022, abgerufen am 18.12.2022 via Itunes.

16   Ebd.

17   Ebd.

18   Premieren im Januar. In: Frankfurter Allgemeine Zeitung, 02.01.1984, S. 17.

19   Hamburg Ballett: John Neumeier, abgerufen am 03.01.2023 via https:// www.hamburgballett.de/en/menschen/neumeier.php

20   Tanja Rest: Muss nicht immer Tüll sein. In: SZ, 26. 11.2016, abgerufen am 27.06.2023 via https://www.sueddeutsche.de/stil/tanzmode-muss-nicht-immer-tuell-sein-1.3263491

21   »Das Schicksal hat mich nach Deutschland gebracht. Ich bin glücklich hier.« In: FAZ-Magazin, Juni 2023, S. 75.

22   Das Hamburger Ballett zeigt sie in seiner Repertoireübersicht, abgerufen am 03.01.2023 via https://www.hamburgballett.de/en/schedule/play%E2%80%93repertoire.php?SNr=2147484373

23   Moenkebild/Süddeutsche Zeitung, Foto aufgenommen am 08.01.1984, abgerufen am 03.01.2023 via www.sz-photo.de

24   Hamish Bowles: More for Less. In: Vogue USA, 09/1998, S. 594ff.

25   Spielplanarchiv des Hamburger Balletts, abgerufen am 27. 06.2023 via https://www.hamburgballett.de/de/spielplan/stueck.php?AuffNr=183801

26   Tanja Rest: Muss nicht immer Tüll sein. In: SZ, 26. 11.2016, abgerufen am 27.06.2023 via https://www.sueddeutsche.de/stil/tanzmode-muss-nicht-immer-tuell-sein-1.3263491

27   Ebd.

28   Alexandra Jacobs: Dancing with the Designing Stars. In: The New York Times, 10.10.2014, abgerufen am 27. 06.2023 via https://www.nytimes.com/2014/10/12/fashion/new-york-city-ballets-partnership-with-fashion.html

29   Ebd.

30   Anna Kisselgoff: Hamburg in ›Mahler Fourth‹. In: The New York Times, 17.03.1985 Section 1, S. 53.

31   Ebd.

32   Ingeborg Harms: Sie hat mit dicker Schrift die Mode verändert. In: Iconist, 25.10.2015.

33   Die Webseite »Brandhistory« hat das Bild in ihrem Archiv, abgerufen am 26.06.2023 via https://brand-history.com/unilever-austria-deutschland-schweiz/cd-seife/cd-an-meine-haut-lasse-ich-nur-wasser-und-cd-es-sind-die-neuen-frauen-fur-die-cd-gemacht-ist-jil-sander-hat-ihre-eigene-meinung-uber-mode-mode

34   Ebd.

35   Ingeborg Harms: Jil Sander, In: Matthias Wagner K (Hg.): Jil Sander Präsens. München: Prestel Verlag, 2017, S.255.

36   Ebd., S. 194.

37   Ebd.

38   »Ich möchte aufrütteln: Seht doch genau hin.« In: DER SPIE-
     GEL, 27/1987, abgerufen am 13.12.2022 via https://www.spiegel.
     de/kultur/ich-moechte-aufruetteln-seht-doch-genau-hin-a-fa08d
     bda-0002-0001-0000-000013526027

39   Ebd.

40   »Sehr wichtig, Stärke durch meine Mode für mich zu erarbeiten.« In:
     ZDF heute Journal, abgerufen am 27.01.2023 via https://twitter.com/
     heutejournal/status/926853909167124480?lang=en

41   Ingeborg Harms: Sie hat mit dicker Schrift die Mode verändert. In: Ico-
     nist, 25.10.2015.

42   https://www.guybourdin.org/guy-bourdin, abgerufen am 15.01.2023.

43   Ebd.

44   Ebd.

45   Ebd.

46   Ebd.

47   Ebd.

48   Ebd.

49   Fashion Notes. In: The New York Times, 19.02.1985, Section C, S. 24
     (National edition).

50   Ebd.

51   Christopher Wilk: The healthy Body Culture. In: Christopher Wilk (Hg.):
     Modernism. Designing a new World. London: V&A Publications, 2006,
     S. 254.

52   Dieser Text ist Teil der Unterlagen, die im Archiv der Universität für An-
     gewandte Kunst in Wien zu Jil Sander aufbewahrt wurden.

53   Suzy Nightingale: Chypre. In: Die Gestalten Verlag (Hg.): The Essence.
     Discovering the World of Scent, Perfume&Fragrance. Berlin: gestalten,
     2019, S. 27.

54   »Sehr wichtig, Stärke durch meine Mode für mich zu erarbeiten.« In:
     ZDF heute Journal, abgerufen am 27.01.2023 via https://twitter.com/
     heutejournal/status/926853909167124480?lang=en

55   Verena Lueken: Am Ende muss es leicht sein. In: Frankfurter Allgemeine
     Sonntagszeitung, 29.10.2017, S. 43.

56   Alex Bohn: Alles auf Anfang. In: Frankfurter Allgemeine Quarterly,
     02/2021, S. 164.

57   Amy M. Spindler: The Power Suit and Other Fictions. In: The New York
     Times, 25.03.1997, Section B, S.8.

58 Richard Buckley: Since Dawn of Armani, Italien Tailoring a Touchstone for Quality. In: International Herald Tribune, 17.03.1997.

59 Bob Colacello: The Queen of Less wants More. In: Vanity Fair, 10/1994, S. 201ff., abgerufen am 15.01.2023 via https://archive.vanityfair.com/article/1994/10/the-queen-of-less-wants-more

60 Ebd.

61 Ebd.

62 Maria Frisé: Münchner Mode-Spektakel. In: Frankfurter Allgemeine Zeitung, 04.04.1987, Bilder und Zeiten 6.

63 Alfons Kaiser: Der Erfinder von Mailand, abgerufen am 20.01.2023 via https://www.faz.net/aktuell/stil/mode-design/tod-von-beppe-modenese-der-erfinder-von-mailands-modewoche-17066500.html

64 Axel Botur: Mailand – Warten auf Armanis Kinder. In: Susanne Becker und Stefanie Schütte (Hg.): Magisch angezogen. Mode. Medien. Markenwelten. München: C.H. Beck, 1999, S.76.

65 Interview mit Alfons Kaiser im Januar 2023.

66 Serge Schmemann: Dusseldorf Journal; Look at the New Germans, Rich and Living It Up. In: The New York Times, 11.04.1989, Section A, S. 4 (National Edition).

67 Jil Sander will weiter vorsichtig expandieren. In: Frankfurter Allgemeine Zeitung, 07.06.1989, Seite 20.

68 Ebd.

69 Ebd.

70 Jil Sander: Eine exklusive Mode-Aktie kommt an die Börse. In: Frankfurter Allgemeine Zeitung, 25.11.1989, S.16.

71 Jil Sander will weiter vorsichtig expandieren. In: Frankfurter Allgemeine Zeitung, 07.06.1989, Seite 20.

72 Jil Sander: Eine exklusive Mode-Aktie kommt an die Börse. In: Frankfurter Allgemeine Zeitung, 25.11.1989, S.16.

73 Ebd.

74 Aktie de Luxe. In: Frankfurter Allgemeine Zeitung, 25.11.1989, S. 13.

75 Ferdinand Protzman: In Germany, the Ceiling's Not Glass, It's Concrete. In: The New York Times 17.10.1993, Section 3, S. 16.

76 Ebd.

77 Ebd.

78 Ebd.

»Wir haben uns dort ausgebreitet, um die Welt zu erobern.« – Die Neunziger

1   Watch for ... The New Dealers. In: The New York Times, 03.01.1993, Section 6, S. 22 (National Edition).

2   Ebd.

3   Ebd.

4   Elizabeth Hayt: Atlanta; A High Fashion Destination Worth a Detour. In: The New York Times, 23.08.1998, Section 9, S. 3.

5   Ebd.

6   Lauren Mechling: Fashion insider: Jeffrey Kalinsky's second act. In: Vogue Business, 10.08.2022, abgerufen am 27.06.2023 via https://www.voguebusiness.com/consumers/fashion-insider-jeffrey-kalinskys-second-act

7   Hal Rubenstein: The Spring '94 Collections: Reeling from Milan to Paris to New York. In: The New York Times, 12.12.1993, Section 6, S. 78.

8   On the Street: Brimming with Black. In: The New York Times, 24.09.1995, Section 1, S. 55 (National Edition).

9   Ebd.

10 Ebd.

11 »Sehr wichtig, Stärke durch meine Mode für mich zu erarbeiten.« In: ZDF heute Journal, abgerufen am 27.01.2023 via https://twitter.com/heutejournal/status/926853909167124480?lang=en

12 Ebd.

13 Ebd.

14 Ebd.

15 Bob Colacello: The Queen of Less wants More. In: Vanity Fair, 10/1994, S. 201ff., abgerufen am 15.01.2023 via https://archive.vanityfair.com/article/1994/10/the-queen-of-less-wants-more

16 Stefanie Schütte: Die großen Modedesignerinnen. Von Coco Chanel bis Miuccia Prada. München: Verlag C.H. Beck, 2005, S. 83.

17 Ebd.

18 Bob Colacello: The Queen of Less wants More. In: Vanity Fair, 10/1994, S. 201ff., abgerufen am 15.01.2023 via https://archive.vanityfair.com/article/1994/10/the-queen-of-less-wants-more

19 Ebd.

20 Patricia McColl: Paris Cuts Velvet. In: The New York Times, 14. 03.1993, Section 6, S. 48 (National Edition).

21 Vgl.: https://www.vam.ac.uk/articles/madeleine-vionnet-an-introduction

22 Stefanie Schütte: Die großen Modedesignerinnen. Von Coco Chanel bis Miuccia Prada. München: Verlag C.H. Beck, 2005, S. 43f.

23 Suzy Menkes: A Harbinger of the Modern Look. In: International Herald Tribune, 17.01.1995.

24 Victoria and Albert Museum: Madeleine Vionnet – an introduction. Abgerufen am 01.01.2023 via https://www.vam.ac.uk/articles/madeleine-vionnet-an-introduction

25 Suzy Menkes: A Harbinger of the Modern Look. In: International Herald Tribune, 17.01.1995.

26 Patterns. In: The New York Times, 22.02.1994, Section A, S. 19 (National Edition).

27 New Yorkers & Co. In: The New York Times, 29.01.1995, Section 13, S. 4 (National Edition).

28 Patterns. In: The New York Times, 22.02.1994, Section A, S. 19 (National Edition).

29 Ebd.

30 Bob Colacello: The Queen of Less wants More. In: Vanity Fair, 10/1994, S. 201ff., abgerufen am 15.01.2023 via https://archive.vanityfair.com/article/1994/10/the-queen-of-less-wants-more

31 Ginia Bellafante: Lessons in Lessness. In: Time Magazine, 07.11.1994, abgerufen 01.01.2023 via https://content.time.com/time/magazine/article/0,9171,981754,00.html

32 Sexy Austerity From Jil Sander. In: The New York Times, 11.03.1993, Section C, S. 6 (National Edition).

33 Bob Colacello: The Queen of Less wants More. In: Vanity Fair 10/1994, S. 201ff., abgerufen am 15.01.2023 via https://archive.vanityfair.com/article/1994/10/the-queen-of-less-wants-more

34 Amy M. Spindler: Basking in Minimalism As an Antidote to Stress. In: The New York Times, 02.03.1994, Section C, Seite 12.

35 Martin Mosebach: Jil Sander. In: FAZ-Magazin, 22.03.1996, S. 21.

36 Matthias Wagner K (Hg.): Jil Sander. Präsens. München: Prestel Verlag, 2017, S. 232.

37 Ebd.

38 Martin Mosebach: Jil Sander. In: FAZ-Magazin, 22.03.1996, S. 21.

39 Amy M. Spindler: Souls Shine Through. In: The New York Times, 10.10.1995, Section B, S. 7.

40 Elaine Schär: Jil Sander. In: Max, 12/93, S. 152ff.

41 Vanessa Friedman: Calvin Klein's First Coffee-Table Book Is R-Rated History. In: The New York Times, 25.10.2017, abgerufen am 29.06.2023 via

https://www.nytimes.com/2017/10/25/fashion/calvin-klein-book-provocation.html

42 Ebd.

43 Ebd.

44 Amy M. Spindler: The 90's Version of the Decadent Look. In: The New York Times, 07.05.1996, Section B, S. 20 (National Edition).

45 Ebd.

46 Ebd.

47 Ebd.

48 Amy M. Spindler: A New Symbiosis Between Men's and Women's Wear. In: The New York Times, 24.12.1996, Section B, S. 6.

49 Ebd.

50 Ebd.

51 Alfons Kaiser: »Man macht sich etwas vor, wenn man meint, es komme nicht darauf an, was man anzieht.« In: FAZ-Magazin, 09.09.2017, Seite M78.

52 Ebd.

53 Gertrud Lehnert: Frauen machen Mode. Berühmte Modeschöpferinnen von Coco Chanel bis Vivienne Westwood. München: Piper Verlag, 2000, S. 155.

54 Ebd.

55 Amy M. Spindler: A New Symbiosis Between Men's and Women's Wear. In: The New York Times, 24.12.1996, Section B, S. 6.

56 Gertrud Lehnert: Frauen machen Mode. Berühmte Modeschöpferinnen von Coco Chanel bis Vivienne Westwood. München: Piper Verlag, 2000, S. 159.

57 Luminous Design from Jil Sander. In: The New York Times, 08.03.1995, Section C, S.10 (National Edition).

58 Arianna Piazza (Hg.): Mode. Designer, Stile, Looks aus 150 Jahren. München: Prestel Verlag, 2018, S. 117.

59 Ebd.

60 Ebd.

61 Ebd.

62 Ebd., S. 511.

63 Ebd.

64 Hello Jil. In: Uniqlo LifeWear Magazine, abgerufen am 29.06.2023 via https://www.uniqlo.com/jp/en/contents/lifewear-magazine/archives/20fw/jil-sander/

65 Suzy Menkes: A Q-and-A With Jil Sander. In: The New York Times, 10.06.2010, Section E, S. 2.

66 Mayer Rus: Fashion Designer Tommy Hilfiger's Vibrant House in Miami. In: Architectural Digest, 09/2014, abgerufen am 15.01.2023 via https://www.architecturaldigest.com/story/dee-and-tommy-hilfiger-florida-beach-house-article

67 Bob Colacello: The Queen of Less wants More. In: Vanity Fair, 10/1994, S. 201ff., abgerufen am 15.01.2023 via https://archive.vanityfair.com/article/1994/10/the-queen-of-less-wants-more

68 Charlotte Aillaud: Look Inside Valentino's Incredible Roman Home. In: Architectural Digest, 07/2016, abgerufen am 15.01.2023 via. https://www.architecturaldigest.com/story/valentino-roman-home?redirectURL=https%3A%2F%2Fwww.architecturaldigest.com%2Fstory%2Fvalentino-roman-home

69 Jil Sander: Vorwort. In: Elisabeth Wilson: In Träume gehüllt. Mode und Modernität. Hamburg: Ernst Kabel Verlag, 1989, S. 10.

70 CNN Style with Elsa Klensch, Jil Sander Fall Milan 1994, abgerufen am 26.01.2023 via https://www.youtube.com/watch?v=cB1048VctOQ

71 Ebd.

72 Bob Colacello: The Queen of Less wants More. In: Vanity Fair, 10/1994, S. 201ff., abgerufen am 15.01.2023 via https://archive.vanityfair.com/article/1994/10/the-queen-of-less-wants-more

73 Aufnahme vom 25.09.1975 durch C.T. Fotostudio, Rechte: ullstein bild.

74 Emily Williams: Iconic Andy Warhol Portrait of Marilyn Monroe Could Sell for Record-Breaking $200 Million. In: Smithsonian Magazine, 23.03.22, abgerufen am 15.01.2023 via https://www.smithsonianmag.com/smart-news/iconic-andy-warhol-portrait-of-marilyn-monroe-could-sell-for-record-breaking-200-million-180979782/

75 Bob Colacello: The Queen of Less wants More. In: Vanity Fair, 10/1994, S. 201ff., abgerufen am 15.01.2023 via https://archive.vanityfair.com/article/1994/10/the-queen-of-less-wants-more

76 Georg Hensel und Volker Hage (Hg.): Indiskrete Fragen – Der Fragebogen des FAZ-Magazins. Stuttgart: Deutsche Verlags-Anstalt, 1985, S. 167.

77 Bob Colacello: The Queen of Less wants More. In: Vanity Fair, 10/1994, S. 201ff., abgerufen am 15.01.2023 via https://archive.vanityfair.com/article/1994/10/the-queen-of-less-wants-more

78 Ebd.

79 Ebd.

80 Hamish Bowles: More for Less. In: Vogue USA, 09/1998, S. 608-609.

81 Ebd., S. 604.

82 Bob Colacello: The Queen of Less wants More. In: Vanity Fair, 10/1994,

S. 201ff., abgerufen am 15.01.2023 via https://archive.vanityfair.com/article/1994/10/the-queen-of-less-wants-more

83 Ebd.

84 Martin Mosebach: Jil Sander. In: FAZ-Magazin, 22.03.1996, S. 26.

85 Roger Cohen: Berlin Has a Word for Its Ambitions: English. In: The New York Times 6.12.1998, Section 1, S.1

86 Elaine Schär: Jil Sander. In: Max, 12/93, S. 152ff.

87 »Ich möchte aufrütteln: Seht doch genau hin.« In: DER SPIEGEL, 27/1987 abgerufen am 13.12.2022 via https://www.spiegel.de/kultur/ich-moechte-aufruetteln-seht-doch-genau-hin-a-fa08dbda-0002-0001-0000-000013526027

88 Ebd.

89 Katharina J. Cichosch: Hansetische Vorstellung von Qualität. In: taz, 14.11.2017, abgerufen am 01.06.2023 via https://taz.de/Jil-Sander-Ausstellung-in-Frankfurt/!5461559/

90 Sara Gay Forden: For Luxury Brands, Bottom-Line Problem is Growth. In: International Herald Tribune, 09.10.1999.

91 Ebd.

92 Ebd.

93 Dana Thomas: Deluxe. New York: Penguin, 2007, S. 9.

94 Ebd.

95 Ebd.

96 Ginia Bellafante: Jil Sander is divorcing Prada. In: The New York Times, 25.01.2000, Section B, S. 10.

97 Suzy Menkes: Sander is positive. In: International Herald Tribune, 11.01.2000.

98 Ginia Bellafante: Jil Sander is divorcing Prada. In: The New York Times, 25.01.2000, Section B, S. 10.

99 Suzy Menkes: Sander is positive. In: International Herald Tribune, 11.01.2000.

100 Suzy Menkes: Sander's Departure Stuns Fashion World. In: International Herald Tribune, 25.05.2000.

101 Ginia Bellafante: Jil Sander is divorcing Prada. In: The New York Times, 25.01.2000, Section B, S. 10.

102 Suzy Menkes: Sander's Departure Stuns Fashion World. In: International Herald Tribune, 25.05.2000.

103 Ebd.

104 Suzy Menkes: Minimalists Make News in Print. In: International Herald Tribune, 01.10.1999.

105 Ebd.

106 Ebd.

107 Ebd.

108 Ebd.

109 Cathy Horyn: Up and Out – Jil Sander makes a clean sweep. In: The New York Times, 25.02.2000, Section B, S. 9.

110 Ebd.

111 Suzy Menkes: Her Light and Fresh Collection Leaves Doubt That This Is End. In: International Herald Tribune, 25.02.2000.

112 Ebd.

113 Ebd.

114 Suzy Menkes: Titan Armani Celebrates, But Jil Sander Loses Its Soul. In: International Herald Tribune, 05.10.2000.

115 Ebd.

116 Korrektur vom 12.10.2000 aus dem The-New-York-Times-Archiv zum Artikel Suzy Menkes: Titan Armani Celebrates, But Jil Sander Loses Its Soul. In: International Herald Tribune, 05.10.2000.

117 Suzy Menkes: Romantic Nomads at Dolce. In: International Herald Tribune, 05.03.2001.

118 Cathy Horyn: Not just Knowing, but Actually Known. In: The New York Times, 05.03.2001, Section B, S. 7.

119 Zitiert nach: Stefanie Schütte: Die großen Modedesignerinnen. Von Coco Chanel bis Miuccia Prada. München: Verlag C.H. Beck, 2005, S. 79.

120 Ebd.

»Mich interessiert das Neue, das erst kommt.« – Das neue Jahrtausend

1 Michael Specter: The Designer. In: The New Yorker, 15.03.2004, abgerufen am 01.06.2023 via https://www.newyorker.com/magazine/2004/03/15/miuccia-prada-the-designer

2 Inga Griese: Die Frau, die sich kennt. In: Welt am Sonntag, 10.10.2004.

3 Suzy Menkes: Renaissance of Jil Sander: Purity and serenity. In: International Herald Tribune, 04.10.2003, abgerufen online am 27.05.20203 via https://www.nytimes.com/2003/10/04/IHT-italian-fashion-a-special-report-renaissance-of-jil-sander-purity-and.html

4 Ebd.

5 Sarah Mower: Jil Sander. Spring 2004 Ready-to-wear. In: Vogue Runway, 03.10.2003, abgerufen am 01.06.2023 via https://www.vogue.com/fashion-shows/spring-2004-ready-to-wear/jil-sander

6   Suzy Menkes: Renaissance of Jil Sander: Purity and serenity. In: International Herald Tribune, 04.10.2003, abgerufen am 27.05.20203 via https://www.nytimes.com/2003/10/04/IHT-italian-fashion-a-special-report-renaissance-of-jil-sander-purity-and.html

7   Sarah Mower: Jil Sander. Spring 2004 Ready-to-wear. In: Vogue Runway, 03.10.2003, abgerufen am 01.06.2023 via https://www.vogue.com/fashion-shows/spring-2004-ready-to-wear/jil-sander

8   Sarah Mower: Jil Sander. Fall 2004 Ready-to-wear. In: Vogue Runway, 25.02.2004, abgerufen am 01.06.2023 via https://www.vogue.com/fashion-shows/fall-2004-ready-to-wear/jil-sander

9   Tim Blanks: Jil Sander. Spring 2005 Menswear. In: Vogue Runway, 28.06.2004, abgerufen am 01.06.2023 via https://www.vogue.com/fashion-shows/spring-2005-menswear/jil-sander

10   Inga Griese: Die Frau, die sich kennt. In: Welt am Sonntag, 10.10.2004.

11   Sarah Mower: Jil Sander. Fall 2005 Ready-to-wear. In: Vogue Runway, 24.02.2005, abgerufen am 01.06. 2023 via https://www.vogue.com/fashion-shows/fall-2005-ready-to-wear/jil-sander

12   Fashion Council Germany: Status Deutscher Mode 2021, Januar 2021, S. 16.

13   Schwere Naht. In: DER SPIEGEL, 11/1989.

14   Ebd.

15   Michael Schick: Ellerau: Sie kämpfen um jeden Arbeitsplatz. In: Hamburger Abendblatt, 12.03.2005.

16   Michael Schick: Jil Sander: Gewerkschaft kämpft für den Standort Ellerau. In: Hamburger Abendblatt, 11. 03.2005.

17   Suzy Menkes: Jil Sander Bathes in the Glow of Uniqlo. In: International Herald Tribune, 07.06.2010.

18   Alfons Kaiser: »Man macht sich etwas vor, wenn man meint, es komme nicht darauf an, was man anzieht.« In: FAZ-Magazin, 09.09.2017, S. M78.

19   Ebd.

20   Minutenprotokoll: Nachbeben lassen Japan wieder zittern. In: DER SPIEGEL, 11.03.2011, abgerufen am 27.06.2023 via https://www.spiegel.de/panorama/minutenprotokoll-nachbeben-lassen-japan-wieder-zittern-a-750254.html

21   Amanda Kaiser und Kelly Wetherille: Uniqlo and Jil Sander to End +J Collaboration. In: Women's Wear Daily, 22.06.2011, abgerufen am 01.06.2023 via https://wwd.com/fashion-news/designer-luxury/jil-sander-uniqlo-part-ways-3679173/

22   Ebd.

23   Suzy Menkes: Jil Sander Bathes in the Glow of Uniqlo. In: International Herald Tribune, 07.06.2010.

24   Ebd.

25   Alfons Kaiser: »Man macht sich etwas vor, wenn man meint, es komme nicht darauf an, was man anzieht.« In: FAZ-Magazin, 09.09.2017, S. M78.

26   Ebd.

27   Tracey Lomrantz Lester: +J For Uniqlo: Lines Are Long, Goods Are Great. In: Glamour, 01.10.2009, abgerufen am 25.01.2023 via https://www.glamour.com/story/j-for-uniqlo-lines-are-long-go

28   Alfons Kaiser: »Man macht sich etwas vor, wenn man meint, es komme nicht darauf an, was man anzieht.« In: FAZ-Magazin, 09.09.2017, S. M78.

29   Ebd.

30   Amanda Kaiser und Kelly Wetherille: Uniqlo and Jil Sander to End +J Collaboration. In: Women's Wear Daily, 22.06.2011, abgerufen am 01.06.2023 via https://wwd.com/fashion-news/designer-luxury/jil-sander-uniqlo-part-ways-3679173/

31   Ebd.

32   Ebd.

33   Axel Botur: Halleluja – Das Comeback von Jil Sander in Mailand. In: Dpa, 27.02.2012.

34   Arianna Piazza (Hg.): Mode. Designer, Stile, Looks aus 150 Jahren, München: Prestel Verlag, 2018, S. 425.

35   Axel Botur: Halleluja – Das Comeback von Jil Sander in Mailand. In: Dpa, 27.02.2012.

36   Bob Colacello: The Queen of Less wants More. In: Vanity Fair, 10/1994, S. 201ff., abgerufen am 15.01.2023 via https://archive.vanityfair.com/article/1994/10/the-queen-of-less-wants-more

37   Inga Griese: Die Frau, die sich kennt. In: Welt am Sonntag, 10.10.2004.

38   Suzy Menkes: Jil Sander Bathes in the Glow of Uniqlo. In: The New York Times, 07.06.2010.

39   Ebd.

40   Zu finden im Online-Bildarchiv von Alamy, abgerufen am 27.06.2023 via https://www.alamy.com/angelica-dicki-mommsen-jil-sander-und-alexandra-von-rehlingen-bei-einer-abendveranstaltung-deutschland-um-1994-image467178984.html

41   Suzy Menkes: Jil Sander: Fashion's First Feminist. In: Vogue, 12.12.2017, abgerufen am 28.06.2023 via https://www.vogue.com.au/blogs/suzy-menkes/jil-sander-fashions-first-feminist/news-story/359df861e58b4b8a62bebf817c759eca

42 Jan Kedves: The Queen of Less, Frieze, 18.01.18, abgerufen am 28.06.2023 via https://www.frieze.com/article/queen-less

43 Matthias Wagner K (Hg.): Jil Sander. Präsens. München: Prestel Verlag, 2017, S. 257.

44 Jan Kedves: The Queen of Less, Frieze, 18.01.18, abgerufen am 28.06.2023 via https://www.frieze.com/article/queen-less

45 https://lebenswege.faz.net/traueranzeige/angelicacaritasmommsen-mutzenbecher-dicky, abgerufen am 13.07.22

46 Carolin Dendler und Dona Kujacinski: Liebe ist mehr in Mode als Erfolg. In: Bild am Sonntag, 07.06.2014, abgerufen am 28.06.2023 via https://www.bild.de/unterhaltung/leute/jil-sander/liebe-ist-mehr-in-mode-als-erfolg-36303560.bild.html

47 https://lebenswege.faz.net/traueranzeige/angelicacaritasmommsen-mutzenbecher-dicky, abgerufen am 13.07.2022.

48 Bob Colacello: The Queen of Less wants More. In: Vanity Fair, 10/1994, S. 201ff., abgerufen am 15.01.23 via https://archive.vanityfair.com/article/1994/10/the-queen-of-less-wants-more

49 Ebd.

50 Matthias Wagner K (Hg.): Jil Sander. Präsens, München: Prestel Verlag, 2017, S. 240.

51 Alfons Kaiser: »Man macht sich etwas vor, wenn man meint, es komme nicht darauf an, was man anzieht.« In: FAZ-Magazin, 09.09.2017, S. M78.

52 Charles Baudelaire: Das Schöne, die Mode und das Glück. Constantin Guys, der Maler des modernen Lebens. Berlin: Alexander Verlag, 1996, S. 38.

53 Ingeborg Harms: Jil Sander, In: Matthias Wagner K (Hg.): Jil Sander. Präsens. München: Prestel Verlag, 2017, S. 241.

54 Jil Sander: Vorwort. In: Elisabeth Wilson: In Träume gehüllt. Mode und Modernität. Hamburg: Ernst Kabel Verlag, 1989, S. 10.

55 Sebastian Frenzel: Design heißt auch Weglassen. In: Monopol, 11/2017, S. 87.

56 Ebd.

57 Die legendäre Jil Sander spricht über ihre UNIQLO Comeback-Kollektion +J. In: Vogue, 12.11.2000, abgerufen am 20.01.2023 via https://www.vogue.de/mode/anzeige/die-legendare-jil-sander-spricht-uber-ihre-uniqlo-comeback-kollektion

58 Ebd.

59 Alex Bohn: Alles auf Anfang. In: Frankfurter Allgemeine Quarterly, 02/2021, S. 164.

60 Hello Jil. In: Uniqlo LifeWear Magazine, abgerufen am 29.06.2023 via https://www.uniqlo.com/jp/en/contents/lifewear-magazine/archives/20fw/jil-sander/

61 Georg Hensel und Volker Hage (Hg.): Indiskrete Fragen – Der Fragebogen des FAZ-Magazins. Stuttgart: Deutsche Verlags-Anstalt, 1985, S. 166.

62 »Ich möchte aufrütteln: Seht doch genau hin.« In: DER SPIEGEL, 27/1987 abgerufen am 13.12.2022 via https://www.spiegel.de/kultur/ich-moechte-aufruetteln-seht-doch-genau-hin-a-fa08dbda-0002-0001-0000-000013526027

63 Ebd.

64 Alex Bohn: Alles auf Anfang. In: Frankfurter Allgemeine Quarterly, 02/2021, S. 164-165.

Was bleibt: Jil Sander als Vorbild

1 Alfons Kaiser: »Man macht sich etwas vor, wenn man meint, es komme nicht darauf an, was man anzieht.« In: FAZ-Magazin, 09.09.2017, S. M78.

2 Tilman Allert: Mit der Zeit gegen die Zeit. In: FAZ-Magazin, 14.09.2013, S. 58ff.

3 Dagmar von Taube: Außerirdischer auf dem Planeten Mode. In: Welt, 05.05.2013, abgerufen am 15.01.2023 via https://www.welt.de/print/wams/lifestyle/article115882934/Ausserirdischer-auf-dem-Planeten-Mode.html

4 Ebd.

5 Ebd.

6 Constance C.R. White: New Generation of Women Defines Mood of the 90's. In: The New York Times, 22.07.1997, Section A, S. 16.

7 Ebd.

8 Vgl.: https://www.focus.de/finanzen/auswertung-von-ey-maennerwelt-dax-unternehmen-frauenanteil-in-vorstaenden-erreicht-hoechststand_id_182490717.html

9 Kaye Wiggins: Birkenstock sold to LVMH-backed group in €4bn deal. In: Financial Times, 26.02.2021, abgerufen am 28.06.2023 via https://www.ft.com/content/5d511022-46db-403e-9784-eb3807f918f9

10 Wolfgang Joop: Die einzig mögliche Zeit. Hamburg: Rowohlt, 2021, S. 463.

11 Dana Thomas: Deluxe. New York: Penguin, 2007, S. 322.

12 Alex Bohn: Alles auf Anfang. In: Frankfurter Allgemeine Quarterly, 02/2021, S. 164.

BILDNACHWEIS